PRATIQUE DE L'ENSEIGNEMENT

DU

CATÉCHISME

AUX ENFANTS QUI N'ONT PAS FAIT LEUR PREMIÈRE
COMMUNION

NOUVELLE MÉTHODE

POUR DONNER LA PREMIÈRE INSTRUCTION RELIGIEUSE

PAR

M. A. MAUDOUIT

Prêtre du diocèse de Coutances, aumônier des Trinitaires de Ducéy.

———

DEUXIÈME ÉDITION

———

TOME SECOND.

———

PARIS

A. ROGER ET F. CHERNOVIZ, ÉDITEURS,
Rue des Grands-Augustins, 7,

NANCY,	BORDEAUX,
THOMAS ET PIERRON, LIBRAIRES,	FÉRET ET FILS, LIBRAIRES,
Rue St-Dizier, 112.	Cours de l'Intendance, 15.

COUTANCES
SALETTES, IMPRIMEUR-LIBRAIRE, RUE TANCRÈDE, 11.

—

1878

PRATIQUE DE L'ENSEIGNEMENT

DU

CATÉCHISME

COUTANCES

IMPRIMERIE DE SALETTES, LIBRAIRE-ÉDITEUR,

11, rue Tancrède, et rue Amiral-L'hermite, 2.

PRATIQUE DE L'ENSEIGNEMENT

DU

CATÉCHISME

AUX ENFANTS QUI N'ONT PAS FAIT LEUR PREMIÈRE COMMUNION

NOUVELLE MÉTHODE

POUR DONNER LA PREMIÈRE INSTRUCTION RELIGIEUSE

PAR

M. A. MAUDOUIT

Prêtre du diocèse de Coutances, aumônier des Trinitaires de Ducey.

DEUXIÈME ÉDITION

TOME SECOND.

PARIS

A. ROGER ET F. CHERNOVIZ, ÉDITEURS,
Rue des Grands-Augustins, 7,

NANCY,
THOMAS ET PIERRON, LIBRAIRES,
Rue St-Dizier, 112.

BORDEAUX,
FÉRET ET FILS, LIBRAIRES.
Cours de l'Intendance, 15.

COUTANCES
SALETTES, IMPRIMEUR-LIBRAIRE, RUE TANCRÈDE, 11.

1878

DEUXIÈME PARTIE

DEUXIÈME SECTION.

DEVOIRS ENVERS NOTRE PROCHAIN.

PREMIÈRE LEÇON.

Du quatrième commandement.

DES DEVOIRS DES ENFANTS ENVERS LEURS PARENTS.

ARTICLE Ier.

§ I. *Que nous ordonne le quatrième commandement : Tes père et mère honoreras, afin de vivre longuement?* — Le quatrième commandement nous ordonne d'aimer nos père et mère, de les respecter, de leur obéir et de les assister dans leurs besoins.

§ II. Quel est le quatrième commandement?
Que prescrit-il aux enfants? (1°?—2°?—3°?—4°?)
Que signifient d'une manière générale ces paroles : *Tes père* et *mère honoreras?* Serait-ce tu aimeras ton père et ta mère, tu les respecteras?.....
*Quels sont les devoirs des enfants envers leurs parents? = Quels enfants pèchent contre le quatrième commandement?

ARTICLE II.

§ I. *Pourquoi devons-nous aimer nos père et mère?* — Nous devons aimer nos père et mère, parce que, après Dieu, c'est à nos père et mère que nous devons notre vie et notre conservation.

§ II. 1° Nous devons aimer nos parents; 2° nous devons les aimer parce que, après Dieu, nous leur devons notre vie, parce que nous leur devons notre conservation.

§ III. 1° Aimer quelqu'un, c'est lui vouloir et lui faire du bien, c'est avoir l'âme, le cœur attaché à lui. C'est sur nos parents que s'est porté notre premier amour, et tout homme, si ce n'est un monstre, sait aimer ses parents. — 2° Voici les principales raisons qui font un devoir aux enfants d'aimer leurs parents : — *a*) L'enfant doit sa vie à ses parents : Dieu s'est servi de nos parents pour nous donner l'existence : « Sachez que, sans vos parents, vous ne seriez pas nés, » dit l'Ecriture-Sainte. — *b*) L'enfant doit sa conservation à ses parents : ses parents lui ont donné les soins qu'exigeait son enfance, ils l'ont nourri, habillé, etc.....

§ IV. 1° Un enfant fait du mal à ses parents : il les fait pleurer, etc., il leur souhaite une maladie, la mort; les aime-t-il?

* Qu'est-ce qu'aimer ses parents?

2° Avez-vous des raisons d'aimer vos parents? Quelles sont-elles d'après votre catéchisme? (1°? — 2°?)

**a*) Qu'est-ce à dire que vous devez la vie à vos parents?

**b*) Qu'est-ce à dire que vous leur devez votre conservation.

ARTICLE III.

§ I. *Pourquoi devons-nous respecter nos père et mère?* — Nous devons respecter nos père et mère, parce qu'ils tiennent auprès de nous la place de Dieu.

Quelle sorte de respect devons-nous avoir pour nos père et mère? — Nous devons avoir pour nos père et mère un respect intérieur qui parte du cœur, et un respect extérieur qui se montre dans nos manières et dans nos discours.

§ II. 1° Respectons nos parents; 2° ayons pour eux un respect intérieur, — un respect extérieur; 3° c'est notre devoir.

§ III. 1° Respecter quelqu'un, c'est avoir pour lui de la considération, de la déférence et montrer par paroles, manières ou autrement, qu'on a cette considération. — 2° - *a*) Le respect intérieur n'est rien autre que cette considération qui réside en notre âme. — *b*) Le respect extérieur est la marque extérieure du respect intérieur, c'est le respect qui se montre dans nos manières et dans nos discours. — 3° Nous devons à nos parents ce double respect, parce qu'ils tiennent auprès de nous la place de Dieu, parce qu'eux aussi sont nos maîtres et nous ont comblés de bienfaits.

IV. 1° Qu'est-ce que respecter quelqu'un?
Quand un enfant respecte-t-il ses parents?
2° Combien y a-t-il de sortes de respect?
Comment appelez-vous le respect qui part du cœur?
— Et celui qui se montre dans nos manières et dans nos discours?
Qu'appelez-vous respect intérieur? — Respect extérieur?

3° Quelle raison, d'après votre catéchisme, avez-vous de respecter vos parents?

Qu'est-ce à dire que les parents tiennent auprès de leurs enfants la place de Dieu?

ARTICLE IV.

§ I. *Pourquoi devons-nous obéir à nos père et mère?* — Nous devons obéir à nos père et mère, parce qu'ils sont revêtus de l'autorité de Dieu pour nous commander.

Devrions-nous obéir à nos père et mère, s'ils nous commandaient quelque chose qui fût contraire à la loi de Dieu? — Non, parce qu'il faut plutôt obéir à Dieu qu'aux hommes.

§ II. 1° Obéissez à vos parents; 2° c'est votre devoir; 3° mais ne leur obéissez pas en ce qui est contraire à la loi de Dieu.

§ III. 1° Obéir à quelqu'un, c'est faire ce qu'il nous commande, c'est exécuter ses ordres, se conformer à sa volonté. — 2° Dieu peut nous commander, puisqu'il est notre Créateur et notre maître. Or, les parents sont revêtus de l'autorité de Dieu pour commander leurs enfants, c'est-à-dire, qu'ils ont sur leurs enfants l'autorité, le pouvoir de Dieu : quand ils commandent à leurs enfants, c'est comme si Dieu donnait des ordres par leur bouche. — 3° Cependant, les enfants ne devraient pas obéir à leurs parents, si ceux-ci leur prescrivaient quelque chose de contraire à la loi de Dieu, c'est-à-dire, quelque chose de mauvais, quelque chose que les enfants ne pourraient pas faire sans pécher.

§ IV *1° Qu'est-ce qu'obéir à quelqu'un?

En quoi consiste l'obéissance à ses parents?

2º Le bon Dieu a-t-il le droit de vous donner des ordres? — Pourquoi oui?

Eh bien! vos parents partagent-ils le droit de Dieu pour vous commander?

Quelle raison vous fait un devoir d'obéir à vos parents?

* Quest-ce à dire que les parents sont revêtus de l'autorité de Dieu pour commander à leurs enfants?

3º Devez-vous toujours obéir à Dieu? — et à vos parents?

Quand ne devriez-vous pas obéir à vos parents?

*Quand une chose est elle contraire à la loi de Dieu?

Ainsi donc, si des parents ordonnaient à leur enfant, par exemple, de blasphémer, de voler..... que devrait faire cet enfant? — Pourquoi ne devrait-il pas obéir?

ARTICLE V.

§ I. *Pourquoi devons-nous assister nos père et mère?* — Nous devons assister nos père et mère, parce qu'il est juste que nous leur rendions, dans leurs besoins, les soins que nous en avons reçus nous-mêmes.

En quoi devons-nous assister nos père et mère? — Nous devons assister nos père et mère, en leur procurant, autant que nous le pouvons, tous les secours spirituels et temporels, dans leurs maladies, leur vieillesse et leur pauvreté.

§ II. 1º Assistons nos parents; 2º assistons-les de secours spirituels, — de secours temporels; 3º c'est notre devoir.

§III. 1º Assister quelqu'un, c'est l'aider, le secourir, lui porter soulagement. — 2º Assister quelqu'un de secours spirituels, c'est aider, secourir son âme, c'est exercer envers lui des œuvres spirituelles de miséricorde. Assister ses parents de secours spirituels, ce sera, par exemple, prier pour eux, leur conseiller avec respect de faire leur devoir de chrétien. — Assister quelqu'un de secours temporels, c'est lui procurer un soulagement qui lui est utile ici-bas, c'est, plus particulièrement, faire du bien à son corps ou exercer envers lui des œuvres corporelles de miséricorde. Assister ses parents de secours temporels ce sera, par exemple, les nourrir, les vêtir, les soigner s'ils sont malades, — 3° C'est le devoir d'un enfant d'assister ses parents. La reconnaissance lui ordonne, en effet, d'agir avec ses parents comme ses parents ont agi envers lui. Et, que de souffrances, de soins, de sacrifices, l'existence, la conservation et l'éducation d'un enfant n'ont pas coûtés à ses parents?

§ IV. 1° Qu'est-ce qu'assister quelqu'un?

Comment un enfant assiste-t-il ses parents?

2° Pouvons-nous assister nos parents de plusieurs manières? — Quelles sont ces manières?

* Qu'appelez-vous secours spirituels? — Nommez des secours spirituels qu'un enfant peut procurer à ses parents.

* Qu'appelez-vous secours temporels? — Nommez des secours temporels.

3° Avez-vous jamais reçu des secours spirituels de vos parents? (*Bienfait du baptême. — Éducation chrétienne*). Et des secours temporels? — Nommez-en de l'une et de l'autre sorte.

Quelle raison vous fait un devoir d'assister vos parents?

Quand un enfant doit-il plus particulièrement assister ses parents?

ARTICLE VI.

§ I. *Que signifient ces paroles : Afin de vivre longuement?* — Ces paroles signifient que Dieu bénit, même en ce monde, les enfants qui honorent leurs père et mère.

Quelle est la punition des enfants qui outragent leurs père et mère ou refusent de les assister? — Ils sont maudits de Dieu, et les hommes les ont en horreur.

§ II. 1° Dieu bénit l'enfant qui accomplit bien le quatrième commandement; 2° il maudit l'enfant qui ne l'accomplit pas. — Les hommes ont ce monstre en horreur.

§ III 1° L'enfant qui observe fidèlement le quatrième commandement dès ici-bas reçoit de Dieu sa récompense : Dieu lui accorde des grâces nombreuses et abondantes qui rendent son salut facile, et même, souvent font prospérer ses affaires temporelles. — 2° - *a*) L'enfant, au contraire, qui méprise ce divin précepte est maudit de Dieu, c'est-à-dire que Dieu lui retire ses grâces, que cet enfant fera difficilement son salut, et que très-probablement l'enfer sera son partage. - *b*) Outre cette divine punition, les hommes aussi infligent la leur à ce malheureux enfant, car ils l'ont en horreur : ils ne veulent pas se trouver avec lui, ils n'ont pour lui aucune considération et le regardent comme un être dénaturé, comme un monstre.

§ IV. Récitez le quatrième commandement.
D'une manière générale, que signifient ces paroles :
Tes père et mère honoreras?
Et que voulez-vous dire en ajoutant : *Afin de vivre longuement?*

1º Dieu attend-il l'autre vie pour récompenser les bons enfants?

Comment les récompense-t-il ici-bas?

* Qu'est-ce à dire que Dieu bénit, même en ce monde, les enfants qui honorent leurs parents?

2º Et l'enfant qui n'observe pas le quatrième commandement, est-il aussi récompensé?

Par qui est-il puni? (1º? — 2º?)

* Qu'est-ce à dire qu'il est puni de Dieu? — Que les hommes l'ont en horreur?

DEUXIÈME LEÇON.

Suite du quatrième commandement.

DES DEVOIRS DES INFÉRIEURS ET DES SUPÉRIEURS.

ARTICLE Ier.

§ I. *Le quatrième commandement ne renferme-t-il que les devoirs des enfants envers leurs père et mère?* — Le quatrième commandement renferme encore les devoirs des parents envers leurs enfants, les devoirs des inférieurs envers leurs supérieurs, et les devoirs des supérieurs envers leurs inférieurs.

§ II. 1º Quel commandement indique aux enfants leurs devoirs envers leurs parents?

2º Les parents ont-ils aussi des devoirs à remplir envers leurs enfants? — Quel commandement les renferme?

3º Les inférieurs ont-ils aussi des devoirs à remplir envers ceux qui sont au-dessus d'eux? — Quel commandement les prescrit?

4° Et les supérieurs ont-ils aussi des devoirs à remplir envers ceux qui sont au-dessous d'eux? — Quel commandement les fait connaître?

5° Ainsi, de combien de sortes de personnes le quatrième commandement renferme-t-il les devoirs? — Quelles sont ces quatre sortes de personnes?

ARTICLE II.

§ I. *Quels sont les devoirs des père et mère envers leurs enfants?* — Les père et mère doivent pourvoir aux besoins de leurs enfants, les élever chrétiennement, les corriger de leurs défauts, et leur donner le bon exemple.

§ II. Les parents doivent : 1° pourvoir aux besoins de leurs enfants; 2° les élever chrétiennement; 3° les corriger de leurs défauts; 4° leur donner le bon exemple.

§ III. 1° Que de souffrances, que de misères dégoûtantes dans un enfant! puis la faim, la nudité, etc. Or, soulager ces misères, nourrir, habiller un enfant, c'est pourvoir à ses besoins. — 2° Elever chrétiennement un enfant, c'est lui apprendre à prier Dieu, lui faire connaître les vérités de la religion et les devoirs du chrétien. — 3° Que si un enfant fait le mal, offense Dieu, ses parents doivent le reprendre, et même le punir, si cela est nécessaire : ainsi, le corrigeront-ils de ses défauts. — 4° Enfin, les parents doivent faire le bien en présence de leurs enfants, ou leur donner le bon exemple.

§ IV. 1° - 4° Quels parents pèchent contre le quatrième commandement?

* Qu'est-ce que pourvoir aux besoins d'un enfant? — l'élever chrétiennement? — le corriger de ses dé-

fauts? — lui donner le bon exemple? = Comment les parents pourvoient-ils aux besoins de leurs enfants? — les élèvent-ils chrétiennement? — .....? — .....?

ARTICLE III.

§ I. *Qu'entendez-vous par les supérieurs?* — J'entends par supérieurs tous ceux que Dieu a établis au-dessus de nous, dans l'ordre spirituel ou dans l'ordre temporel.

Quels sont nos supérieurs dans l'ordre spirituel? — Nos supérieurs dans l'ordre spirituel sont : le pape, les évêques et tous les pasteurs.

Quels sont nos supérieurs dans l'ordre temporel? — Nos supérieurs dans l'ordre temporel sont : le monarque et tous les magistrats revêtus de son autorité, les maîtres à l'égard de leurs serviteurs et de leurs domestiques, etc.

§ II. Expliquons les termes de notre catéchisme, et disons quel homme est 1° un supérieur; 2° un inférieur; 3° un supérieur dans l'ordre spirituel; 4° un supérieur dans l'ordre temporel. — Indiquons en même temps quels sont nos principaux supérieurs dans l'un et l'autre ordre.

§ III. 1° Notre supérieur est celui qui est au-dessus de nous, celui qui peut nous commander. — 2° Un inférieur est celui qui est au-dessous, celui qui doit obéir. — 3° Un supérieur dans l'ordre spirituel est celui qui peut commander en des choses qui ont plus directement rapport au salut; tels sont, le souverain pontife, l'évêque de notre diocèse, le curé de notre paroisse. — 4° Un supérieur dans l'ordre temporel est celui qui peut commander en des choses qui n'ont point directement rapport au salut, et qui ont plus particulièrement rapport à des affaires de cette vie. Des intérêts temporels, ou les siens, ou les nôtres, ou ceux d'autrui, ou ceux de la société lui sont confiés. — Le chef de l'état, ou celui qui est à la tête du gouvernement d'un pays, le préfet, le maire, le chef d'un atelier, le maître, dans le sens le plus ordinaire, ou celui qui paie des hommes pour faire son travail, etc... sont des supérieurs dans l'ordre temporel.

§ IV. 1° ★ Qu'appelez-vous supérieur?

2° ★ Qu'est-ce qu'un inférieur?

3° - *a*) Connaissez-vous plusieurs sortes de supérieurs? Quelles sont ces deux sortes?

b) ★ Qu'appelez-vous supérieurs dans l'ordre spirituel? — Nommez des supérieurs dans l'ordre spirituel?

4° ★ Qu'appelez-vous supérieurs dans l'ordre temporel? — Nommez des supérieurs dans l'ordre temporel?

5° Monseigneur l'évêque de N....., est-il votre supérieur dans l'ordre spirituel? — Pourquoi oui? — Et monsieur le préfet? — Pourquoi non? — etc...

ARTICLE IV.

§ I. *Quels sont les devoirs des inférieurs envers leurs supérieurs?* — Les devoirs des inférieurs envers leurs supérieurs sont de les respecter, et de leur obéir, en ce qui n'est pas contraire à la loi de Dieu ou de l'Eglise.

§ II. Qu'est-ce qu'un inférieur? — Un supérieur? Quel commandement renferme les devoirs des inférieurs envers leurs supérieurs?

Que prescrit ce commandement aux inférieurs pour rendre leur conduite, envers leurs supérieurs, agréable à Dieu? (1°? — 2°?)

1° Qu'est-ce que respecter son supérieur ? = Quelle sorte de respect l'inférieur doit-il à son supérieur ?

2° Quand obéit-on à son supérieur ? — Les inférieurs doivent-ils toujours obéir à leurs supérieurs ?

Dans quels cas un inférieur ne doit-il pas obéir à son supérieur ?

Quand une chose est-elle contraire à la loi de Dieu ?

ARTICLE V.

§ I. *Quels sont les devoirs des supérieurs à l'égard de leurs inférieurs ?* — Les supérieurs, et en particulier les maîtres, doivent traiter leurs inférieurs avec justice et charité, comme leurs frères en Jésus-Christ, veiller sur leur conduite, leur faciliter les moyens de s'instruire de la religion, et les porter à en remplir les devoirs.

§ II. Les supérieurs doivent : 1° traiter leurs inférieurs avec justice ; 2° les traiter avec charité ; 3° veiller sur leur conduite ; 4° leur faciliter les moyens de s'instruire des vérités de la religion ; 5° les porter à en remplir les devoirs.

§ III. 1° Traiter un inférieur avec justice, c'est lui donner ce qu'il mérite, ce qu'on lui doit. Un maître doit donner le prix convenu à son domestique. — 2° Traiter quelqu'un avec charité, c'est agir envers lui, comme nous voudrions qu'il agît envers nous, si nous étions à sa place, et lui à la nôtre. — 3° Veiller sur la conduite de quelqu'un, c'est examiner s'il fait le bien ou le mal, et le porter à faire le bien. — 4° Faciliter à un inférieur les moyens de s'instruire des vérités de la religion, c'est ne rien lui commander qui l'empêche d'aller entendre le catéchisme et les instructions, c'est même faire en sorte qu'il puisse, par des lectures, des conversations, mieux entendre sa religion. — 5° Porter son inférieur à remplir ses devoirs de chrétien, c'est, plus particulièrement, l'engager à se confesser et à communier à Pâques.

§ IV. Les supérieurs ont-ils des devoirs à remplir envers les inférieurs ? — Énumérez-les ?

1° * Quel maître traite son domestique avec justice ?

2° * Qu'est-ce que traiter son inférieur avec charité ?

3° * Comment un maître peut-il faciliter à son domestique les moyens de s'instruire des vérités de la religion ?

4° * Que doit faire un maître pour porter son domestique à remplir les devoirs de la religion ?

TROISIÈME LEÇON.

Du cinquième commandement.

DE L'HOMICIDE.

ARTICLE Ier.

§ I. *Qu'est-ce que Dieu défend par le cinquième commandement : Homicide point ne seras, de fait ni volontairement ?* — Par le cinquième commandement, Dieu défend de tuer, blesser ou frapper le prochain, et de s'ôter la vie à soi-même.

§ II. Le cinquième commandement défend : 1° de tuer son prochain ; 2° de le blesser ou frapper ; 3° de s'ôter la vie à soi-même.

§ III. 1° Tuer quelqu'un, c'est lui ôter la vie. Celui qui tue un homme est un *homicide*. On appelle aussi *homicide* le péché, le crime que commet le malheureux qui met un homme à mort. — Il y a deux manières d'être homicide : la première est de donner réellement la mort à un homme : c'est être homicide *de fait;* et c'est cette manière qui est défendue par ces paroles : *Homicide point ne seras de fait.* Pareillement, on peut être homicide en désirant, en voulant donner la mort au prochain, quoiqu'on ne la donne pas réellement, c'est être homicide volontairement ou dans la volonté, et c'est cette manière d'être homicide qui est défendue par ces autres paroles : *Homicide point ne seras volontairement.* — 2° Blesser quelqu'un, c'est proprement lui faire mal en son corps, c'est lui causer de la douleur. — Le cinquième commandement défend de blesser son prochain. Il défend aussi de le frapper ou de lui donner des coups. — 3° Plus loin, nous allons parler de l'homme qui s'ôte la vie, ou du suicide.

IV. Qu'appelez-vous commandements de Dieu? — Combien y en a-t-il? — Quel est le deuxième?... Récitez le cinquième?

Que faut-il ne point faire pour accomplir ce commandement?

1° - *a*) Qu-est-ce que tuer quelqu'un? — Quand un homme est-il en vie? — Qu'est-ce que la mort? Comment s'appelle l'homme qui tue un homme? — Et le crime que commet ce malheureux?

*Qu'est-ce qu'un homicide?

*En quoi consiste le péché d'homicide?

Peut-on être homicide de plusieurs manières? — Quelles sont ces manières?

Quand un homme est-il homicide *de fait?* — Quand est-on homicide volontairement?

*Que signifient ces paroles : Homicide point ne seras *de fait?* — Homicide point ne seras *volontairement?*

2° Qu'est-ce que blesser quelqu'un? — Et le frapper?

ARTICLE II.

§ I. *N'est-il jamais permis de tuer ou blesser le prochain?* — Non, il n'est jamais permis de tuer ou blesser le prochain, si ce n'est dans une guerre juste, ou pour exécuter les arrêts de la justice, ou dans le cas d'une légitime défense.

§ II. Il est permis de tuer ou frapper le prochain : 1° dans une guerre juste; 2° pour exécuter les arrêts de la justice; 3° dans le cas d'une légitime défense.

§ III. 1° A la guerre, chose horrible! les hommes se frappent, se blessent, se tuent les uns les autres. Cependant, ils ne pèchent pas, parce qu'ils font ce que leur gouvernement a le droit de leur ordonner de faire. — Que si, pourtant, la guerre était injuste, il faudrait raisonner autrement; mais le soldat ne le peut savoir, et, ordinairement du moins, il doit marcher à l'ennemi si son gouvernement le lui ordonne. — 2° Un homme a commis un grand crime, par exemple, il a tué un autre homme : les juges condamnent l'homicide, par exemple, à avoir la tête tranchée. Celui qui met à mort le criminel, le bourreau, ne pèche pas parce qu'il exécute les arrêts de la justice, parce qu'il fait ce que les juges ont le droit de lui ordonner de faire. — 3° Un homme en veut à votre vie, ou même à votre pudeur : il vous attaque, veut vous tuer..... Dans cette circonstance, vous pouvez le blesser, ou même le tuer et ne point pécher, car vous êtes dans le cas de légitime défense, c'est-à-dire, dans le cas d'un homme qui se défend lorsqu'il est injustement attaqué.

§ IV. Est-ce toujours un péché de tuer ou blesser un homme?

Citez des circonstances où tuer un homme n'est point un péché? (1°? — 2°? — 3°?)

1° Le soldat, en guerre, peut-il, sans pécher, tuer les ennemis de son pays? — Pourquoi oui?

2° Le bourreau peut-il, pareillement, mettre à mort un condamné et ne point pécher?—Pourquoi oui?

Qu'est-ce qu'exécuter les arrêts de la justice?

3° * Qu'appelez-vous cas de légitime défense?

Montrez-moi une personne dans le cas de légitime défense.

ARTICLE III.

§ I. *N'est-il jamais permis de s'ôter la vie à soi-même?* — Non, il n'est pas permis de s'ôter la vie à soi-même, quelque malheureux que l'on soit, parce que notre vie appartient à Dieu, qui seul a droit d'en fixer le terme.

§ II. 1° Le suicide est défendu; 2° pourquoi il est défendu.

§ III 1° L'homme qui se tue ou s'ôte la vie est un suicide et il commet un suicide. L'homme, qui se rend coupable de ce péché, se jette tête baissée dans les feux de l'enfer, car il meurt dans le crime : il n'est point permis de s'ôter la vie à soi-même. — 2° La raison en est que Dieu seul nous a donné la vie ; et, par là même, notre vie lui appartient. Seul, dès lors, il a le droit de nous faire mourir ou de fixer le terme de cette vie.

§ IV. 1° Comment appelez-vous l'homme qui se donne la mort? — Et le crime qu'il commet?

* Qu'appelez-vous suicide? — En quoi consiste le péché appelé suicide?

2° L'homme qui se tue commet-il un péché? — Pourquoi oui?

Pourquoi dites-vous que votre vie appartient à
    Dieu?

Qu'appelez-vous terme de la vie?

Qu'est-ce à dire que Dieu a le droit de fixer le terme
    de notre vie?

ARTICLE IV.

§ I. *Est-il permis de se battre en duel?* — Non, il
n'est pas permis de se battre en duel, parce que c'est
commettre un double crime, en s'exposant soi-même
à la mort, et en cherchant à la donner aux autres.

§ II. Voyons : 1° ce que c'est que le duel; 2° pourquoi il est défendu?

§ III. 1° Deux ou plusieurs hommes, pour une raison quelconque, conviennent de se battre à telle
heure, en tel lieu, avec telles armes, par exemple,
le sabre. Ils se battent en effet. Leur combat est un
duel. Ainsi donc, le duel est un combat singulier de
deux ou de plusieurs personnes, d'après un arran-
gement fait à l'avance, d'autorité privée, sur l'heure,
le lieu et la manière de se battre. — 2° Quand deux
hommes se battent en duel, chacun d'eux se met en
danger prochain de mort, puisque chacun cherche à
la donner à son adversaire; de plus, chacun veut
tuer ou blesser son adversaire, puisque c'est pour
cela qu'ils se battent. Et ainsi le duelliste commet
un double péché contre le cinquième commandement.

§ IV. 1° Quand deux hommes se battent-ils en duel?
★ Qu'est-ce que le duel?
2° Pourquoi le duel est-il défendu? = Combien de
    péchés commet celui qui se bat en duel? — En
    quoi consiste son premier péché?—Et son second?

ARTICLE V.

§ I. *Qu'est-ce que Dieu défend encore par le cinquième commandement?* — Par le cinquième commandement, Dieu défend encore la haine, les querelles, les injures, les emportements, la violence et les vengeances.

§ II 1° La haine, 2° les injures et les querelles, 3° les emportements et la violence, 4° les vengeances sont encore défendus par le cinquième commandement.

§ III. 1° Haïr quelqu'un, c'est lui vouloir du mal. La haine est l'opposé de l'amour.—2° L'injure est une parole ou une action qui outrage le prochain et lui fait peine.—Les querelles sont des paroles blessantes que se disent des personnes qui s'injurient. — 3° Les emportements et la violence sont de mauvaises colères qui font mal au prochain. — 4° La vengeance consiste à rendre le mal pour le mal, à faire du mal à celui qui nous en a fait.

§ IV. 1° Qu'est-ce qu'aimer son prochain?—Qu'est-ce que le haïr?

*En quoi consiste la haine?

2° - *a*) Comment appelez-vous les paroles ou les actions qui outragent le prochain?

*Qu'appelez-vous injure?

b) Et les paroles outrageantes que se disent des personnes?

*Qu'appelez-vous querelle?

3° *Et, qu'est-ce que vous nommez emportement? — Violence?

4° Comment appelez-vous la manière d'agir d'une personne qui fait du mal à une autre personne, parce que celle-ci lui en a fait la première?

*Qu'est-ce que se venger? = En quoi consiste la vengeance?

ARTICLE VI.

§ I. *Le cinquième commandement ne défend-il que ce dont on a parlé dans cette leçon?* — Il défend encore de scandaliser le prochain.

Qu'est-ce que scandaliser le prochain? — C'est le porter au mal, ou l'empêcher de faire le bien, par de mauvais discours, de mauvais conseils ou de mauvais exemples.

§ II 1° Porter au mal; 2° empêcher de faire le bien, c'est scandaliser le prochain.

§ III. 1° Porter quelqu'un au mal, c'est le faire pécher, c'est être cause qu'il offense Dieu. Or, ceci peut se faire plus particulièrement de trois manières : *a*) En tenant de mauvais discours en sa présence, *b*) en lui conseillant de pécher, *c*) en faisant le mal devant lui, ou en lui donnant le mauvais exemple. — 2° Une seconde manière générale de scandaliser le prochain, c'est de l'empêcher de plaire à Dieu, c'est de s'opposer au bien qu'il pourrait faire, et ceci peut avoir lieu aussi de trois manières : mauvais discours, mauvais conseils et mauvais exemples.

§ IV. Est-il permis de faire du mal au corps du prochain, par exemple, de le blesser, de le frapper?... Quel commandement le défend?

Mais, croyez-vous qu'il soit permis davantage de faire du mal à son âme ? — Quel commandement le défend?

Et, comment peut-on faire du mal à l'âme du prochain?

1° Quel péché commet celui qui fait pécher son prochain?

a) Pierre dit, en présence d'Antoine : Blasphémer n'est pas un péché. Antoine le croit et il éclate en injures contre Dieu. — Dans une autre circonstance, Pierre dit à Alexandre : Je te conseille d'aller voler ces fruits. Alexandre le fait. — Enfin, une autre fois encore, Pierre se dissipe à l'église, en face d'Octave qui l'examine faire et bientôt en fait autant. Pierre a scandalisé des trois manières indiquées par votre catéchisme. Quel est celui, d'Antoine, d'Alexandre ou d'Octave, qu'il a scandalisé par ses mauvais discours? — par ses mauvais conseils? — par ses mauvais exemples?

b) De combien de manières peut-on porter au mal? (1°? — 2°?)

Citez l'exemple d'une personne qui scandalise par ses mauvais discours? — par ses mauvais conseils? — par ses mauvais exemples?

2° - *a*) Mais, est-ce qu'on ne peut pas aussi scandaliser son prochain en mettant obstacle au bien qu'il pourrait faire, en l'empêchant de faire le bien? Ainsi, Alexis dit à Victor : Tu n'es pas obligé d'aller à la messe dimanche prochain. — Le même dit à Auguste : Je te conseille de ne pas aller à la messe le dimanche de Pâques. Encore, Alexis part se promener pendant la messe du dimanche; Philippe le voit et l'imite. Alexis a empêché Victor, Auguste et Philippe, de faire le bien. — Lequel a été empêché par mauvais discours? — par mauvais conseil? — par mauvais exemple?

b) *Ainsi, de combien de manières peut-on empêcher de faire le bien? (1°? — 2°? — 3°?)

3° * D'ailleurs de combien de manières peut-on porter au mal?

*Et, en tout, de combien de manières peut-on scandaliser? (1°? — 2°? — 3°? — 4°? — 5°? — 6°?)

ARTICLE VII.

§ I. *A quoi est-on tenu quand on a offensé ou scandalisé le prochain?* — On est tenu de faire au plus tôt ce qu'on peut pour se réconcilier avec lui, et pour réparer l'offense qu'on lui a faite, ou le scandale qu'on lui a donné.

§ II. 1° Quand on a offensé le prochain, il faut réparer l'offense qu'on lui a faite; 2° quand on l'a scandalisé, il faut réparer le scandale qu'on lui a donné.

§ III. 1° Toute parole ou toute action qui fait du mal au prochain s'appelle du nom général d'*offense*. Par là même, dire à quelqu'un des paroles injurieuses, agir avec lui avec emportement, le frapper, etc..... ; c'est l'offenser. Or, lorsqu'on a offensé le prochain, il faut d'abord se réconcilier avec lui, c'est-à-dire, l'aimer et lui montrer qu'on veut avoir de bons rapports avec lui. Souvent, il serait même convenable d'avouer ses torts, et de demander pardon. En second lieu, il faut réparer l'offense qu'on lui a faite, c'est-à-dire, d'une manière générale, qu'il faut faire l'opposé de l'offense. Ainsi, quelqu'un a dit des injures, il doit parler d'une manière douce, amicale. — 2° Quant au scandale, on le répare également en faisant l'opposé de ce qui a scandalisé. Ainsi, un homme a porté quelqu'un au mal par ses conseils, il doit le porter au bien par ses conseils; il l'a scandalisé par ses mauvais exemples, il doit l'édifier en faisant le bien en sa présence, etc... — 3° Autre devrait être la réparation, si le scandale, les paroles injurieuses, les actions méchantes, coups, blessures, etc... avaient fait des dommages au prochain ou aux siens.

§ IV. Dites tout ce que défend le cinquième commandement.

1° Eh bien! quand on a offensé le prochain d'une de ces manières, suffit-il de s'en confesser? — Que faut-il d'abord?

* Qu'est-ce que se réconcilier avec quelqu'un? Suffit-il même de se réconcilier avec celui qu'on a offensé?

Qu'est-ce que réparer une offense? — Comment faut-il agir pour réparer une injure?

2° Comment répare-t-on le scandale?

a) De combien de manières peut-on *porter au mal?* (1°? — 2°? — 3°?)

De combien de manières peut-on *porter au bien* pour réparer le scandale?

b) De combien de manières peut-on *empêcher de faire le bien?* (1°? — 2°? — 3°?)

De combien de manières peut-on *empêcher de faire le mal?*

De combien de manières peut-on réparer le scandale? (1°? — 2°? — 3°? — 4°? — 5°? — 6°?)

QUATRIÈME LEÇON.

Du sixième commandement.

DE L'IMPURETÉ.

ARTICLE 1er.

§ I. *Qu'est-ce que Dieu nous défend par le sixième commandement : Luxurieux point ne seras, de corps ni de consentement?* — Par le sixième commandement, Dieu nous défend les actions, les regards et les paroles contraires à la sainte vertu de pureté.

§ II. Ce n'est, mes enfants, qu'avec une profonde horreur, que vous avez entendu expliquer les péchés dont nous nous sommes occupés jusqu'ici. Qui ne frémit, en effet, en pensant que des hommes sont assez méchants, par exemple, pour blasphémer contre Dieu, contre Marie, notre bonne Mère? — Cependant, les péchés, dont nous allons nous entretenir aujourd'hui, sont encore bien plus à craindre. Ils sont tellement affreux, que l'apôtre S. Paul dit que le nom de ces vilains péchés ne devrait pas même être prononcé parmi les chrétiens. — Aussi, ne vous dirai-je, de ces péchés, que ce qui vous est absolument nécessaire pour vous les faire éviter.

1° On appelle *actions* contraires à la sainte vertu de pureté, les actions que vous rougiriez de faire en ma présence, actions qui ne sont pourtant point vol, acte de gourmandise, etc... Regardez donc comme actions impures, celles qui vous feraient prendre la fuite, si vous vous aperceviez qu'on vous les vît faire, celles que vous auriez bien honte d'avouer à votre mère, si elle vous demandait : Que faisais-tu?

2° Un *regard* est pareillement contraire à la sainte vertu de pureté, si celui qui le porte devait rougir d'agir ainsi, en présence de ses supérieurs. Craignez donc de jeter les yeux sur rien d'indécent, et, si jamais quelqu'un voulait vous faire regarder une chose déshonnête, fuyez sa compagnie.

3° Pour l'ordinaire, les *paroles* contraires à la sainte vertu de pureté, sont celles que vous n'oseriez prononcer en la présence de votre mère, paroles qui ne sont pourtant ni contre Dieu, ni contre la religion, ni contre le prochain... Peut-être, des gens sans pudeur tiendront devant vous des propos honteux, chanteront de mauvaises chansons, n'hésitez pas à regarder, comme contraires à la pureté, celles que vous auriez honte de nous répéter.

Ce que vous n'oseriez pas faire ou regarder, vous

ne devez jamais en parler, jamais y penser, ni le désirer.

ARTICLE II.

§ I. *Que nous défend encore le sixième commandement?* — Le sixième commandement défend encore tout ce qui peut porter à l'impureté, comme l'intempérance, l'oisiveté, les mauvais livres, les compagnies dangereuses, les danses et les spectacles immodestes, les tableaux indécents, les costumes ou manières de s'habiller deshonnêtes.

§ II. 1° L'intempérance; 2° l'oisiveté; 3°.....; 4°..... tout ce qui peut porter à l'impureté est défendu par le sixième commandement.

§ III. 1° L'intempérance est le vice de ceux qui mangent ou boivent avec excès; comme la gourmandise, ce vice consiste à trop manger ou à trop boire. — 2° L'oisiveté est une sorte de paresse qui consiste à ne rien faire, à rester inoccupé. — 3° Les mauvais livres, dont il est ici question, sont plus particulièrement ceux qu'on appelle *romans*. L'homme, qui veut être pur, évite toute lecture où sont racontées de vilaines choses. — 4° On appelle *danse*, comme tout le monde le sait, certains mouvements du corps en cadence, ou bien encore, une suite de sauts et de pas réglés d'une certaine manière. La danse, surtout avec des personnes d'un autre sexe, est toujours bien à craindre. — 5° Les compagnies dangereuses et les spectacles immodestes sont des réunions où l'on dit ou fait des choses contraires à la sainte vertu. L'homme, qui veut être pur, ne doit point se trouver en ces réunions. — 6° Il ne doit pas non plus jeter les yeux sur des tableaux ou représentations mauvaises. C'est, pareillement, un péché, que d'arrêter ses regards sur des personnes dont le costume ou manière de s'habiller est indécent. — La raison qui fait que toutes ces choses sont défendues par le sixième commandement, c'est qu'elles produisent infailliblement l'impureté, c'est qu'elles portent à l'impureté. Il n'est pas possible de mettre sa main dans le feu, sans se brûler; de même, il n'est pas possible d'être intempérant, oisif, de lire des mauvais livres..... sans tomber dans le vice impur?

§ IV. Le sixième commandement ne défend-il que les actions, les regards, les paroles contraires à la sainte vertu? — Que défend-il encore? 1°? — 2°?...

1° - 6° - *a*) L'homme, qui veut être pur, peut-il boire avec excès? — Pourquoi non? — Rester à rien faire? — Pourquoi non? — Lire des romans? — fréquenter des personnes qui parlent contre la sainte vertu? — regarder de vilaines représentations? — des personnes habillées indécemment? — Pourquoi non?

Qu'est-ce à dire que ces choses portent à l'impureté?

b) Quelles choses portent à l'impureté?

Quel est le vice de l'homme qui mange ou boit trop? — De l'homme qui ne fait ordinairement rien?

* Qu'appelez-vous intempérance? — oisiveté?

* Ici, qu'appelez-vous mauvais livres?

* Qu'appelez-vous compagnies dangereuses? — spectacles immodestes?

* Quand un tableau est-il indécent? — Quand un costume est-il déshonnête?

7° D'une manière générale, que défend le sixième commandement de Dieu? — (1? — 2? ...)

ARTICLE III.

§ I. *L'impureté est-elle un grand péché?* — Oui, l'impureté est un grand péché, et S. Paul dit, qu'il

ne devrait même pas être nommé parmi les chrétiens.

En quoi consiste l'énormité de ce péché? — L'é-
normité de ce péché consiste en ce qu'il dégrade
l'âme en la soumettant au corps, et en ce qu'il profane le corps lui-même, qui est devenu, par le baptême, membre de Jésus-Christ et temple du Saint-
Esprit.

§ II. I° L'impureté ne devrait pas être nommée
parmi les chrétiens; 2° elle dégrade l'âme; 3° elle
profane le corps : telles sont les raisons qui en font
un péché grave.

§ III. 1° L'impureté est un grand péché, puisque
S. Paul disait aux premiers chrétiens : « Que l'impureté, quelle qu'elle soit, ne soit pas même nommée
parmi vous, comme il convient à des saints. » —
2° L'âme, en raison de sa nature plus riche et plus
élevée, doit commander au corps. Et pourtant, lorsqu'une personne se donne au vice impur, c'est le
corps qui commande à l'âme. Le corps, alors, fait
perdre à l'âme son rang, sa place d'honneur : il la
dégrade. — 3° « Ne savez-vous pas que vos corps
sont les membres de Jésus-Christ? — Ne savez-vous
pas que vous êtes le temple de Dieu, et que l'Esprit-
Saint habite en vous? » lisons-nous encore dans les
épîtres de S. Paul. Donc, nos corps sont les membres
de Jésus-Christ, donc, ils sont les temples de l'Esprit-Saint. Et, n'est-ce pas une indignité de souiller
ce que Jésus-Christ lui-même et le Saint-Esprit ont
daigné sanctifier! — Aussi, chose à retenir, le péché
d'impureté, quel qu'il soit, dès lors qu'il est volontaire, est toujours péché mortel.

IV. Est-ce un grand mal de pécher contre le sixième
commandement?

Quelles raisons avez-vous de dire que l'impureté
est un péché grave? (1°? — 2°? — 3°?)

1° * Citez les paroles de S. Paul disant que l'impureté ne devrait pas être nommée parmi les chrétiens?

2° Combien de parties différentes forment l'homme?
— Qu'est ce que l'âme? — Qu'est-ce que le corps?
Laquelle de ces deux parties de nous-même est la
plus digne, doit commander à l'autre?
Et, lorsqu'une personne se donne au vice impur,
qu'est-ce qui commande en elle, de l'âme ou du
corps?

* Pourquoi l'impureté dégrade-t-elle l'âme?

3° Quelle troisième raison vous fait dire que l'impureté est-un péché grave?

* Prouvez, en citant les paroles de l'Ecriture, que
nos corps sont les membres de Jésus-Christ — sont
les temples du Saint-Esprit.

ARTICLE IV.

§ I. *Quels sont les moyens à employer pour éviter
le péché d'impureté?* — Les moyens à employer pour
éviter le péché d'impureté sont : la fuite des occasions dangereuses, le jeûne, la mortification des
sens, le travail, la prière, la fréquentation des sacrements, et la dévotion à la Sainte Vierge.

§ II. Pour être pur, il faut : 1° fuir les occasions
dangereuses; 2° jeûner; 3° mortifier ses sens; 4° travailler; 5° prier; 6° fréquenter les sacrements;
7° avoir de la dévotion à la Sainte Vierge.

III. 1° On appelle occasion de péché, tout ce qui
porte au péché, tout ce qui peut être cause de péché.
Par là même, l'intempérance, l'oisiveté, les mauvais
livres, les compagnies dangereuses, etc..., sont des

occasions du péché d'impureté, et doivent être évitées par celui qui veut être pur. — 2° Comme nous le verrons plus tard, jeûner, c'est ne faire par jour qu'un seul repas, et de plus, si l'on veut, une légère collation. Cette pratique, en affaiblissant le corps, donne des forces à l'âme contre le vice impur. — 3° Mortifier, les sens, c'est leur refuser certains plaisirs, c'est ne pas leur permettre de s'exercer. Ainsi, mortifier la vue, c'est ne pas lui permettre de voir, mortifier l'ouïe, c'est ne pas lui permettre d'écouter, mortifier le goût... — 4° L'oisiveté est la mère de tous les vices, et, par là même, du vice impur. Voulons-nous l'éviter? travaillons, occupons-nous toujours. — 5° Etre pur et chaste est un don de Dieu, voulons-nous l'obtenir? demandons-le à Dieu, prions cet auteur de tout don parfait. — 6° Celui qui veut être pur doit fréquenter les sacrements : il doit recevoir souvent les sacrements de Pénitence et d'Eucharistie. Le confesseur est le conseiller de la pureté, et la sainte Communion en est le soutien. — 7° La dévotion à la Sainte Vierge consiste à aimer, à honorer cette bonne Mère, à mettre en elle une confiance sans bornes. Je vous conseille, mes chers enfants, de mettre votre virginité sous la garde de Marie, et, à cet effet, de lui réciter chaque matin une petite prière comme celle ci : « O ma souveraine, ô ma Mère, je m'offre tout à vous ; et, pour vous prouver mon dévouement, je vous consacre aujourd'hui mes yeux, mes oreilles, ma bouche, mon cœur, tout moi-même. Puisque je vous appartiens, ô ma bonne Mère, gardez-moi, défendez-moi, comme votre bien et votre propriété. » Et dans la tentation, lancez-lui cette aspiration : « O ma souveraine, ô ma Mère, souvenez-vous que je vous appartiens : gardez-moi, défendez-moi, comme votre bien et votre propriété. »

§ IV. 1° - *a*) Celui qui veut être pur, peut-il boire ou manger avec excès? — Lire de mauvais livres, rester inoccupé, fréquenter des compagnies **dangereuses**? etc.....
Pourquoi doit-il éviter toutes ces choses?
b) Comment appelez-vous, d'un nom général, **ce qui** porte au péché?
*Qu'appelez-vous occasion dangereuse?
c) Quelles occasions dangereuses du péché d'impureté votre catéchisme signale-t-il en cette leçon?
2° - *a*) Est-ce assez, pour être pur, d'éviter les occasions dangereuses? — Que faut-il de plus? (1? — 2°? — 3°?...)
b) Qu'est-ce que jeûner? = En quoi consiste le jeûne. — Où parlerons-nous du jeûne?
3° - *a*) Celui qui veut être pur peut-il s'amuser **à tout** voir? — à tout écouter?...
b) -*Qu'est-ce que mortifier ses sens? = **En quoi** consiste la mortification des sens?
4° En quoi consiste l'oisiveté?
*Pourquoi celui qui veut être pur doit-il **toujours** être occupé?
5° Croyez-vous qu'une personne puisse être **chaste,** si le bon Dieu ne lui en fait la grâce?
*Pourquoi celui qui veut être pur doit-il prier?
6° Quels sacrements doit recevoir souvent celui **qui** veut être pur? — Pourquoi le sacrement de Pénitence? — le sacrement d'Eucharistie?
*En quoi consiste la fréquentation des sacrements dont il est ici question?
7° Celui qui veut être pur, doit-il aimer beaucoup la Sainte Vierge? — avoir en elle une grande confiance?
*En quoi consiste la dévotion à la Sainte Vierge?

* Récitez une petite prière pour demander à la Sainte Vierge de vous conserver toujours pur.

8° Dites tout ce que vous ferez pour garder la pureté. (1°? — 2°?).....

* Quels hommes ne tombent pas dans le vice impur?

ARTICLE V.

§ I. *Qu'est-ce que Dieu nous défend par le neuvième commandement : Désirs impurs rejetteras, pour garder ton cœur chastement?* — Par le neuvième commandement, Dieu nous défend tous les désirs et toutes les pensées volontaires contre la pureté.

Le seul désir, et même, la seule pensée déshonnête est donc un péché? — Oui, aux yeux de Dieu qui voit le fond des cœurs, le seul désir et même la seule pensée est un péché, lorsqu'on s'y complaît ou qu'on s'y arrête volontairement.

§ II. 1° Le désir contraire à la sainte vertu est un péché; 2° il en est de même de la pensée volontaire.

§ III. 1° Désirer une chose c'est la vouloir, c'est s'y attacher. Désirer faire une chose mauvaise, désirer la voir est un péché, quand bien-même on ne la ferait pas, quand bien même on ne la verrait pas. — 2° Penser à une chose, avons-nous dit, c'est se la représenter dans l'esprit : or, une pensée mauvaise est un péché quand on s'y complaît, = quand on s'y arrête volontairement, = quand elle est volontaire, = quand, voyant bien cette pensée en son esprit, on la garde cependant. — La pensée, contraire à la sainte vertu, produit le mauvais désir, et le mauvais désir amène les mauvaises actions, telle est la raison du neuvième commandement.

§ IV. Quel est le neuvième commandement? Quelles choses défend-il?

1° - *a*) Qu'est-ce qu'un désir? — Qu'est-ce qu'un mauvais désir?

Quels désirs sont défendus par le neuvième commandement?

b) Un homme a voulu faire une mauvaise chose, mais, il ne l'a pas faite; est-il coupable cependant? — Pourquoi, d'après votre catéchisme?

2° Qu'est-ce qu'une pensée? — une mauvaise pensée?

Quelles pensées sont défendues par le neuvième commandement?

Un enfant pense à une mauvaise chose, mais, il ne veut nullement la commettre. Cet enfant commet-il un péché?

Oui, s'il se complaît en cette pensée! Qu'est-ce que se complaire en une mauvaise pensée?

Mais, si cette pensée mauvaise lui vient à l'esprit malgré lui, s'il fait tout son possible pour la renvoyer, s'il ne s'y arrête pas volontairement?

* Ainsi donc, quand une mauvaise pensée est-elle un péché? — n'est-elle pas un péché?

CINQUIÈME LEÇON.

Du septième et du dixième commandement.

DE L'INJUSTICE.

ARTICLE Iᵉʳ.

§ I. *Qu'est-ce que Dieu nous défend par le septième commandement : Les biens d'autrui tu ne prendras, ni ne retiendras sciemment?* — Par le septième commandement, Dieu nous défend de prendre ou de retenir injustement le bien d'autrui, ou de causer au prochain quelque dommage.

§ II. Expliquons seulement les termes par lesquels on exprime ce commandement.

III. 1° Ici, l'on appelle *biens* ce qui sert aux usages de l'homme, comme le blé, les habits, et même, tout ce qui peut lui être utile ici-bas, comme la bonne réputation..... — 2° Le bien d'autrui est le bien des autres hommes. — 3° Prendre ou retenir une chose *sciemment*, c'est la prendre ou la retenir, sachant bien ce que l'on fait, sachant bien que cette chose ne nous appartient pas.

§ IV. Quel est le septième commandement?
1° *En récitant ce commandement qu'est-ce que vous appelez biens?
2° *Quels biens sont les biens d'autrui?
3° *Qu'est-ce que prendre une chose sciemment?
4° Combien de choses défend le septième commandement? = Quels hommes pèchent directement contre le septième commandement? (1°? — 2°? — 3°?)

ARTICLE II.

§ I. *Quels sont ceux qui prennent injustement le bien d'autrui?* — Ceux qui prennent injustement le bien d'autrui sont : les voleurs, les usuriers, les marchands sans probité, les plaideurs de mauvaise foi, les domestiques et les ouvriers qui exigent ce qu'ils n'ont pas gagné.

§ II. 1° Les voleurs, 2° les usuriers, 3°..... 4°..... prennent injustement le bien d'autrui.

§ III. La *justice* est une vertu morale, qui nous porte à laisser ou à rendre à chacun ce qui lui appartient... Prendre une chose injustement, c'est la prendre, s'en rendre maître, contrairement à la justice = lorsqu'elle ne nous appartient pas, = lorsquelle appartient à autrui. Ainsi agissent 1° les voleurs, ou ceux qui s'emparent du bien d'autrui, lorsqu'ils en trouvent l'occasion, mais, particulièrement, en se cachant. Dès lors est voleur celui qui s'introduit furtivement dans une maison, et qui saisit l'argent qu'il y trouve, pareillement l'enfant..... 2° On appelle *usurier* celui qui retire un intérêt trop considérable d'une somme prêtée. Or, on appelle intérêt ce que l'on tire d'une chose prêtée et plus particulièrement de l'argent. —3° Un marchand sans probité est un homme qui prend le bien d'autrui en vendant ou en achetant. — 4° Les plaideurs de mauvaise foi sont ceux qui font ou soutiennent, de quelque manière, des procès qu'ils savent injustes. — 5° Un ouvrier travaille peu ou point, ou bien il ne fait pas les choses convenablement; cependant il reçoit ou se fait payer le prix convenu. En agissant ainsi, cet ouvrier vole en quelque sorte l'argent de son maître... Si celui-ci, en effet, paie un ouvrier, c'est pour travailler et pour travailler de la bonne manière.

IV. Comment appelle-t-on la vertu qui nous fait rendre à chacun ce qui lui appartient?

★ Qu'est-ce que la justice?

Qu'est-ce que prendre une chose injustement?

Nommez les personnes qui, d'après votre catéchisme, prennent le bien d'autrui injustement?

1° Comment appelleriez-vous celui qui irait en cachette prendre votre livre dans votre pupitre?

★ Qu'est-ce qu'un voleur?

2° Un homme a prêté, l'année dernière, cent francs à votre père. Cette année il lui demande cent cinq francs, les cent francs prêtés et de plus cinq francs d'intérêt. Cet homme, en agissant ainsi, ne pèche pas, mais, s'il exigeait cent cinquante francs, par exemple, cinquante francs d'intérêt, croyez-vous qu'il pècherait? — Contre quel commandement? — Pourquoi pècherait-il? — Comment l'appelleriez-vous?

* Qu'est-ce qu'un usurier?

3° - *a*) Vous vous en allez chez un boulanger, vous lui achetez et payez six livres de pain et ce boulanger ne vous en livre que cinq. Cet homme pèche-t-il? — Est-ce en vendant ou en achetant? — Comment appelleriez-vous cet homme?

b) Vos parents vous ont chargé de vendre un objet. Un homme vous surprend et ne vous l'achète que le quart de sa valeur. Cet homme pèche-t-il? Contre quel commandement? — Comment appelez-vous cet homme?

c) Qu'est-ce qu'un marchand sans probité?

4° * Qu'appelez-vous plaideur de mauvaise foi, serait-ce.....

5° Un ouvrier ne travaille que six heures par jour, et il se fait payer comme s'il avait travaillé douze heures, pèche-t-il? — Pourquoi oui? — Encore...

ARTICLE III.

§ I. *Quels sont ceux qui retiennent injustement le bien d'autrui?* — Ceux qui retiennent injustement le bien d'autrui sont : 1° ceux qui négligent de payer leurs dettes; 2° ceux qui ne rendent pas un dépôt confié; 3° ceux qui gardent une chose qu'ils savent avoir été volée; 4° ceux qui s'approprient un objet trouvé, sans s'informer à qui il appartient.

§ II. 1° Négliger de payer ses dettes; 2° ne pas rendre un dépot confié; 3° garder une chose qu'on sait avoir été volée; 4° s'approprier un objet trouvé sans s'informer à qui il appartient, sont autant de manières de retenir injustement le bien du prochain.

§ III. Le bien du prochain est toujours bien du prochain. Par conséquent, nous ne devons jamais en faire notre propriété. Dès lors : 1° Celui qui a des dettes doit les payer ou se mettre en mesure de les payer, s'il ne le peut, lorsqu'on lui demande de satisfaire à son obligation. — 2° Un dépôt est une chose confiée, donnée en garde. Un dépôt doit être rendu à son maître, si celui-ci le réclame. — 3° Une chose volée doit être remise en la possession de son maître, et, c'est un péché de la garder en sa possession, quand bien même on ne l'aurait pas volée soi-même. — 4° Celui qui trouve un objet perdu récemment doit le rendre à son maître. Si le maître ne lui est pas connu, il doit faire des démarches, afin de le découvrir.

§ IV. 1° Alexandre, votre voisin, doit vingt francs à votre père, et, il ne veut pas les lui verser; — s'il ne les a pas, il ne travaille pas pour les gagner. Alexandre pèche-t-il? — Contre quel commandement? — Comment pèche-t-il contre le septième commandement? — Est-ce en prenant le bien de votre père? — N'est-ce pas plutôt en le retenant? — Et comment le retient-il?
Quelle est, d'après votre catéchisme, la première manière de retenir le bien d'autrui?
2° Je laisse, je confie ma voiture à votre père pendant un voyage que je fais à Rome. C'est un dépôt que je fais à votre père, car un dépôt est une chose confiée. Une fois revenu, je demande ma voiture: que doit faire votre père?
* Qu'est-ce qu'un dépôt?

*Quand on a un dépôt entre les mains et que le propriétaire le réclame, que faut-il faire?

3° Pierre a volé la montre de François, nous allons voir à l'instant qu'il doit restituer cette montre; — mais, s'il vous la donnait, ne pourriez-vous pas la garder? — Et, s'il voulait vous la vendre? Mais, si vous ne saviez pas que cette montre eût été volée?

Ainsi, peut-on garder, acheter, recevoir comme don une chose volée? — Et, si on ignore qu'elle a été volée?

4° Vous trouvez une bourse contenant cent francs. D'après votre catéchisme, que devez-vous en faire?

La rendre à celui qui l'a perdue! Et, si vous ne le connaissez pas?

*Ainsi, que faut-il faire, quand on a en sa possession un objet trouvé?

ARTICLE IV.

§ I. *Quels sont ceux qui causent du dommage au prochain?* — Ce sont, généralement, tous ceux qui, sans prendre ou retenir le bien d'autrui, nuisent au prochain dans ses biens, dans sa personne ou dans son honneur.

§ II. Disons en deux mots ce que c'est que causer du dommage au prochain.

§ III. Causer du dommage à un homme, c'est lui faire tort, être cause qu'il perde quelque chose sans qu'il en soit retiré aucun avantage. Or, ceci peut arriver de trois manières : si on détériore ou si on détruit ses biens temporels; si on nuit à sa liberté ou à sa santé, par exemple, en le frappant, en le blessant, etc....; si on ternit sa réputation par la médisance ou la calomnie.

§ IV. 1° Un homme a brûlé la maison de votre père. Cet homme a-t-il péché? — Contre quel commandement? — Et, comment a-t-il péché contre le septième commandement? — Est-ce en prenant, en retenant injustement le bien de votre père?

Ainsi donc, d'après votre catéchisme, quelle est la première manière de causer du dommage au prochain?

2° Une personne a blessé un journalier, votre voisin, en lui cassant un bras. Cette personne a sans doute péché contre le cinquième commandement, mais elle a aussi péché contre le septième; savez-vous de quelle manière? — Et, de quelle manière a-t-elle causé du dommage à ce journalier, est-ce dans ses biens?

Quelle est la seconde manière de causer du dommage au prochain?

3° Une autre personne dit, également, d'un ouvrier, et sans raison, que c'est un voleur. Nous verrons bientôt que cette personne pèche contre le huitième commandement, mais, ne pèche-t-elle pas aussi contre le septième? — Et de quelle manière? — Et comment cause-t-elle du dommage au prochain?

Quelle est la troisième manière de causer du dommage au prochain?

4° * Qu'est-ce que causer du dommage à quelqu'un?

D'après votre catéchisme, en combien de manières peut-on causer du dommage? (1°? — 2°? — 3°?)

*Donnez l'exemple d'une personne qui cause du dommage à votre père dans sa personne. — dans son honneur. — dans ses biens?

ARTICLE V.

§ I. *Ne pèche-t-on contre le septième commandement que lorsqu'on commet par soi-même quelque injustice à l'égard du prochain.* — On pèche encore contre le septième commandement, quand on participe à l'injustice des autres, soit en l'ordonnant, soit en la conseillant ou de toute autre manière.

§ II. Disons ce que c'est que participer à l'injustice des autres hommes.

§ III. On peut pécher contre le septième commandement sans prendre, ni retenir le bien d'autrui, ni causer du dommage au prochain, et ceci arrive lorsqu'on participe à l'injustice du prochain. Or, participer à l'injustice du prochain, c'est être cause que d'autres hommes prennent ou retiennent le bien d'autrui, ou causent du dommage au prochain. Un ordre, un conseil, un petit encouragement, le silence même peuvent produire ce malheureux effet.

§ IV. 1° Vous êtes domestique, et votre maître vous ordonne de voler, par exemple, le cheval de son voisin. Ce maître pèche d'abord contre le quatrième et le cinquième commandement, mais, ne pèche-t-il pas aussi contre le septième? — Et, comment pèche-t-il contre ce commandement, serait-ce en prenant le bien d'autrui? — En le retenant?... En participant à l'injustice que vous commettez par l'ordre qu'il vous donne de voler, n'est-ce pas?

2° Un de vos camarades vous conseille, par exemple, de couper un arbre dans un jardin. Ce camarade pèche-t-il lui-même? — Contre quel commandement plus particulièrement? — Comment pèche-t-il contre le septième?

3° Votre voisin vole une montre et votre père cache

cette montre chez lui. Votre père pèche-t-il contre le septième commandement? — Est-ce en prenant le bien d'autrui?...

4° Ainsi donc, peut-on pécher contre le septième commandement, sans prendre ni retenir le bien d'autrui, ni causer du dommage?

Quand pèche-t-on contre le septième commandement, sans prendre ni retenir le bien du prochain, ni lui causer du dommage?

* Qu'est-ce que participer à l'injustice des autres? est-ce être cause que les autres commettent des actions injustes, pèchent directement contre le septième commandement, en prenant ou retenant le bien d'autrui, ou en causant du dommage?

* Citez quelques manières de participer à l'injustice des autres?

ARTICLE VI.

§ I. *Lorsqu'on a pris le bien du prochain, ou qu'on lui a fait tort d'une manière quelconque, suffit-il de s'en confesser?* — Non, il faut nécessairement rendre au prochain ce qu'on lui a pris injustement, et réparer tout le dommage qu'on lui a causé.

§ II. 1° Celui qui a pris ou qui retient le bien du prochain doit restituer; 2° celui qui a causé du dommage doit le réparer.

§ III. 1° Un homme a pris injustement le bien d'autrui, il a gardé en sa possession ce qui ne lui appartient pas; pour obtenir le pardon de son péché, il ne lui suffit pas de se confesser, il doit, de plus, restituer, c'est-à-dire, rendre au prochain ce qui appartient au prochain. — 2° Celui qui a causé du dommage doit le réparer, c'est-à-dire, remettre les choses dans l'état où elles étaient avant son péché, ou, si cela n'est pas possible, donner au prochain l'équivalent de ce qu'il a perdu, lui fournir une compensation du bien dont il a été privé.

§ IV. 1° - *a*) Pierre a pris vingt francs à votre père, que doit-il faire pour obtenir le pardon de son péché?

Il doit s'en confesser! mais cela suffit-il?

Comment appelle-t-on rendre au prochain ce qui lui appartient?

* Qu'est-ce que restituer?

a) Que doivent faire ceux qui retiennent le bien d'autrui, par exemple, ceux qui ont en leur possession des choses volées?

2° Que doit faire celui qui a causé du dommage au prochain?

* Qu'est-ce que réparer un dommage?

ARTICLE VII.

§ I. *Qu'est-ce que Dieu nous défend par le dixième commandement : Biens d'autrui ne convoiteras pour les avoir injustement?* — Par le dixième commandement, Dieu nous défend l'attachement désordonné aux biens de la terre, et, surtout, le désir d'avoir le bien d'autrui par des voies injustes.

§ II. 1° L'attachement désordonné aux biens de la terre; 2° le désir de les avoir par des voies injustes sont défendus par le dixième commandement.

§ III. 1° Il n'est pas défendu d'aimer les biens de la fortune, afin de pouvoir vivre honorablement, de pouvoir faire convenablement ses affaires; mais, ce qui est défendu, c'est de les aimer plus que Dieu, plus que soi-même ou le prochain. C'est là, en effet, avoir pour ces biens un attachement désordonné, un attachement qui n'est plus dans l'ordre. Car l'ordre exige que nous aimions Dieu, nous-mêmes et le prochain, et les biens de la terre après tous ces autres biens. Agir autrement, c'est avoir un attachement désordonné et cet attachement offense Dieu. — 2° Désirer le bien d'autrui n'est point un péché. C'est autre chose de désirer l'avoir par des voies injustes, c'est-à-dire, par des moyens qu'on ne peut employer sans pécher. Ce serait là, en effet, le convoiter, le désirer injustement.

§ IV. Quel est le septième commandement ?

Récitez le dixième ?

*Que signifient ces paroles : Les biens d'autrui tu ne *convoiteras?*

1° Est-il permis d'aimer les biens de la terre, par exemple, le blé, pour avoir de quoi vivre ? — Pourquoi oui ?

Mais, est-il permis d'aimer les richesses plus que le bon Dieu ? — Pourquoi non ?

Quand l'attachement aux biens de la terre est-il un péché ?

2° Qu'est-ce que désirer une chose ?

Si je désirais avoir le cheval de votre père en le payant ce qu'il vaut, serais-je coupable ?

Et, si je désirais le mettre en ma possession en le volant, est-ce que je ne serais pas coupable ? — Pourquoi oui ?

*Quand le désir d'avoir le bien d'autrui est-il permis? — est-il défendu ?

*Quand peut-on dire qu'un homme emploie des voies injustes pour acquérir les biens d'autrui ?

SIXIÈME LEÇON.

Du huitième commandement.

DU MENSONGE ET DU FAUX TÉMOIGNAGE.

ARTICLE Ier.

§ I. *Qu'est-ce que Dieu nous défend par le huitième commandement : Faux témoignage ne diras, ni mentiras-aucunement?* — Par le huitième commandement, Dieu nous défend le faux témoignage, la calomnie, le mensonge, la médisance et le jugement téméraire.

§ II 1° Quel est le deuxième commandement de Dieu? — Quel est le troisième? — le cinquième? — Récitez le huitième.

2° Quel commandement de Dieu défend la calomnie? — défend le mensonge, etc.....

3° Combien de choses Dieu nous défend-il par son huitième commandement? (1°? — 2°?)

ARTICLE II.

§ I. *Qu'est-ce que mentir?* — Mentir, c'est parler contre sa pensée, avec l'intention de tromper.

Combien distingue-t-on de sortes de mensonges? — On distingue trois sortes de mensonges : le mensonge joyeux, qui se fait par amusement; le mensonge officieux, qui se fait pour rendre service; et le mensonge pernicieux, qui se fait au préjudice d'autrui.

§ II. 1° Pour faire un mensonge il faut d'abord parler contre sa pensée et, de plus, avoir l'intention de tromper; 2° on distingue trois sortes de mensonges.

§ III 1° Parler contre sa pensée, c'est dire une chose qu'on ne croit pas. Ainsi, donner pour vraie une chose que l'on croit fausse, ou pour fausse une chose que l'on croit vraie, c'est parler contre sa pensée; ordinairement c'est mentir, c'est pécher. Pourtant, il est des circonstances où parler contre sa pensée n'est pas un mensonge; c'est, lorsqu'on ne veut pas tromper, lorsqu'on sait bien que ceux auxquels on s'adresse comprendront notre pensée, quoique, de fait, nous ne leur fassions pas connaître. Ainsi, en est-il dans l'ironie. Donc, pour faire un mensonge, il faut parler contre sa pensée et, de plus, avoir l'intention de tromper, c'est-à-dire, vouloir faire croire une chose qu'on ne pense pas soi-même. — 2° Tout le monde sait ce qui fait un mensonge joyeux ou officieux. Quant au mensonge pernicieux, le plus grave de tous, il se fait au préjudice d'autrui, c'est-à-dire, que ce mensonge est contre le bien, les **avantages** ou les intérêts des autres hommes.

§ IV. 1° Un enfant se dit à lui-même : Je ne vais pas avouer que j'ai été puni. Sa mère l'interroge au même instant : As-tu été puni? lui dit-elle. — Non, répond-il. Cet enfant pèche-t-il? — Contre quel commandement? — Comment appelez-vous son péché?

En quoi consiste le mensonge? (1°? — 2°?)

Quand peut-on dire qu'un homme a menti?

* *a*) Qu'est-ce que parler contre sa pensée, serait-ce... Donnez l'exemple d'une personne qui parle contre sa pensée.

b) Est-ce toujours un péché de parler contre sa pensée? — Et si l'on sait que ceux auxquels on parle comprennent bien notre pensée? Ainsi, par exemple, vous arrivez à la fin du catéchisme, je vous dis par ironie : C'est bien, mon ami, vous arrivez de bonne heure aujourd'hui. — Croyez-vous qu'en parlant ainsi je fasse un mensonge? — Mais j'ai parlé contre ma pensée?

★ Quand donc est-ce un péché de parler contre sa pensée?

Qu'est-ce que tromper quelqu'un?

2° Connaissez-vous plusieurs sortes de mensonges? — Nommez ces trois sortes.

a) ★ Qu'appelle-t-on mensonge joyeux? — Donnez-un exemple de mensonge joyeux.

b) ★ Qu'est-ce que le mensonge officieux? — Donnez-en un exemple.

c) ★ Qu'est-ce que le mensonge pernicieux?—Qu'est-ce à dire que le mensonge pernicieux se fait au préjudice d'autrui? — Donnez-un exemple de mensonge pernicieux.

ARTICLE III.

§ I. *En quoi consiste le faux témoignage?* — Le faux témoignage consiste à faire en justice une déposition contraire à la vérité.

§ II. Le faux témoignage est : 1° une déposition faite en justice; 2° une déposition contraire à la vérité.

§ III. 1° Faire une déposition en justice, c'est faire un rapport, assurer telle ou telle chose devant les hommes que le gouvernement a chargé de rendre la justice. — La déposition faite en justice s'appelle témoignage et celui qui fait la déposition s'appelle témoin. — 2° Faire, en justice, une déposition contraire à la vérité, c'est mentir aux juges. Celui qui fait ainsi une déposition contraire à la vérité s'appelle faux témoin, et sa déposition faux témoignage.

§ IV. 1° Antoine affirme, devant monsieur le juge de paix, que Philippe a volé le cheval de Benoît. Savez-vous comment on appelle ce qu'Antoine déclare en cette circonstance?

* Qu'appelez-vous témoignage?

* Qu'est-ce qu'un témoin?

Qu'est-ce que faire une déposition en justice?

2° Mais, si Antoine avait menti en faisant sa déclaration, s'il avait dit, par exemple, que Philippe n'a pas volé le cheval en question, appelleriez-vous encore simplement témoignage sa déposition?

* Qu'appelle-t-on faux témoignage?—Faux témoin?

Donnez l'exemple d'une personne faisant, en justice, une déposition selon la vérité; — faisant une déposition contre la vérité.

ARTICLE IV.

§ I. *Qu'est-ce que calomnier?* — Calomnier, c'est imputer à quelqu'un une faute dont il n'est pas coupable, ou un défaut qu'il n'a pas.

§ II. Expliquons simplement les termes de notre catéchisme.

§ III. 1° Imputer à quelqu'un une faute dont il n'est pas coupable, c'est dire que quelqu'un a commis une faute que, de fait, il n'a pas commise. — 2° Pareillement, imputer à quelqu'un un défaut qu'il n'a pas, c'est dire que quelqu'un a un défaut qui, grâce au ciel, n'est pas le sien. Ainsi, la calomnie est un mensonge pernicieux.

§ IV. 1° Vous dites que Paul a volé, et jamais Paul ne s'est emparé du bien du prochain. Comment appelez-vous votre manière de parler?

*Qu'est-ce qu'imputer à quelqu'un une faute dont il n'est pas coupable? — Est-ce un péché? — Opposé à quel commandement? — Comment appelez-vous ce péché?

2° Aglaé assure que vous êtes un gourmand, et jamais, ce vilain péché n'a souillé votre âme ni votre corps. Aglaé pèche-t-elle? — Contre quel commandement? — Comment appelez-vous son péché? — En quoi consiste-t-il?

*Qu'est-ce qu'imputer à quelqu'un un défaut qu'il n'a pas?

3° D'après votre catéchisme, de combien de manières peut-on calomnier? — Donnez des exemples de chacune de ces manières.

ARTICLE V.

§ I. *Qu'est-ce que médire?* — Médire, c'est faire connaître, sans nécessité, les fautes ou les défauts du prochain.

§ II. Montrons ce que c'est que la médisance.

§ III. Dans la calomnie, le mal qu'on dit des autres n'existe pas. Mais, dans la médisance, ce mal existe réellement. Faire connaître ce mal est cependant un péché, à moins que la nécessité ne fasse un devoir de parler ou que la charité ne porte à dévoiler ce mal à ceux qui peuvent y remédier.

§ IV 1° - *a*) Léon s'est enivré, personne ne le sait sinon vous. Vous révélez la faute de Léon à d'autres personnes. — Péchez-vous? — Contre quel commandement? — Comment appelez-vous votre péché?

Quelle est la première manière de médire?

b) Esther est une voleuse, vous lui connaissez ce défaut et vous le faites connaître à d'autres personnes qui l'ignorent. Commettez-vous un péché en révélant ce défaut? — Comment appelez-vous votre péché?

Quelle est la seconde manière de médire?

2° - *a*) Mais, si vous faisiez connaître la faute de Léon ou le défaut d'Esther à leurs parents, afin de faire corriger ces vilains enfants, seriez-vous encore coupable de péché? — Pourquoi non?

b) ★Ainsi donc, quand ne fait-on pas une médisance en faisant connaître du mal des autres? — Et, quand en fait-on?

En quoi consiste la médisance?

3° Celui qui fait une médisance ment-il? — Et celui qui fait une calomnie?

Donnez un exemple d'une médisance? —un exemple d'une calomnie?

★Quelle différence y a-t-il entre la médisance et la calomnie?

ARTICLE VI.

§ I. *Qu'est-ce que juger témérairement?* — Juger témérairement, c'est se former une opinion désavantageuse du prochain, sans un motif suffisant.

§ II. Expliquons en quoi consiste le jugement téméraire.

§ III. Le jugement téméraire est simplement une pensée qui n'est pas manifestée aux autres hommes. Il consiste à croire que quelqu'un a un défaut ou s'est rendu coupable d'une faute, quoiqu'on ne sache pas d'une manière certaine, si vraiment il en est ainsi. Comme le dit notre catéchisme, juger témérairement, c'est se former une opinion désavantageuse sans un motif suffisant; c'est penser du mal des autres sans avoir des raisons de penser ainsi.

§ IV 1°- *a*) Vous voyez Louis, votre camarade, se tenir parfaitement à la messe, et, vous vous dites à vous-même : Louis est un hypocrite. c'est pour faire plaisir à son maitre, et non au bon Dieu qu'il se tient bien. — Péchez-vous en pensant ainsi ?— Contre quel commandement ?—Comment appelez-vous votre péché, serait-ce une médisance? — une calomnie?... — Pourquoi un jugement téméraire?
Qu'est-ce que se former une opinion désavantageuse du prochain? — Est-ce toujours un péché? *voyons :*
b) Vous apercev ez Adolphine voler cinq francs sur la table de votre voisin, et vous dites : Adolphine est une voleuse. Péchez-vous? — Pourquoi non?
c) Quand est-ce un péché de penser du mal des autres? — Quand n'est-ce pas un péché?

ARTICLE VII.

§ I. *Est-il permis d'écouter avec plaisir la médisance ou la calomnie?* — Non, c'est un péché.

§ II. Pierre dit à Célestin que Thomas est un blasphémateur, et ce n'est pas vrai. — Pierre commet-il un péché?— Comment appelez-vous son péché? — Et, si Pierre avait dit la vérité? — Comment appelleriez-vous son péché?
Mais, Pierre est-il le seul à pécher dans cette circonstance? — Qui pèche encore?
Mais, si Célestin avait appris cette nouvelle avec déplaisir, aurait-il également péché?
Quand y a-t-il péché à écouter la médisance ou la calomnie?
* Quelqu'un fait une calomnie ou une médisance devant trois personnes qui l'écoutent volontiers, combien y a-t-il de personnes à pécher?

ARTICLE VIII.

§ I. *A quoi est obligé celui qui a calomnié ou porté un faux témoignage?* — Il est obligé à se rétracter et à réparer le dommage que sa calomnie ou son faux témoignage ont causé.

§ II. 1° Se rétracter; 2° réparer le dommage causé, telle est la double obligation du calomniateur ou du faux témoin.

§ III. 1° Pour obtenir le pardon d'une calomnie ou d'un faux témoignage, il faut d'abord se rétracter, c'est-à-dire, déclarer qu'on a menti en tenant le langage qu'on s'est permis. — 2° Il faut, de plus, réparer le dommage que la calomnie ou le faux témoignage ont causé, c'est-à-dire, faire en sorte qu'aucun homme n'ait à souffrir dans sa personne, ses biens ou son honneur, à cause des mauvaises paroles qui sont sorties de notre bouche.

§ IV. Qu'est-ce qu'un témoin? — Un faux témoin? — Un témoignage? — Un faux témoignage?

Qu'est-ce qu'une calomnie?

1° Octave a déclaré en justice que Martial est un voleur, et, c'est parfaitement faux. Suffit-il à Octave de se confesser de son péché pour en obtenir le pardon? — Que doit-il faire d'abord?

Qu'est-ce que rétracter un faux témoignage?

2° Mais, à cause de ce faux témoignage, Martial n'a pas trouvé de travail, et a perdu une valeur de cent francs. — Suffit-il à Octave de se rétracter pour réparer son faux témoignage? — Que doit-il faire de plus?

Qu'est-ce que réparer un dommage?

3° Et, si le mensonge d'Octave, disant que Martial est un voleur, n'avait pas été fait en justice, mais en conversation ordinaire, que devrait faire Octave pour réparer sa faute?

4° Ainsi donc, si un mensonge pernicieux quelconque a produit du dommage, que faut-il faire pour le réparer? (1°? — 2°?) — Et, s'il n'a produit aucun dommage?

ARTICLE IX.

§ I. *A quoi est-on obligé quand on a blessé la réputation du prochain par la médisance?* — On est obligé à rétablir la réputation du prochain en excusant ses torts et en faisant valoir ses bonnes qualités.

§ II. Qu'est-ce que médire?

Suffit-il de se confesser d'une médisance pour en obtenir le pardon et la réparer? — Que faut-il de plus?

a) Comment feriez-vous pour excuser les torts de quelqu'un? — diriez-vous, par exemple, qu'il n'est peut-être pas aussi coupable qu'on le suppose; qu'il ne réfléchissait peut-être pas au mal qu'il faisait? etc...

b) Et, comment feriez-vous valoir les bonnes qualités d'une personne, serait-ce en montrant, en faisant connaître le bien de cette personne? en disant par exemple, qu'elle est douce, charitable, etc...?

c) * Ainsi donc, quand on a médi, pour réparer sa médisance, faut-il dire qu'on a menti en parlant ainsi? — Pourquoi non?

DEUXIÈME PARTIE

TROISIÈME SECTION.

DES COMMANDEMENTS DE L'ÉGLISE.

PREMIÈRE LEÇON.

Des commandements de l'Église.

ARTICLE Ier.

§ I. *Sommes-nous obligés d'observer les commandements de l'Eglise?* — Oui, nous sommes obligés d'observer les commandements de l'Eglise, parce que Notre-Seigneur nous ordonne d'obéir à l'Eglise comme à lui-même.

§ II. 1° Suffit-il, pour être sauvé, d'avoir été baptisé, de croire toutes les vérités révélées par Dieu et d'observer les commandements que ce bon Maître a donnés aux hommes? — Que faut-il de plus?
Qu'est-ce qu'observer les commandements de l'Eglise? = En quoi consiste l'observation des commandements de l'Eglise?

2° * Qui a fait les commandements de l'Eglise? est-ce l'Eglise, société de *tous* les fidèles, ou plutôt l'Eglise enseignante? — Qu'est-ce que l'Eglise enseignante?

3° Pourquoi, d'après votre catéchisme, devons-nous observer les commandements de l'Eglise?
En effet, Notre-Seigneur est toujours avec son Eglise, et, si cette bonne Mère ordonne quelque chose, c'est Jésus-Christ lui-même qui l'ordonne.

ARTICLE II.

§ I. *Pourquoi l'Eglise nous a-t-elle fait des commandements?* — L'Eglise nous a fait des commandements pour nous diriger dans l'observation des commandements de Dieu, et dans la pratique de la religion.

§ II. Montrons quelle fin s'est proposée l'Eglise en faisant des commandements.

§ III. L'Eglise a fait des commandements pour nous diriger dans l'observation des commandements de Dieu, c'est-à-dire, que l'Eglise, en faisant des commandements, a voulu nous indiquer ce que nous avions à faire pour observer les commandements de Dieu, et que, par là même, cette bonne Mere n'a pas voulu nous imposer de nouvelles obligations. Ainsi, pour observer le troisième commandement de Dieu, par exemple, nous devons nous livrer aux exercices de la religion : c'est l'ordre de Dieu. Mais, quels sont ces exercices? Dieu ne les a pas indiqués. L'Eglise, pour nous diriger dans l'observation de ce commandement, nous a ordonné d'entendre la messe, et, en accomplissant le deuxième commandement de l'Eglise, nous sommes certains d'observer le troisième commandement de Dieu. Pareillement, nous devons être chastes : le sixième commandement de Dieu nous le prescrit; mais, pour être chaste, il faut mortifier ses sens, et l'Eglise, pour nous diriger dans la pratique de cette mortification, nous a prescrit de jeûner, par exemple, le carême. — Il en est de même des autres commandements de l'Eglise. Tous ont été faits pour nous faciliter l'entrée du ciel.

§ IV. Qu'appelez-vous commandements de Dieu? Les commandements de l'Eglise ont-ils du rapport

avec les commandements de Dieu? — Que s'est proposé l'Eglise en faisant ses commandements?
* Qu'est-ce à dire que l'Eglise a fait ses commandements pour nous diriger dans l'observation des commandements de Dieu?

ARTICLE III.

§ I. *Combien y a-t-il de commandements de l'Eglise?* — Il y a six commandements de l'Eglise?
Récitez les commandements de l'Eglise?

    1. Les fêtes tu sanctifieras,
       Qui te sont de commandement.
    2. Les dimanches la messe ouïras,
       Et les fêtes pareillement.
    3. Tous tes péchés confesseras,
       A tout le moins une fois l'an.
    4. Ton Créateur tu recevras,
       Au moins à Pâques humblement.
    5. Quatre-Temps, Vigiles jeûneras,
       Et le Carême entièrement.
    6. Vendredi chair ne mangeras,
       Ni le samedi mêmement.

§ II. Comptez-vous autant de commandements de l'Eglise que de commandements de Dieu? — Combien de moins?

Récitez le deuxième commandement de l'Eglise? — le sixième de Dieu — le cinquième de l'Eglise — le deuxième de Dieu?

Quel est le premier commandement de Dieu? — le quatrième de l'Eglise? — le neuvième de l'Eglise?

DEUXIÈME LEÇON.

Du premier et du second commandement.

DE LA SANCTIFICATION DES FÊTES.

ARTICLE Iᵉʳ.

§ I. *Qu'est-ce que l'Eglise nous ordonne par le premier commandement : Les fêtes tu sanctifieras, qui te sont de commandement?* — Par le premier commandement, l'Eglise nous ordonne de sanctifier les fêtes d'obligation qu'elle a instituées en l'honneur de Notre-Seigneur Jésus-Christ, de la Sainte Vierge et des saints.

§ II. Parlons 1° de fêtes en général; 2° des différentes sortes de fêtes, afin de faire bien comprendre ce qu'on appelle fêtes d'obligation.

§ III. 1° Dans la langue de l'Eglise, on appelle *fêtes,* des jours plus spécialement consacrés à honorer Dieu, par le souvenir ou de la Très-Sainte Trinité ou de Notre-Seigneur Jésus-Christ, ou de la Sainte Vierge, ou des saints anges, ou des saints. — 2° On distingue plus particulièrement les fêtes d'obligation et les fêtes de dévotion. — *Les fêtes d'obligation,* ou *fêtes de commandement,* sont les fêtes que l'Eglise *ordonne* de célébrer comme le dimanche, en s'abstenant de tout travail et en se livrant aux exercices de la religion. Noël, l'Assomption, etc., sont des fêtes d'obligation. — *Les fêtes de dévotion* sont les fêtes solennelles que l'Eglise conseille, mais n'ordonne pas de sanctifier comme le dimanche. Telles sont : la fête de la Circoncision, le lundi de

Pâques, etc. Outre ces deux sortes de fêtes, l'Eglise en célèbre d'autres la plupart des jours de l'année, mais, sans aucune solennité. Telles sont les fêtes de Saint Jacques, de Saint Alphonse, etc...

§ IV. 1º Quel est le premier commandement de l'Eglise?

Que faut-il faire pour l'accomplir?

*Qu'appelez-vous fêtes?

2º Connaissez-vous plusieurs sortes de fêtes?

*Qu'est-ce qu'une fête d'obligation? — Et une fête de commandement?

*Qu'est-ce qu'une fête de dévotion? — En quoi diffère-t-elle de la fête d'obligation?

ARTICLE II.

§ I. *Pourquoi l'Eglise a-t-elle institué les fêtes de Notre-Seigneur?* — L'Eglise a institué les fêtes de Notre-Seigneur, en mémoire des mystères qu'il a accomplis pour notre salut.

Pourquoi l'Eglise a-t-elle institué les fêtes de la Sainte Vierge et des saints? — L'Eglise a institué des fêtes en l'honneur de la Sainte Vierge et des saints, pour remercier Dieu des grâces qu'il leur a faites, et pour nous engager à les prier et à imiter leurs exemples.

§ II. 1º L'Eglise a institué les fêtes de Notre-Seigneur, en mémoire des mystères qu'il a accompli pour notre salut; 2º elle a institué les fêtes de la Sainte Vierge et des saints, pour remercier Dieu, etc...

§ III. 1º Nous connaissons bon nombre de mystères accomplis par Notre-Seigneur pour nous valoir le ciel. L'Incarnation et la Rédemption sont au premier rang. Or, lorsque nous célébrons les fêtes de

Notre-Seigneur, l'Eglise veut que nous pensions avec amour à ces mystères, elle veut nous en faire ressouvenir : ces fêtes ont été établies en mémoire de ces mystères. — 2° - *a*) La Sainte Vierge et les saints sont nos frères : soyons heureux du bonheur dont ils jouissent. Disons à Dieu que nous l'aimons parce qu'il a donné ce bonheur aux saints et les grâces pour y parvenir : remercions Dieu des grâces qu'il a faites aux saints — *b*) Demandons à Dieu des grâces par l'intercession des saints : prions les saints. — *c*) Pratiquons leurs vertus. faisons le bien comme ils l'ont fait : imitons les exemples des saints. Tel est le triple but que l'Eglise s'est proposé en instituant les fêtes en l'honneur de la Sainte Vierge et des saints.

§ IV. Qui a établi les fêtes que nous célébrons?

En l'honneur de qui ces fêtes ont-elles été établies?

1° Qui appelez-vous Notre-Seigneur? — Pourquoi appelez-vous Jésus-Christ Notre-Seigneur?

Connaissez-vous des mystères accomplis par Notre-Seigneur pour notre salut? — Citez-en quelques-uns.

Connaissez-vous des fêtes établies en mémoire de ces mystères? — Citez-en quelques-unes.

*Qu'est-ce à dire que ces fêtes ont été instituées *en mémoire* des mystères accomplis pour notre salut?

2° Qu'est-ce que la Sainte Vierge? — Qu'est-ce qu'un saint?

L'Eglise a-t-elle établi des fêtes en l'honneur des saints? — Quels motifs l'y ont déterminée? — (1°? — 2°? — 3°?)

a) Qu'est-ce que remercier Dieu des grâces qu'il a faites à un saint?

b) Qu'est-ce que prier un saint?

c) Comment imitons-nous les exemples des saints?

ARTICLE III.

§ I. *Quelles sont maintenant les fêtes d'obligation?* — Outre les fêtes qui se célèbrent toujours le dimanche, comme Pâques, la Pentecôte, etc… il n'y a plus maintenant, en France, que quatre fêtes d'obligation, parmi lesquelles il en est trois, Noël, l'Assomption et la Toussaint, qui peuvent tomber un autre jour que le dimanche, et dont la quatrième, l'Ascension, tombe toujours le jeudi.

§ II. *a)* Qu'est-ce qu'une fête d'obligation?
Y a-t-il des jours fixés pour célébrer les fêtes d'obligation?

b) Y a-t-il des fêtes d'obligation qui se célèbrent toujours le même jour de la semaine? — Nommez quelques-unes de ces fêtes. — Dites le jour qu'on les célèbre?

* Quelles fêtes d'obligation se célèbrent un jour quelconque de la semaine?

c) Quel jour de la semaine célèbre-t-on la Pentecôte? — et l'Ascension? — et la Toussaint? et…

ARTICLE IV.

§ I. *Que faut-il faire pour sanctifier les fêtes d'obligation?* — Pour sanctifier les fêtes d'obligation, il faut faire ce qui est prescrit pour sanctifier le dimanche.

§ II. Que faut-il faire pour sanctifier le dimanche? ═
Qu'est-il prescrit pour servir Dieu le dimanche?
D'après votre réponse que faut-il faire pour sanctifier les fêtes d'obligation? (1°? — 2°?).
Qu'entendez-vous par les œuvres serviles dont on doit s'abstenir les jours de fêtes d'obligation?

Quels sont les exercices de religion auxquels il faut se livrer les jours de fêtes d'obligation?

ARTICLE V.

§ I. *Qu'est-ce que l'Eglise nous ordonne par le second commandement : Les dimanches la Messe ouïras, et les fêtes pareillement?* — Par le second commandement, l'Eglise nous ordonne d'entendre la Messe les dimanches et les fêtes d'obligation.

§ II. 1° Récitez le deuxième commandement de l'Eglise?

Y a-t-il de la différence entre ces paroles : Tu *entendras* la messe le dimanche, ou bien celles-ci : Les dimanches la messe *ouïras?*

* Que signifient ces paroles les dimanches la messe ouïras ?

2° - *a*) A quoi nous oblige le second commandement de l'Eglise? — Qu'est-ce que la Messe?

b) Quels jours faut-il assister à la sainte Messe pour accomplir le second commandement de l'Eglise? — Qu'est-ce que le dimanche? — Qu'appelez-vous fêtes d'obligation?

c) Qui nous a ordonné d'assister à la sainte Messe les dimanches et jours de fêtes d'obligation?

ARTICLE VI.

§ I. *Comment doit-on entendre la Messe pour accomplir ce précepte?* — On doit l'entendre tout entière avec modestie, attention et dévotion.

§ II. Les jours prescrits par l'Eglise, il faut entendre la Messe 1° tout entière; 2° avec modestie; 3° avec attention; 4° avec dévotion.

§ III. Pour accomplir ce précepte ou ce commandement de l'Eglise il faut : 1° entendre la messe tout entière, c'est-à-dire qu'il faut l'entendre du commencement à la fin. Ainsi, arriver à l'Evangile, partir au *Pater*, n'est point assister à la messe. — 2° Entendre la messe avec modestie, c'est se tenir dans une posture toujours respectueuse, et montrer par son extérieur les sentiments qui animent notre cœur. — 3° Entendre la messe avec attention, c'est y assister d'esprit et de cœur, c'est s'occuper de pensées ayant rapport à Dieu et au salut de notre âme. — 4° Entendre la messe avec dévotion, c'est plus particulièrement s'unir de pensées aux prières du prêtre qui célèbre, ou mieux encore, suivre dans un livre, si on le peut, les prières qu'il fait lui-même.

§ IV. Que veut dire le mot *précepte* qui se lit dans la demande que vous venez de réciter?

1° Quelqu'un arrive à l'épître, assiste-t-il à la messe tout entière? — Et celui qui part à la communion?

* Quand faut-il arriver dans l'Eglise pour entendre la messe tout entière? — Et, quand faut-il en sortir?

Qu'est-ce qu'entendre la messe tout entière?

2° Ceux qui tournent la tête de tous côtés? — ceux qui s'appuient nonchalamment sur les bancs, assistent-ils à la messe avec modestie?

* Comment faut-il entendre la messe pour l'entendre avec modestie?

3ᶜ Ceux qui dorment pendant la messe, assistent-ils à ce divin sacrifice avec attention? — Et ceux qui étudient leurs leçons?

* De quoi faut-il s'occuper pendant la messe pour l'entendre avec attention?

4° Quelles prières est-il bon de faire pendant la messe? — A qui faut-il s'unir?

* Comment ferez-vous pour entendre la messe avec dévotion?

5° Comment doit-on assister à la messe pour accomplir le deuxième commandement de l'Eglise ? (1°? — 2°? — 3°? — 4°?)

ARTICLE VII.

§ I. *Est-ce un péché grave de manquer par sa faute à entendre la messe les dimanches et les jours de fêtes d'obligation ?* — Oui, c'est un péché grave de manquer par sa faute à entendre la messe les dimanches et les jours de fêtes d'obligation, car c'est manquer à l'un des principaux devoirs du chrétien.

§ II. 1° - *a*) Désiré n'a pas assisté à la messe dimanche dernier; a-t-il péché? — Contre quel commandement de l'Eglise?

François n'y a pas assisté le jour de Noël; a-t-il péché pareillement? — Contre quel commandement de l'Eglise?

Oui, l'un et l'autre ont péché contre le second commandement de l'Eglise; mais, de plus, le premier a péché contre le troisième commandement de Dieu, savez-vous pourquoi? — Le second a péché contre le premier commandement de l'Eglise, voudriez-vous m'en dire la raison?

Le péché de ces deux hommes est-il mortel? = grave? — Pourquoi oui?

En effet, l'Eglise, parlant au nom de Notre-Seigneur Jésus-Christ, nous a imposé ce devoir sous peine de péché grave.

b) Mais, si ces deux hommes n'ont pu assister à la messe parce qu'ils étaient malades, ont-ils péché cependant? — Pourquoi non?

*Dans quel cas est-ce un péché de ne pas entendre la messe les dimanches et jours de fêtes d'obligation?

*Dans quel cas n'est-ce pas un péché?

TROISIÈME LEÇON.

Du troisième et du quatrième commandement.

DE LA CONFESSION ANNUELLE ET DE LA COMMUNION PASCALE.

ARTICLE Ier.

§ I. *Que nous ordonne l'Eglise par le troisième commandement : Tous tes péchés confesseras, à tout le moins, une fois l'an?* — Par le troisième commandement, l'Eglise nous ordonne de confesser tous nos péchés, au moins une fois chaque année avec les dispositions nécessaires.

§ II. L'Eglise ordonne : 1° de se confesser; 2° de se confesser au moins une fois chaque année; 3° de se confesser avec les dispositions nécessaires.

§ III. 1° Les chrétiens ne sont pas libres de se confesser ou non : l'Eglise leur ordonne de déclarer leurs péchés au ministre du sacrement de pénitence. — 2° Le troisième commandement de l'Eglise n'oblige pas fréquemment, il suffit, rigoureusement, de se confesser une fois chaque année pour l'accomplir. — 3° Mais il est à remarquer qu'une confession quelconque ne suffit pas. Il faut, en effet, se confesser avec les dispositions nécessaires; c'est-à-dire, qu'il faut faire une bonne confession; avoir la contrition, avouer tous ses péchés, etc...

§ IV. Quel est le troisième commandement de l'Eglise?

1° Que faut-il faire pour observer le troisième commandement de l'Eglise? — Me diriez-vous bien ce que c'est que la confession?

2° * Combien de fois, chaque année, faut-il se confesser pour accomplir le troisième commandement de l'Eglise?

3° *Comment faut-il se confesser pour accomplir le troisième commandement de l'Eglise?

Celui qui irait à confesse une fois chaque année; mais qui, par exemple, ne déclarerait pas tous ses péchés, celui-là obéirait-il à l'Eglise? — Pourquoi non?

*Qu'est-ce à dire que, pour obéir à l'Eglise, il faut se confesser avec les dispositions nécessaires?

ARTICLE II.

§ I. *Est-ce un grand péché de laisser passer une année entière sans se confesser?* — Oui, c'est un péché mortel.

A quel âge commence-t-on à être obligé de se confesser? — On doit se confesser dès qu'on est capable d'offenser Dieu mortellement : ordinairement, vers l'âge de sept ans.

§ II. 1° Quel péché commettent les personnes qui ne se confessent pas tous les ans? — Pourriez-vous me dire ce que c'est que le péché mortel?

2° Mais, est-ce que tous les fidèles sont obligés de se confesser tous les ans? — Oui! même les enfants?

*Quels enfants doivent se confesser d'après votre catéchisme?

Et, à quel âge, ordinairement du moins, peuvent-ils offenser Dieu mortellement?

Et, à quel âge, dès lors, les enfants doivent-ils obéir au troisième commandement de l'Eglise?

Article III.

§ I. *A qui doit-on faire la confession annuelle?* — On peut la faire, même dans le temps pascal, à tout prêtre approuvé pour entendre les confessions.

§ II. 1° La confession doit se faire à un prêtre approuvé; 2° tout prêtre approuvé peut, même dans le temps pascal, entendre les confessions.

§ III. 1° Un prêtre approuvé est celui que l'évêque a trouvé et déclaré avoir les connaissances et les qualités requises pour entendre les confessions et qu'il a envoyé remplir ce saint ministère. — 2° Ici l'on appelle temps pascal les quelques semaines qui environnent Pâques, et pendant lesquelles les fidèles doivent communier. Quoique, comme nous allons le dire à l'instant, chacun soit obligé de faire sa communion dans sa paroisse, on n'est pas tenu de faire la confession préparatoire à cette communion à un prêtre attaché à cette paroisse. On peut la faire, ainsi que toutes les autres confessions, à un prêtre quelconque, pourvu qu'il soit approuvé par l'évêque diocésain.

§ IV 1° Peut-on s'adresser à un prêtre quelconque pour se confesser?

Qu'est-ce qu'un prêtre approuvé?

2° Qu'appelez-vous ici temps pascal?

Où doit se faire la communion pascale?

Et à quel prêtre peut-on faire sa confession?

Article IV.

§ I. *Qu'est-ce que l'Eglise nous ordonne par le quatrième commandement : Ton Créateur tu recevras au moins à Pâques humblement?* — Par le quatrième commandement, l'Eglise ordonne à tous les fidèles

qui ont atteint l'âge de discrétion de communier au
moins une fois l'an, dans la quinzaine de Pâques.

§ II. 1° Quel est le quatrième commandement de
l'Eglise?

A quoi nous oblige le quatrième commandement de
l'Eglise?

2° Quel est notre Créateur? — Qu'est-ce, dès lors, que
recevoir son Créateur?

Quand reçoit-on le bon Dieu? — Qu'est-ce que communier?

*Que signifient ces paroles : *Ton Créateur tu rece-
vras?*

3° Combien de fois, dans l'année, les fidèles doivent-
ils communier pour accomplir ce quatrième commandement?

Et, dans quel temps de l'année? — Qu'est-ce que la
fête de Pâques? — En mémoire de quel mystère
les chrétiens la célèbrent-ils?

*Qu'appelle-t-on temps pascal pour la communion?

4° Tous les fidèles doivent-ils faire la communion
pascale?

Quels fidèles doivent communier à Pâques?

*Qu'appelez-vous âge de *discrétion*? — Serait-ce l'âge
où l'on peut connaître la grandeur du sacrement
de l'Eucharistie, et apporter à sa réception les dispositions nécessaires?

ARTICLE V.

§ I. *Est-ce un péché grave de ne pas remplir le
devoir de la communion pascale?* — Oui, c'est un
péché d'autant plus grave, que c'est mépriser le plus
grand bienfait de Dieu et scandaliser le prochain.

§ II. C'est un péché grave de ne pas communier à

Pâques parce que : 1° c'est mépriser le plus grand bienfait de Dieu, 2° scandaliser le prochain.

§ III. 1° Le plus grand bienfait de Dieu envers les hommes, est l'offrande qu'il fit lui-même en mourant pour nous sur la croix: Or, le don qu'il nous fait dans la sainte communion est le même bienfait. Et qui oserait soutenir que ne pas faire la sainte communion, lorsqu'on y est obligé, n'est pas en quelque sorte mépriser le divin sacrifice de l'autel. — 2° Les chrétiens doivent s'édifier mutuellement en accomplissant en public certains actes importants de la vie chrétienne. De plus, la communion pascale est assurément un acte très-important. De là, il suit que le chrétien doit faire cette communion et même la faire en public. Par contre, s'il ne fait pas cette communion, il scandalise ses frères.

On pourrait encore trouver une seconde raison, qui est le précepte de l'Eglise, précepte obligeant sous peine de péché grave.

§ IV. 1° Quel est le plus grand bienfait de Dieu envers nous?

Et, comment la sainte communion l'est-elle également?

2° Qu'est-ce que scandaliser le prochain?

＊ Comment celui qui ne fait pas son devoir pascal scandalise-t-il son prochain?

Pourquoi dites-vous que c'est un péché grave de ne pas communier à Pâques? (1°? — 2°?)

ARTICLE VI.

§ I. *Doit-on se contenter de se confesser et de communier une fois l'an?* — Non, en disant qu'il faut se confesser au moins une fois l'an, et communier au moins à Pâques, l'Eglise fait entendre qu'elle désire que les fidèles se confessent et communient plus souvent.

Pourquoi l'Eglise désire-t-elle que les fidèles se confessent et communient plus d'une fois par an? — L'Eglise désire que les fidèles se confessent et communient plus d'une fois par an, parce qu'il est difficile de faire son salut, si les confessions et les communions ne sont pas plus fréquentes.

§ II. 1° Si je vous dis, par exemple : « Voilà dix pages de catéchisme à apprendre, pour la prochaine fois; vous en apprendrez *au moins trois* » Vous comprenez à l'instant qu'il vous faut absolument apprendre ces trois pages, mais que je vous laisse libre d'en apprendre quatre, six..... et même, vous pensez qu'en apprenant ce plus grand nombre de pages, vous me ferez plaisir. De même pour la fréquentation des sacrements, l'Eglise nous a dit *au moins une fois l'an;* et, en employant ces termes, elle a voulu nous faire entendre qu'elle serait heureuse si nous les recevions plus souvent. Dites vous-même :

Combien de fois par an faut-il se confesser pour accomplir le précepte de l'Eglise? — Et, combien de fois faut-il communier?

Mais, est-ce qu'il n'est pas permis de se confesser ou de communier plus souvent? — Comment le savez-vous?

Quelles paroles, dans les commandements que vous récitez tous les jours, vous prouvent que l'Eglise désire que vos confessions et vos communions soient plus fréquentes qu'une fois l'an?

*Pourquoi l'Eglise dit-elle : Tu confesseras tes péchés à *tout le moins* une fois l'an? — Tu recevras ton Créateur *au moins* à Pâques?

2° Et, dans l'intérêt de qui l'Eglise a-t-elle ce désir

de nous voir approcher, plus d'une fois l'an, des
sacrements? est-ce pour le bien de nos âmes?

Et, comment ce désir de l'Eglise est-il dans l'intérêt
de nos âmes?

Parce qu'il est difficile de faire son salut si les confessions et les communions ne sont pas plus fréquentes! Oui, surtout pour les personnes de douze
à vingt-cinq ans.

ARTICLE VII.

§ I. *Ceux qui n'ont pas communié dans le temps
de Pâques sont-ils dispensés de communier dans
l'année?* — Non, ils sont obligés de se préparer à
communier le plus tôt possible.

§ II. - *a*) Un homme n'a pas fait son devoir pascal,
est-il cependant obligé de se préparer à la communion, quoique nous soyons à la fête de la
Pentecôte? — Est-ce dans un mois, deux mois
qu'il doit faire cette préparation?

b) *Que doit faire celui qui n'a pas communié à
Pâques?

Et, quand doit-il faire cette préparation?

ARTICLE VIII.

§ I. *Où doit se faire la communion pascale?* —
Chacun doit faire la communion pascale dans l'Eglise
de sa paroisse, à moins qu'il n'ait la permission de
la faire ailleurs.

§ II. - *a*) Dans quelle église doit-on faire la communion pascale?

Quelle est votre paroisse? — Et, par là-même, si vous
aviez fait votre première communion, où devriez-
vous faire votre communion pascale?

b) Mais, si on désirait faire sa communion pascale
dans une autre église que celle de sa paroisse,
que faudrait-il faire?

QUATRIÈME LEÇON.

Du cinquième et du sixième commandement.

DU JEUNE ET DE L'ABSTINENCE.

ARTICLE Ier.

§ I *Qu'est-ce que l'Eglise nous ordonne par le cinquième commandement : Quatre-Temps, Vigiles jeûneras et le Carême entièrement?* — Par le cinquième commandement, l'Eglise nous ordonne de jeûner les quarante jours de Carême, les jours de Quatre-Temps, et les Vigiles ou veilles de certaines fêtes.

§ II. 1° Quel est le cinquième commandement de l'Eglise?
Que faut-il faire pour observer ce cinquième commandement?
2° Quels jours devons-nous jeûner pour obéir à l'Eglise? =
Quels sont les jours de jeûne prescrits par l'Eglise? (1°? — 2°? — 3°?)
3° Que signifient ces paroles : Quatre-Temps, Vigiles jeûneras et le Carême entièrement?

ARTICLE II.

§ I. *Qu'est-ce que jeûner?* — Jeûner, c'est ne faire par jour qu'un repas, auquel il est permis d'ajouter une légère collation.
Le jeûne entraîne-t-il l'obligation de l'abstinence? — Oui, à moins qu'on n'en ait obtenu dispense.

§ II. Montrons en quoi consiste 1° le jeûne, et, par là même, 2° l'abstinence.

§ III. 1° Pour jeûner il ne faut faire qu'un seul repas dans la journée, sans devancer l'heure prescrite par l'Eglise. Si l'on prend d'autre nourriture, on ne peut le faire qu'une fois, et encore faut-il que ce soit en petite quantité : on ne peut ajouter à l'unique repas qu'une légère collation. — 2° De plus, pour jeûner il faut garder l'abstinence, c'est-à-dire se priver de manger de la viande, à moins qu'on n'ait obtenu la permission de faire usage d'aliments gras.

§ IV. 1° - *a*) Les personnes qui prennent de la nourriture le matin, le midi et le soir, jeûnent-elles? — Et celles qui font deux repas?

*Combien faut-il faire de repas par jour pour jeûner?

b) Mais, n'est-il pas permis de faire la collation?═ de manger un peu en dehors de cet unique repas?

Et, celui qui ferait un repas complet en faisant cette collation jeûnerait-il?

c) Ainsi donc, que faut-il faire d'abord pour qu'il y ait jeûne?

2° - *a*) Mais, cela suffit-il? les personnes qui jeûnent peuvent-elles manger de la viande? — Que peuvent-elles donc manger?

Comment appelez-vous cela, faire maigre pour obéir à l'Eglise?

*Qu'est-ce que garder l'abstinence? ═ En quoi consiste l'abstinence?

b) Mais, n'est-il jamais permis de faire gras lorsqu'on jeûne?

Qu'appelez-vous dispense de l'abstinence? — Nous

avons dit ce que c'est qu'une dispense en parlant des vœux.

3ᵉ * Ainsi, d'une manière générale, en quoi consiste le jeûne? (1°? — 2°?)

ARTICLE III.

§ I. *Ceux qui ne sont pas obligés au jeûne doivent-ils observer l'abstinence?* — Oui, ils doivent observer l'abstinence, aussi bien dans les jours de jeûne que dans les autres jours fixés par l'Eglise.

Quels sont ceux qui sont obligés au jeûne? — Toutes les personnes qui ont vingt et un an accomplis, et qui n'ont pas d'empêchement ou de dispense légitime, sont dans l'obligation de jeûner.

§ II. 1° - *a*) Etes-vous obligé au jeûne? — Pourquoi non?

* Quel âge faut-il avoir pour être obligé au jeûne?

b) Toutes les personnes âgées de vingt et un ans accomplis sont-elles obligées de jeûner?

* D'après votre catéchisme, quelles personnes, ayant vingt et un ans, ne sont pas dans l'obligation de jeûner?

c) Pourriez-vous me citer quelqu'empêchement qui détruise l'obligation de jeûner? (Maladie, travail...)

d) Qu'appelez-vous dispense de l'obligation de jeûner?

2° Les enfants, par exemple, de dix ans doivent-ils jeûner? — Peuvent-ils, cependant, les jours de jeûne, prendre n'importe quelle nourriture?

* Quelle nourriture doivent prendre les jours de jeûne les personnes qui ne sont pas obligées de jeûner? — En quoi consiste l'abstinence?

* Connaissez-vous les jours d'abstinence fixés par l'Eglise? — Quel commandement nous les indique?

ARTICLE IV.

§ I. *Pourquoi le jeûne du Carême a-t-il été institué?* — Le jeûne du Carême a été institué pour imiter le jeûne de Jésus-Christ, expier nos péchés, et nous préparer à célébrer dignement la grande fête de Pâques.

§ II. ⋆ Qu'appelle-t-on Carême? serait-ce un temps de pénitence qui s'étend depuis le mercredi des Cendres jusqu'au dimanche de Pâques?

Quand arrive le Carême? — Quand finit-il?

1° Notre-Seigneur Jésus-Christ a-t-il jeûné? — Combien de jours, que nous sachions du moins? — Où a-t-il jeûné?

Quelle première raison a porté l'Eglise à instituer le jeûne du Carême?

2° Quelle est la seconde?

Qu'est-ce qu'expier ses péchés? serait-ce réparer l'offense qu'ils ont faite à Dieu?

3° Quelle grande fête célèbrent les chrétiens à la fin du Carême? — En souvenir de quel mystère?

Comment l'Eglise veut-elle que les fidèles se préparent à célébrer la fête de Pâques?

Quelle est la troisième raison du jeûne du Carême?

ARTICLE V.

§ I. *Pourquoi les jeûnes des Quatre-Temps ont-ils été établis?* — Les jeûnes des Quatre-Temps ont été établis : 1° pour consacrer par la pénitence chacune des quatre saisons de l'année; 2° pour attirer les bénédictions du ciel sur les biens de la terre; 3° pour appeler les grâces de Dieu sur les ministres de l'Eglise qui sont ordonnés dans ces jours.

§ II. Disons 1° ce qu'on appelle Quatre-Temps, et

2° un mot sur chacune des raisons qui ont porté l'Eglise à établir ces jours de jeûne.

§ III. 1° On appelle Quatre-Temps, les trois jours de jeûne que l'Eglise a établis dans chacune des saisons de l'année, les mercredi, vendredi et samedi d'une même semaine. — 2° - *a*) Consacrer une saison par la pénitence, c'est offrir cette saison à Dieu, en le priant d'agréer les mortifications que nous nous imposons comme preuve du désir que nous avons de le servir pendant le cours de cette saison. — *b*) Jeûner en priant Dieu de nous donner de bonnes et abondantes récoltes de blé, de fruits...., c'est attirer les bénédictions de Dieu sur les biens de la terre. — *c*) C'est ordinairement le samedi des Quatre-Temps que les prêtres et les autres ministres sacrés reçoivent le sacrement de l'Ordre, sont ordonnés. Jeûner pour demander à Dieu de bons et saints prêtres, c'est attirer les grâces de Dieu sur ces ministres de l'Eglise.

§ IV. 1° Connaissez-vous chacune des saisons de l'année? — Nommez-les?

N'y a-t-il pas, dans chacune des saisons de l'année, trois jours où l'on doive jeûner? — Sont-ce trois jours d'une ou de plusieurs semaines différentes? — Quels sont ces trois jours d'une même semaine?

Comment appelez-vous ces trois jours d'une même semaine que l'on doit, en chaque saison, sanctifier par le jeûne?

* Qu'appelez-vous Quatre-Temps?

2° Quelles raisons ont porté l'Eglise à établir les jeûnes des Quatre-Temps? (1°? — 2°? — 3°?)

a) Qu'est-ce que consacrer une saison à Dieu par la pénitence?

b) Qu'appelez-vous biens de la terre? — Nommez-en?

En jeûnant les jours de Quatre-Temps, que doit-on demander à Dieu pour les récoltes?

c) Connaissez-vous des ministres de l'Eglise?

Pourquoi prie-t-on, plus particulièrement, pour les prêtres et les autres ministres sacrés, le samedi des Quatre-Temps?

En jeûnant les jours de Quatre-Temps que demande-t-on à Dieu pour les ministres sacrés?

ARTICLE VI.

§ I. *Pourquoi l'Eglise nous ordonne-t-elle de jeûner la veille de certaines fêtes?* — L'Eglise nous ordonne de jeûner la veille de certaines fêtes pour nous disposer à les célébrer plus saintement.

§ II. 1° Qu'appelle-t-on fête? — Nommez des jours de fête?

Le jour qui précède certaines fêtes, la veille de certaines grandes fêtes, par exemple, de Noël, de l'Assomption, a-t-il reçu un nom particulier?

*Qu'appelle-t-on Vigile d'une fête? — Pourquoi *Veille* ou *Vigile?* — Ne serait-ce pas parce que les premiers chrétiens *veillaient*, passaient en prières la nuit qui précédait les grandes fêtes?

2° Qu'est-ce que l'Eglise nous ordonne de faire la veille de certaines fêtes? — Qu'est-ce que jeûner?

Dans quel but l'Eglise a-t-elle établi le jeûne des Vigiles?

ARTICLE VII.

§ I. *Qu'est-ce que l'Eglise nous défend par le sixième commandement : Vendredi, chair ne mangeras, ni le samedi mêmement?* — Par le sixième commandement, l'Eglise nous défend l'usage des aliments gras, le vendredi et le samedi.

Pourquoi l'Eglise a-t-elle ordonné l'abstinence du

vendredi et du samedi? — L'Eglise a ordonné l'abstinence du vendredi et du samedi, pour honorer,
par la pénitence, le vendredi, la mort de Notre-
Seigneur, et le samedi, sa sépulture.

§ II. 1° Quels sont les jours de la semaine?
Est-il permis aux fidèles de manger de la chair tous
   les jours de la semaine?
★ Quels jours de la semaine les fidèles ne doivent-ils
   pas manger de la viande?
★ Qu'est-ce que l'abstinence? — Quels jours les
   fidèles doivent-ils garder l'abstinence?
2° Qui a prescrit aux fidèles l'abstinence du vendredi
   et du samedi? est-ce le bon Dieu?
Quel commandement de l'Eglise défend aux fidèles
   d'user d'aliments gras? = de faire gras le vendredi et le samedi? — Récitez ce commandement?
3° Pourquoi l'Eglise a-t-elle fait ce sixième commandement ?
a) Qu'entendez-vous en disant que Jésus-Christ est
   mort? — Quel jour de la semaine Jésus-Christ
   est-il mort?
★ Pourquoi l'Eglise a-t-elle défendu de manger de la
   chair le vendredi?
b) Qu'entendez-vous en disant que Jésus-Christ a été
   enseveli?
Quel jour de la semaine le corps de Jésus-Christ
   a-t-il entièrement passé dans le tombeau?
★ Pourquoi l'Eglise a-t-elle voulu que ses enfants
   fissent maigre le samedi?

DEUXIÈME PARTIE.

QUATRIÈME SECTION.

PREMIÈRE LEÇON.

Du péché en général.

ARTICLE Ier.

§ I. *Qu'est-ce que le péché?* — Le péché est une désobéissance à la loi de Dieu.

Celui qui n'obéit pas à l'Eglise désobéit-il à Dieu? — Oui, parce que Dieu nous ordonne d'obéir à l'Eglise.

Celui qui n'obéit pas aux lois civiles désobéit-il aussi à Dieu? — Oui, celui qui n'obéit pas aux lois civiles justes désobéit aussi à Dieu, parce que toute puissance établie pour gouverner la société vient de Dieu, et Dieu veut que nous lui obéissions en conscience.

§ II. Il y a trois sortes de lois : 1° les lois divines; 2° les lois ecclésiastiques; 3° les lois civiles. — Violer une loi de l'une de ces sortes, c'est commettre un péché.

§ III. 1° Les lois *divines* sont les commandements de Dieu. Dieu est notre Créateur, notre Maître. Par là même, il a pu nous imposer ses lois. Et, s'il a pu nous les imposer, nous sommes tenus de les observer. — 2° Les lois *ecclésiastiques* sont les commandements de l'Eglise. Nous avons étudié les six principales, et, même, notre catéchisme nous a indiqué la raison qui nous fait un devoir de les observer. — 3° Il existe une troisième sorte de lois qu'on appelle lois *civiles*. Ce sont les lois portées par ceux qui gouvernent les peuples. Telles sont les lois du paiement des impôts, de la conscription, etc... Ces lois vous les connaîtrez, mes enfants, en avançant dans la vie. Qu'il vous suffise de savoir que nous devons obéir à ces lois lorsqu'elles sont justes, c'est-à-dire, non contraires à la loi de Dieu. Nous devons obéir à ces lois, parce que c'est Dieu qui a placé à la tête de la société les hommes qui les ont portées : toute puissance établie pour gouverner la société vient de Dieu; et, par là même, désobéir aux hommes qui exercent cette puissance, c'est désobéir à Dieu qui les a envoyés.

Ainsi donc, que les lois s'appellent ou divines ou ecclésiastiques, ou civiles, elles viennent toutes de Dieu, et sont toutes de Dieu en réalité. Par là même, toute action opposée à une loi de l'une de ces sortes est un péché, puisque le péché est une désobéissance à la loi de Dieu.

§ IV. 1° Devons-nous faire ce que le bon Dieu nous ordonne de faire? — Pourquoi devons-nous obéir à Dieu? = aux lois de Dieu?

Et, si nous ne faisons pas ce que le bon Dieu nous ordonne de faire, comment appelez-vous notre désobéissance?

Qu'appelez-vous péché?

2° Devons-nous faire seulement ce que le bon Dieu nous ordonne par lui-même? — A qui encore devons-nous obéir? — Pourquoi devons-nous obéir à l'Eglise?

Et si nous ne faisons pas ce que l'Eglise nous ordonne de faire, quel nom porte notre désobéissance?

En second lieu, qu'appelez-vous péché?

3° Est-ce seulement à Dieu et à l'Eglise que nous devons obéir? est-ce que nous ne devons pas faire aussi ce que nous prescrivent les hommes qui nous gouvernent, par exemple...?

Comment appelez-vous les commandements des hommes qui gouvernent les peuples?

* Qu'appelez-vous lois civiles? — Lois civiles justes?

Pourquoi faut-il obéir aux lois civiles?

Et, comment appelez-vous la désobéissance de celui qui ne fait pas ce qu'une loi civile lui prescrit?

4° * Ainsi donc, combien de sortes de désobéissance portent le nom de péché? = En désobéissant à combien de sortes de lois peut-on se rendre coupable de péché? (1°? — 2°? — 3°?)

Qu'appelez-vous péché?

Si le péché est une désobéissance à la loi de Dieu seulement, comment se fait-il qu'une désobéissance à une loi ecclésiastique ou à une loi civile, soit un péché?

ARTICLE II.

§ I. *Combien y a-t-il de sortes de péchés?* — Il y a deux sortes de péchés, le péché originel et le péché actuel.

Qu'est-ce que le péché originel? — Le péché originel est le péché dans lequel nous sommes conçus, et que nous apportons tous en naissant, à cause de la désobéissance de nos premiers parents.

§ II. Qu'est-ce que le péché?

Y a-t-il plusieurs sortes de péchés? — Nommez ces deux sortes?

1° Immédiatement après la création, votre âme était-elle en état de péché? = Après votre conception, en venant au monde, étiez vous en état de grâce? — Comment appelez-vous le péché dont votre âme était souillée?

2° * D'où vient aux hommes le péché originel? = Pourquoi naissons-nous en état de péché?

Quels sont nos premiers parents?

En quoi Adam et Eve désobéirent-ils à Dieu?

ARTICLE III.

§ I. *Qu'est-ce que le péché actuel?* — Le péché actuel est le péché que nous commettons par notre propre volonté, lorsque nous sommes parvenus à l'âge de raison.

§ II. Nous commettons le péché actuel par notre propre volonté.

§ III. Le mot *actuel* vient du mot latin *actus,* qui signifie acte, action. Et, en effet, le péché actuel est un acte de notre volonté : c'est nous-même qui le commettons. Or, pour commettre le peché il faut nécessairement deux choses : d'abord l'advertance de l'intelligence, et, en second lieu, le consentement de la volonté; en d'autres termes, il faut *voir* le mal que l'on fait et le *vouloir.* Or, pour voir ainsi le mal et le vouloir, il faut être arrivé à l'âge où l'on distingue le bien du mal. Cet âge est l'âge de raison.

§ IV. 1° Est-ce vous qui avez commis le péché dont votre âme était souillée quand vous êtes venu au monde? = Avons-nous voulu commettre le péché originel? — Qui l'a donc voulu commettre?

Mais, n'y a-t-il pas de péchés que nous commettions nous-mêmes?

Quand, par exemple, vous désobéissez à votre mère,

est-ce qu'il n'y a pas un péché? Qui est-ce qui le commet?

*Comment appelez-vous ces péchés que nous commettons nous-mêmes?

Qu'appelez-vous péché actuel?

2° - *a*) Adrien fait une chose mauvaise, mais, sans le savoir : étant à la chasse, il tue un homme croyant tuer une bête fauve. Adrien fait-il un péché? — Pourquoi non?

* Que faut-il d'abord pour commettre un péché?

b) Florentin voit bien le mal qu'il fait, mais il le fait malgré lui. Une personne très-forte lui arme la main d'un couteau, et, en serrant cette main avec le couteau qu'elle tient, elle donne la mort à un homme. Florentin est-il coupable de péché? Pourquoi non?

* Que faut-il, en second lieu, pour commettre un péché?

c) Quand commettons-nous le péché par notre propre volonté? = Quand une personne fait-elle un péché?

3° - *a*) Qui que ce soit, dès lors, peut-il commettre un péché actuel? par exemple, un enfant de deux ans prononce un blasphème, une parole injurieuse à Dieu. Cet enfant est-il coupable de péché? — Pourquoi non? — Voit-il le mal qu'il dit? — Le veut-il?

b) Quel âge faut-il avoir pour commettre un péché?
* Qu'appelez-vous âge de raison?

ARTICLE IV.

§ I. *En combien de manières commet-on le péché actuel?* — On commet le péché actuel en quatre manières, savoir : par pensées, par paroles, par actions et par omissions.

Comment péchons-nous par omission? — Nous péchons par omission, en négligeant de nous acquitter des obligations communes à tous les chrétiens, et des obligations particulières de notre état.

§ II. 1° Des pensées ; 2° des paroles ; 3° des actions ; 4° des omissions peuvent être péchés actuels.

§ III. On pèche : 1° par pensées, en se représentant ou en désirant de mauvaises choses. — 2° Par paroles, en disant des choses qui déplaisent à Dieu. — 3° Par actions, en faisant ce qui est défendu. — Des exemples achèveront de faire comprendre ces diverses sortes de péchés. — 4° Quant au péché d'omission, nous le commettons lorsque nous ne faisons pas ce que nous devons faire. Or, ceci peut avoir lieu de deux manières : *a*) lorsque nous négligeons de nous acquitter des obligations communes à tous les chrétiens, et *b*) lorsque nous ne nous acquittons pas des obligations particulières de notre état.

Or, *a*) une obligation est commune à tous les chrétiens, quand tous les chrétiens doivent accomplir ce qu'elle a prescrit. Telles sont les obligations d'adorer Dieu, de faire son devoir pascal. — *b*) Une obligation est particulière à notre état, quand les seules personnes, qui sont dans la même situation sociale que nous, doivent faire ce qu'elle prescrit. Telle est l'obligation de corriger les enfants : elle est particulière aux pères et mères, aux instituteurs, etc..... et aux seules personnes qui ont des enfants à former.

§ IV. 1° Une personne, nommée Françoise, se représente de vilaines choses. Commet-elle un péché? — Est-ce un péché originel? — Pourquoi non? — Pourquoi un péché actuel? — Est-ce un péché de paroles? — d'action? — Pourquoi un péché de pensée?

Une autre désire battre son voisin. Commet-elle un péché? — Est-ce un péché d'action? — Pourquoi de pensée?

2° Arsène a dit : Dieu n'est pas juste. Arsène a-t-il commis un péché actuel? — Pourquoi oui? — Est-ce un péché d'action? — d'omission? — Pourquoi de paroles?

3° Jules a pris hier le livre d'Auguste son voisin. Jules a-t-il commis un péché originel, en agissant ainsi? — Comment appelez-vous son péché? — Pourquoi péché actuel? — Et de quelle manière a-t-il commis un péché actuel? — Est-ce par pensée? — Pourquoi par action?

4° Pierre n'a pas assisté à la messe dimanche dernier; son voisin, Frédéric, n'a pas repris son fils qu'il entendait blasphémer. Ces deux hommes ont-ils péché? — Mais, leurs péchés sont-ils des péchés actuels de pensée?... Pourquoi des péchés d'omissions? — Quand faisons-nous un péché d'omission? Lequel des deux hommes dont nous venons de parler a négligé de s'acquitter d'une obligation commune à tous les chrétiens? — Lequel a négligé de s'acquitter d'une obligation particulière à son état? * Quel devoir est commun à tous les chrétiens? — * Quel devoir est particulier à notre état?

5° *Comment pèche-t-on par pensée? — par paroles? — par action? — par omission? — Citez des péchés commis de ces diverses manières.

ARTICLE V.

§ I. *Tous les péchés actuels ont-ils la même gravité?* — Non, les uns sont mortels, et les autres sont véniels.

Qu'est-ce que le péché mortel? — Le péché mortel est le péché qui donne la mort à notre âme, en la privant de la vie de la grâce, et qui nous rend dignes des peines de l'enfer.

Faut-il beaucoup de péchés mortels pour mériter l'enfer? — Non; pour mériter l'enfer, il suffit d'un seul péché mortel.

§ II. Expliquons seulement ce qu'on appelle vie de la grâce.

§ III. La vie de la grâce, appelée aussi vie de l'âme et grâce sanctifiante, n'est autre chose que l'amitié de Dieu. Une âme est en vie quand elle est l'amie de Dieu. Le péché mortel enlève cette vie à notre âme; il la tue.

§ IV. Qu'est-ce que le péché actuel?
1° Tous les hommes qui commettent des péchés actuels, sont-ils aussi coupables les uns que les autres?
= Y a-t-il des péchés actuels plus grands, = plus graves, les uns que les autres?
Comment appelez-vous les plus graves? — Et les moins graves?
2° - *a)* Quelqu'un a commis un péché mortel : par exemple, il a blasphémé. Est-il encore l'ami de Dieu? — Son âme est-elle encore en vie ou bien est-elle morte?
Dans quel état est l'âme de celui qui a commis un péché mortel?
Elle est morte! Est-ce que l'âme peut mourir? — Qu'est-ce qui lui donne la mort? — Alors, de qui est-elle l'amie? — Et avant son péché?
* Qu'entendez-vous en disant que le péché mortel donne la mort à notre âme? = la prive de la vie de la grâce?
b) Où vont les âmes des malheureux qui meurent en état de péché mortel? — Qu'est-ce que l'enfer?

En mourant, combien faut-il avoir de péchés mortels sur la conscience pour être condamné aux feux de l'enfer?

c) * Ainsi, quel mal le péché mortel fait-il à notre âme en cette vie? — Quel malheur lui prépare-t-il pour l'autre vie?

ARTICLE VI.

§ I. *Quand un péché est-il mortel?* — Un péché est mortel, quand on viole la loi de Dieu en matière considérable, et avec un parfait consentement

§ II. Pour commettre un péché mortel il faut : 1° violer la loi de Dieu en matière considérable; 2° la violer avec un parfait consentement.

§ III. 1° Violer la loi de Dieu en matière considérable, c'est faire une chose qui déplaît beaucoup à Dieu; ainsi, par exemple, blasphémer, porter un faux témoignage..... Et nous saurons que Dieu hait beaucoup une chose, ou par l'enseignement de nos pasteurs et directeurs, ou par les lumières de notre raison. — 2° Le consentement à un péché est parfait, quand *voyant* bien le mal on *veut* le commettre, que, de fait, on le commette ou non. Voir et vouloir une chose mauvaise, c'est consentir parfaitement au péché.

§ IV. Qu'est-ce que le péché actuel? — Qu'est-ce que le péché mortel? — Le péché mortel est-il péché actuel?

Tous les péchés actuels sont-ils péchés mortels?

Que faut-il pour qu'un péché actuel soit péché mortel? (1°? — 2°?)

1°-*a)* Vous croyez facilement, n'est-ce pas, que Dieu *hait beaucoup* l'action de tuer un homme?

Par là même, tuer un homme c'est violer la loi de

Dieu en matière considérable, n'est-ce pas? — *Reprenons :*

*b) * Qu'est-ce que violer la loi de Dieu en matière considérable? = Quand une chose est-elle matière considérable de péché?

2° Mais, suffit-il pour faire un péché mortel que la matière du péché soit grave? — Est-ce assez de violer la loi de Dieu en matière considérable pour commettre un péché mortel? — Mais si, comme Adrien dont nous avons parlé en expliquant le péché actuel, on ne voyait pas le mal que l'on fait?

Ou si, comme Florentin, bien que voyant le mal qu'on fait, on ne le voulait pas?

Est-ce seulement lorsqu'on voit le mal et qu'on le veut qu'il y a parfait consentement au péché?

*Quand une personne consent-elle parfaitement au péché? = Qu'est-ce que violer la loi de Dieu avec un parfait consentement?

3° *En quoi consiste le péché mortel? = Qu'est-ce qui fait qu'un péché est mortel?

ARTICLE VII.

§ I. *Qu'est-ce que le péché véniel?* — C'est un péché qui ne donne pas la mort à notre âme, mais qui affaiblit en nous la vie de la grâce, nous dispose au péché mortel, et nous rend dignes de peines temporelles en cette vie ou en l'autre.

§ II. Le péché véniel 1° affaiblit la vie de la grâce; 2° dispose au péché mortel; 3° rend digne de peines temporelles.

§ III. 1° Le péché véniel affaiblit en nous la vie de la grâce, c'est-à-dire qu'il diminue l'amitié qui unit l'âme à Dieu. Il est la maladie de l'âme, et le

péché mortel en est la mort. Il éloigne l'âme de
Dieu, sans la séparer néanmoins complètement. —
2° L'âme qui commet le péché véniel tombera plus
facilement dans le péché mortel, elle s'y prépare.
Ce n'est pas encore la mort, mais c'est une maladie
très dangereuse : le péché véniel dispose au péché
mortel, comme la maladie même à la mort. — 3° Le
péché véniel rend digne de peines temporelles, c'est-
à-dire que, pour l'expier, il nous faudra souffrir volontairement en cette vie ou subir les douleurs du
purgatoire dans l'autre.

§ IV. Qu'appelez-vous péché actuel? — Tous les péchés actuels donnent-ils la mort à notre âme? —
Quels péchés actuels éloignent de Dieu complètement? — non complètement?

*Quel mal cependant le péché veniel fait-il à nos
âmes? — (1°? — 2°? — 3°?

1° Celui qui commet un péché véniel est-il encore
l'ami de Dieu après son péché? — Mais, est-il encore l'ami aussi intime?

*Que comprenez-vous en récitant que le péché
véniel diminue en nous la vie de la grâce?

2° L'homme qui commet un péché véniel, n'est-il
pas porté davantage au péché mortel? = Péchera-
t-il mortellement plus facilement?

*Qu'entendez-vous en disant que le péché véniel
dispose au péché mortel?

3° Est-il possible d'effacer les péchés véniels en
cette vie?

Que faut-il faire pour expier ici-bas nos péchés
véniels?

Celui qui meurt, ayant la conscience souillée d'un
péché véniel, est-il condamné aux feux de l'enfer? — Où son âme est-elle envoyée après la
mort? — Qu'est-ce que le purgatoire?

*Qu'est-ce à dire que le péché véniel rend digne des peines temporelles en cette vie ou en l'autre?

ARTICLE VIII.

§ I. *Quand un péché n'est-il que véniel?* — Un péché n'est que véniel quand on désobéit à la loi de Dieu, en matière légère, ou lorsque le consentement est imparfait, quoique la matière soit grave.

§ II. 1° Si l'on désobéit à Dieu en matière légère, ou si 2° le consentement au péché est imparfait, le péché commis n'est que véniel.

§ III. 1° Désobéir à Dieu en matière légère, c'est faire une chose que Dieu ne hait pas tellement qu'il retire son amitié à un homme, parce qu'il a fait cette chose. Ainsi, faire un mensonge joyeux n'est pas désobéir à Dieu en matière grave, car Dieu ne condamne pas au feu de l'enfer, à cause d'une faute si légère en soi. — 2° Le consentement à un péché est imparfait quand on *ne voit* pas le mal qu'on fait, ou quand, le voyant bien, on *ne* le *veut* pas.

§ IV. 1° Un enfant tourne la tête en assistant à la messe; commet-il un péché? — Croyez-vous que ce soit un péché mortel? — Pourquoi non? Pourquoi pensez-vous que sa faute n'est que vénielle? serait-ce parce que Dieu ne condamne pas au feu de l'enfer pour une pareille faute? Quand viole-t-on la loi de Dieu en matière légère? Quel péché commet celui qui viole la loi de Dieu en matière légère? 2° Celui qui viole la loi de Dieu en matière grave, fait-il certainement un péché mortel? — Et, s'il fait le mal sans le savoir, comme Adrien dont nous avons parlé? — Et, s'il ne veut pas faire le mal, comme Florentin?

Dans l'un et l'autre cas le consentement est imparfait, n'est-ce pas? — Dites pourquoi.

Et, quand le consentement à un péché est imparfait, de quel péché est coupable celui qui le commet?

★ Quand le consentement à un péché est-il imparfait? (1°? — 2°?) Donnez des exemples de personnes qui pèchent avec un consentement imparfait?

3° ★ Quel péché commettent ceux qui désobéissent à Dieu en matière grave, avec un consentement imparfait? — Et ceux qui lui désobéissent en matière légère avec un consentement parfait? — Et ceux qui lui désobéissent en matière légère avec un consentement imparfait?

DEUXIÈME LEÇON.

Des péchés capitaux.

ARTICLE Ier.

§ I. *Qu'est-ce qu'un péché capital?* — Un péché capital est celui qui est la source de plusieurs autres.

Combien y a-t-il de péchés capitaux? — Il y a sept péchés capitaux, savoir : l'orgueil, l'avarice, la luxure, l'envie, la gourmandise, la colère et la paresse.

§ II. Le péché capital est la source de plusieurs autres.

§ III. Un arbre produit plusieurs branches; de même, les péchés capitaux, qu'on pourrait aussi appeler défauts, vices capitaux, produisent un grand nombre de péchés. Parfois, d'un seul péché capital proviennent des chutes innombrables; en d'autres termes, le péché capital est la source de plusieurs autres.

§ IV. Qu'appelez-vous péché capital?
*Qu'est-ce à dire que le péché capital est la source de plusieurs autres?
Nommez les péchés capitaux.

ARTICLE II.

§ I. *Qu'est-ce que l'orgueil?* — L'orgueil est une vaine complaisance pour soi-même qui porte à s'attribuer ce qui vient de Dieu, et à vouloir s'élever au-dessus des autres hommes.

§ II. 1° L'orgueil est une vaine complaisance pour soi-même; 2° l'orgueil porte à s'attribuer ce qui vient de Dieu, à vouloir s'élever au-dessus des autres hommes.

§ III. 1° L'orgueil est une complaisance pour soi-même. L'orgueilleux, en effet, se complaît en lui-même, il ne pense qu'à lui, il se trouve avoir de grandes qualités, il s'admire lui-même et se glorifie. Cette complaisance de l'orgueilleux pour lui-même est vaine, car elle n'a aucun fondement. Dieu est en effet, l'auteur de tout le bien qui est en nous.

2° - *a*) L'orgueilleux s'attribue ce qui vient de Dieu : il pense et agit comme s'il s'était donné à lui-même son esprit, ses biens, tout ce qu'il est, tout ce qu'il possède, il pense aussi que tous les hommages lui sont dus. Et Dieu, l'auteur de tous les biens, il ne le considère en rien. — *b*) C'est le propre des orgueilleux de vouloir s'élever au-dessus de leurs semblables. Celui-ci cherche les honneurs; celui-là ne pense qu'aux richesses, cet autre veut de beaux habits; mais les uns et les autres ont pour but de se faire valoir aux yeux des autres hommes, de montrer qu'ils les surpassent ou de chercher à les surpasser.

IV. 1° Comment appelez-vous le péché de celui qui ne pense qu'à lui-même? de celui qui est content de sa propre personne?

* Qu'est-ce à dire que l'orgueil est une vaine complaisance pour soi-même?

2° Que produit l'orgueil en celui qui en est atteint?

a) L'orgueilleux pense-t-il que tout ce qui est bon en lui vient de Dieu?

* Qui, selon l'orgueilleux, est l'auteur de tout le bien qui peut se trouver en lui?

b) L'orgueilleux consentirait-il volontiers à être regardé comme le dernier des hommes?

* Quelle place voudrait tenir l'orgueilleux au milieu des hommes?

ARTICLE III.

§ I. *Quelle est la vertu opposée à l'orgueil?* — C'est l'humilité chrétienne qui nous fait connaître nous-mêmes, et, ainsi, nous montre nos défauts et nous empêche de mépriser les autres.

§ II. 1° L'humilité consiste à se connaître soi-même; 2° l'humilité nous montre nos défauts; elle nous empêche de mépriser les autres.

§ III. Pour étudier avantageusement cette leçon, il importe de se souvenir des définitions que nous avons données de la vertu en général, des vertus surnaturelles et des vertus morales. — Les vertus que nous allons faire connaître ici sont les vertus morales. Mais elles ne seront pas vraiment surnaturelles si nous ne les pratiquons par le mouvement de la grâce, et si nous ne les pratiquons pour plaire à Dieu et nous procurer le bonheur céleste. 1° L'humilité consiste à se connaître soi-même, l'humilité est la connaissance de soi-même; c'est la définition donnée par un grand saint. Celui-là est humble qui voit bien ce qu'il est par lui-même et qui s'apprécie à sa juste valeur. — 2° - *a*) Que si nous avons cette précieuse connaissance, que si vraiment nous nous jugeons bien, et quant au corps, et quant à l'âme, nous verrons que nous sommes des êtres bien faibles, que bien des choses nous manquent, que nous avons beaucoup de défauts; et même, éclairés par les lumières de la foi, nous verrons que le bien qui est en nous ne peut nous enorgueillir puisqu'il ne vient pas de nous, mais de Dieu. Nous n'avons en nous, comme de nous, que nos péchés. — *b*) Cette connaissance de nous-mêmes et de notre propre néant aura pour autre effet de nous faire comprendre que les autres hommes nous valent bien, et alors nous ne serons pas tentés de n'avoir pour eux ni considération, ni estime : cette connaissance de nous-mêmes nous empêchera de mépriser les autres.

§ IV. Rappelez-nous ce que c'est qu'une vertu. Qu'est-ce qu'une vertu théologale? — Une vertu morale?

Qu'est-ce qu'une vertu naturelle? — Une vertu surnaturelle?

1° Une personne se connaît bien elle-même, a-t-elle une vertu? — Comment l'appelez-vous? — En quoi consiste l'humilité?

2° - *a*) Un enfant est parfois paresseux, il se fâche, etc., mais ensuite il le reconnaît avec tristesse, il n'a point bonne idée de lui-même. A-t-il une vertu? — Quelle est-elle?

*Que produit d'abord l'humilité en ceux qui la possèdent?

b) Une personne, après s'être considérée soi-même, après avoir vu son néant, s'écrie : Oh! oui, les autres me valent bien. Cette personne a-t-elle fait un acte de vertu? — De quelle vertu?

* En second lieu que produit en nous la vertu d'humilité?

3° L'humilité est-elle une vertu? — Pourquoi oui? — Est-elle une vertu théologale? — Pourquoi non? — Est-elle une vertu morale? — Pourquoi oui?

Peut-elle être une vertu surnaturelle?

Quand l'humilité est-elle une vertu surnaturelle?

ARTICLE IV.

§ I. *Qu'est-ce que l'avarice?* — L'avarice est un amour déréglé des biens de la terre et principalement de l'argent.

Quelle est la vertu opposée à l'avarice? — La vertu opposée à l'avarice est le détachement des biens de la terre.

§ II. Quelques mots seulement 1° de l'amour déréglé des biens de la terre; 2° du détachement de ces mêmes biens.

§ III. 1° Ce n'est pas un péché d'aimer les richesses parce qu'elles nous sont nécessaires pour soutenir notre vie, faire de bonnes œuvres, occuper dans la société une position honorable.... Mais ce serait une faute de les aimer plus que Dieu, plus que son âme, de manière à consentir volontiers au péché pour les acquérir ou les conserver; ce serait, en effet, avoir pour ces biens un amour *déréglé, — hors la règle, hors la loi de Dieu,* — un amour qui offenserait Dieu. Et, pourtant, tel est le crime de l'avare. Le malheureux, le fou, il aime l'argent, les pièces de monnaie plus que son âme, plus que Dieu. — 2° Le détachement des biens de la terre consiste à voir ces biens sans y attacher notre cœur et en les appréciant à leur juste valeur. Pour les riches, le détachement consiste à partager leurs biens avec les pauvres. Pour les pauvres, il consiste à souffrir sans murmurer les privations de la fortune.

§ IV 1° - *a*) Nommez des biens de la terre.

Est-il permis d'aimer le blé, l'argent, pour avoir de quoi vivre?

Mais, est-il permis de pécher pour se les procurer? serait-ce avoir un amour bien réglé de ses biens?

* Quand a-t-on un amour déréglé pour les biens de la terre?

b) Qu'aime davantage l'avare proprement dit?

* Quand peut-on dire qu'un homme est avare?

2° Quelle vertu doit remplacer en nous le vice dont nous venons de parler?

* Quand peut-on dire qu'un riche est détaché des biens de la terre? — Et un pauvre?

ARTICLE V.

§ I. *Qu'est-ce que la luxure?* — La luxure est le vice honteux de l'impureté, défendu par le sixième commandement de Dieu?

Quelle est la vertu opposée a la luxure? — La vertu opposée à la luxure est la chasteté qui nous éloigne des plaisirs déshonnêtes et nous apprend à bien régler les plaisirs qui sont permis.

§ II. Y a-t-il de la différence entre la luxure et l'impureté?

Et, par là-même, avons-nous déjà parlé de la luxure? — Où en avons-nous parlé?

* Qu'est-ce que Dieu nous défend par le sixième commandement? — Et par le neuvième?...

*Quels sont les moyens à employer pour éviter la luxure? = pour être chaste?

ARTICLE VI.

§ I. *Qu'est-ce que l'envie?* — L'envie est la tristesse que nous ressentons du bonheur d'autrui, et la joie que nous éprouvons du mal qui lui arrive.

§ II. 1° Henri est chagrin de voir son cousin s'enrichir, être plus estimé que lui. Henri pèche-t-il? — Est-ce par luxure? — Pourquoi par envie?

*Que ressent l'envieux en voyant les autres dans la joie et le bonheur?

2° Gordien est content de voir son camarade puni; de le savoir malade. Gordien pèche-t-il? — Comment pèche-t-il? — Pourquoi par envie?

*Que ressent l'envieux en voyant les autres dans le malheur?

3° D'une manière générale, qui sont ceux qui pèchent par envie? (1°? — 2°?)

ARTICLE VII.

§ I. *Quelle est la vertu opposée à l'envie?* — La vertu opposée à l'envie est la charité, qui nous rend sensibles aux peines et aux joies du prochain, comme si c'étaient les nôtres.

§ II. 1° Basile éprouve ordinairement de la peine en voyant les autres dans le malheur. — Quelle est sa vertu? — Pourquoi la charité?

*Quand un homme est-il sensible aux peines du prochain? = Qu'est-ce à dire que l'homme charitable est sensible aux peines du prochain?

2° Maxime est heureux de voir les autres heureux, de les voir en bonne santé, etc. Quelle est sa vertu? = Pourquoi la charité?

*Quand une personne est-elle sensible aux joies du prochain? = Qu'est-ce à dire que l'homme charitable est sensible aux joies du prochain?

3° D'une manière générale, qui sont ceux qui ont la vertu de charité? (1°? — 2°?)

ARTICLE VIII.

§ I. *Qu'est-ce que la gourmandise?* — La gourmandise est un amour déréglé du boire et du manger.

Quelle est la gourmandise la plus criminelle? — La gourmandise la plus criminelle est l'ivrognerie, qui fait perdre la raison, et rend l'homme semblable aux bêtes.

§ II. Est-il permis de manger? — et de boire?

1° Est-il permis de trop manger? — d'aimer trop à manger?

Comment appelez-vous ceux qui mangent trop? — Et ceux qui voudraient toujours manger? — Et ceux qui aiment trop à manger?

* Qu'est-ce qu'un gourmand?

Qu'appelez-vous gourmandise proprement dite?

2°-*a*) Est-il permis de trop boire? — d'aimer trop à boire?

Les hommes qui boivent trop, ont-ils reçu un nom particulier? — Et ceux qui aiment trop à boire?

Qu'est-ce qu'un ivrogne?

Quel est le vice de ceux qui boivent avec excès?

* Qu'est-ce que l'ivrognerie? — Est-ce une sorte de gourmandise? — En quoi diffère-t-elle de la gourmandise proprement dite?

b) D'après votre catéchisme, que produit l'ivrognerie en ceux qui s'y livrent?

Elle fait perdre la raison!..... En effet, l'homme ivre ne sait plus ce qu'il fait, ni ce qu'il dit, il est comme un animal privé de raison. Et c'est cela que votre catéchisme veut vous faire entendre en disant que l'ivrognerie rend l'homme semblable aux bêtes.

*Que comprenez-vous en disant que l'ivrognerie fait perdre la raison et rend l'homme semblable aux bêtes?

ARTICLE IX.

§ I *Quelle est la vertu opposée à la gourmandise?* — La vertu opposée à la gourmandise est la tempérance, ou la sobriété chrétienne, qui nous préserve de tout excès dans le boire et dans le manger.

§ II. Quelle vertu nous empêche de manger avec excès? — nous empêche de trop boire? = Quelle est la vertu de ceux qui ne boivent et ne mangent que le nécessaire?
Y a-t-il de la différence entre la tempérance dans le boire et dans le manger, et la sobriété?
*Quand peut-on dire qu'un enfant a la vertu de tempérance? = est sobre?

ARTICLE X.

§ I. *Qu'est-ce que la colère?* — La colère est un mouvement déréglé de l'âme, qui nous porte à repousser avec violence ce qui nous déplaît, et à nous venger.

Quelle est la vertu opposée à la colère? — La vertu opposée à la colère est la douceur, qui nous fait conserver le calme et supporter avec patience ce qui nous contrarie.

§ II. Comparons par leurs effets la colère et la douceur.

§ III. 1° L'homme, en colère, éprouve un certain

tremblement dans tout son être, il est agité, il n'est plus lui-même, surtout intérieurement. Il éloigne avec force et vivacité ce qui le gêne : il repousse avec violence ce qui lui déplait. Dans cet état il cherche à se venger, à rendre aux autres le mal qu'il en a reçu.

2° L'homme, au contraire, dont la douceur est la vertu, n'éprouve pas ces mouvements déréglés, il conserve le calme, vit sans bruit ni agitation. Si les hommes ne lui plaisent pas, si les hommes ne parlent pas ou n'agissent pas ainsi qu'il le désirerait, il reste cependant toujours en paix. Il est toujours maître de lui-même, toujours il se possède.

§ IV. 1° Un enfant se blesse avec un canif. Il prend ce canif et le brise sur le pavé. Cet enfant pèche-t-il en agissant ainsi? — Comment appelez-vous son péché? — Qu'appelez-vous colère

Un autre a été blessé douloureusement par son camarade, mais il ne s'agite point, il pleure à peine, il conserve parfaitement son calme. Fait-il un acte de vertu? — De quelle vertu?

2° Un homme est insulté par son voisin; mais il ne lui répond point, les injures ne le troublent point. Fait-il, lui aussi, un acte de vertu? — De quelle vertu? — Que produit en nous cette vertu?

Si, au contraire, il s'emporte, lui aussi, s'il répond aux injures par des injures, pèche-t-il? — Quel est son péché?

★ Que fait l'homme en colère? — Et l'homme ami de la douceur?

ARTICLE XI.

§ I. *Qu'est-ce que la paresse?* — La paresse est un dégoût et une lâcheté qui fait que nous négligeons nos devoirs plutôt que de nous faire violence pour les remplir.

Quelle est la vertu opposée à la paresse? — La vertu, opposée à la paresse, est l'amour du devoir et la ferme volonté de remplir toutes nos obligations sans aucune négligence.

§ II. Comparons le paresseux et l'ami de ses devoirs.

§ III. La paresse est un dégoût et une lâcheté. Ainsi, un homme n'a pas la volonté de remplir ses devoirs, c'est l'effet du dégoût. Il semble toujours fatigué quand il faut agir, c'est l'effet de la lâcheté. Qu'arrive-t-il? c'est que cet homme néglige ses devoirs, c'est-à-dire ne fait point ce qu'il devrait faire. L'ami de ses devoirs, au contraire, est toujours dans la disposition de faire ce qui lui est prescrit : il a la volonté de remplir toutes ses obligations. Et, dans ce but, il se fait même violence, c'est-à-dire que, si une chose lui coûte à faire, il la fait cependant, et avec d'autant plus de force qu'elle lui coûte davantage.

§ IV. 1° Quelqu'un est toujours ennuyé quand il faut travailler, il paraît comme endormi et sans force. A-t-il un défaut? — Comment l'appelez-vous? — En quoi consiste la paresse?

*Qu'est-ce à dire que la paresse est un dégoût? — est une lâcheté?

Que produit en nous la paresse?

*Qu'est-ce que négliger ses devoirs?

2° Quelle est la vertu de ceux qui veulent toujours faire ce qu'ils doivent? = En quelle disposition est toujours leur volonté par rapport à leurs devoirs?

* Qu'est-ce à dire qu'ils ont la ferme volonté de les remplir?

* Qu'est-ce que se faire violence pour faire une chose?

DEUXIÈME RÉCAPITULATION.

I

1° Qu'appelle-t-on commandements de Dieu? — Combien y en a-t-il? — Que contiennent-ils?

Combien regardent nos devoirs envers Dieu? — Combien regardent nos devoirs envers le prochain?

2° Qu'appelle-t-on commandements de l'Eglise? — Combien y en a-t-il?

Pourquoi l'Eglise nous a-t-elle donné ses commandements?

3° Outre les commandements de Dieu et de l'Eglise, n'y en a-t-il pas d'autres que vous devez observer? — Par qui sont-ils imposés?

Q'appelle-t-on lois civiles?

II

1° Un homme ne veut pas adorer Dieu, cet homme pèche-t-il? — Contre quel commandement?

Quels sont les différents cultes par lesquels nous devons honorer Dieu? — Qu'est-ce que rendre à Dieu un culte intérieur? etc...

2° Quels hommes pèchent contre l'adoration et le culte que nous devons à Dieu?

Connaissez-vous des hommes qui pèchent par irréligion? — Qu'est-ce qu'un sacrilége? etc...

Connaissez-vous des hommes qui pèchent par superstition? — Qu'est-ce qu'un devin? — Qu'est-ce qu'un magicien?

3° Comment pèche-t-on par idolâtrie?

4° Un homme a honte d'aller à confesse? — Cet homme pèche-t-il? — Contre quel commandement de Dieu? — Comment appelez-vous son péché? — A quelle vertu le respect humain est-il opposé?

Qu'est-ce que la foi?

Ne peut-on pécher contre la Foi qu'en rougissant de paraître chrétien? Quelles sont les autres manières de pécher contre la première vertu théologale? — 1°? — 2°?...

Quels motifs avez-vous de croire en Dieu? — Qu'est-ce à dire que Dieu ne peut se tromper? — ne peut nous tromper?

5° Qu'est-ce que l'Espérance chrétienne?

Pourquoi espérez-vous le ciel et les grâces pour y parvenir? = Quels sont les fondements de l'Espérance?

Quels sont les péchés opposés à l'Espérance? — En quoi consiste le désespoir? — et la présomption?

6° - *a*) Qu'est-ce que la Charité? — Qu'est-ce à dire que la Charité est une vertu? une vertu surnaturelle? — une vertu théologale?

Quelles raisons avez-vous d'aimer Dieu? = Pourquoi devons-nous aimer Dieu?...

* Quels hommes pèchent contre l'amour de Dieu?

b) Qui devons-nous aimer avec Dieu pour avoir la Charité?

Comment devons-nous aimer notre prochain?

En quoi consiste l'amour du prochain?

Quels commandements nous indiquent nos devoirs envers le prochain?

III

1° Que faut-il faire pour observer le second commandement de Dieu? — Qu'est-ce que parler de quelqu'un avec respect?

Qu'est-ce qu'un vœu? — Que faut-il que soit une promesse pour être un vœu? — Qu'appelle-t-on dispense d'un vœu? — commutation d'un vœu?

2° - *a*) Que faut-il ne pas faire pour observer le deuxième commandement de Dieu?

Eulalie prend Dieu à témoin pour assurer qu'elle est plus grande que Pauline, Eulalie jure-t-elle en vain? — De quelle manière? — Pourquoi sans nécessité?

b) N'y a-t-il pas d'autres manières de jurer en vain?

Qu'est-ce que jurer contre la justice? — contre la vérité?

Qu'appelle-t-on parjure?

c) Isidore dit : Dieu n'est pas juste. Isidore commet-il un péché? — Contre quel commandement? — Comment appelez-vous son péché?

Qu'est-ce que le blasphème?

Qu'appelle-t-on imprécation?

IV

Que faut-il faire pour observer le troisième commandement de Dieu?

Que faut il ne pas faire?

Quels hommes pèchent contre le troisième commandement?

V

Quels sont les devoirs des enfants envers leurs parents? — des parents envers leurs enfants? — des inférieurs envers leurs supérieurs? — des supérieurs envers leurs inférieurs?

Pourquoi les enfants doivent-ils aimer leurs parents? — les respecter? — les assister? — leur obéir? — Doivent-ils toujours les aimer..., leur obéir?

Quelle est la récompense des enfants qui observent bien le quatrième commandement?

VI

Alexandre a frappé Philippe, Alexandre a-t-il péché? — Contre quel commandement?

Dites tout ce que défend le cinquième commandement?

Contre quel commandement pèchent les hommes qui portent leur prochain à faire le mal, ou qui l'empêchent de faire le bien?

En quoi consiste le scandale?

Que doit faire celui qui a offensé ou scandalisé d'autres hommes?

VII

Quels sont ceux qui pèchent contre le sixième commandement?

Prouvez que l'impureté est un péché grave?

Que faut-il faire pour ne pas tomber dans le péché d'impureté?

Qu'appelle-t-on occasion dangereuse? — En quoi consiste la mortification des sens, le jeûne, etc...

2° Que ne faut-il pas désirer pour observer le neuvième commandement de Dieu? — A quoi ne faut-il pas même penser?

Les pensées contre la pureté sont-elles toujours des péchés? — Quand ne le sont-elles pas?

VIII

1° Que faut-il ne pas faire pour observer le septième commandement de Dieu ? (1°? — 2°? — 3°?)

2° Qu'appelle-t-on voleur? — usurier? — marchand sans probité? etc.

3° Citez des personnes qui retiennent injustement le bien d'autrui ?

4° Qu'est-ce que causer du dommage?

5° Que doit faire celui qui a péché contre le septième commandement?

Quels désirs défend le dixième commandement?

IX

1° François s'est dit en lui-même : Bruno est un voleur, et cela sans avoir aucune raison de penser ainsi de Bruno. François a-t-il péché? — Contre quel commandement? Comment appelez-vous son péché? — En quoi consiste le jugement téméraire?

2° François a fait part de sa manière de penser à Ludovic. Comment appelez-vous le nouveau péché de François? — En quoi consiste la calomnie?

3° Et, si François, appelé en justice, avait ainsi parlé de Bruno, comment appelleriez-vous son péché?

Qu'appelle-t-on faux témoignage?

4° Y a-t-il du rapport entre le faux témoignage et la calomnie? — entre ces deux péchés et un autre péché défendu par le huitième commandement?

Qu'est-ce que le mensonge? — Y a-t-il des mensonges de plusieurs sortes?

5° En quoi consiste la médisance?

6° Que faut-il faire pour obtenir le pardon d'un mensonge? — d'une calomnie? — d'une médisance? — d'un jugement téméraire? — d'un faux témoignage?

X

1° Qu'appelle-t-on commandements de l'Eglise ? Combien y en a-t-il ?

2° A quoi oblige le premier commandement de l'E- glise ? — Et le second ?

Que faut-il faire pour observer le troisième comman- dement de l'Eglise ? — Et pour accomplir le qua- trième ?

Contre quel commandement de l'Eglise pèchent ceux qui font gras le vendredi ?

Qu'est-ce que jeûner ?

Quelles personnes doivent jeûner ?

Quel commandement ordonne de jeûner ? — Quand faut-il jeûner pour observer ce commandement ?

XI

Qu'est-ce que le péché ?

Combien y a-t-il de sortes de péchés ?

1° Qu'appelle-t-on péché originel ?

Qui nous a valu le péché originel ?

Depuis quand le péché originel ne souille-t-il plus votre âme ?

Qu'est-ce qui efface le péché originel ?

2° Qu'est-ce que le péché actuel ?

Combien y a-t-il de sortes de péchés actuels ?

Qu'est-ce que le péché mortel ?

Quelles sont pour une âme les suites du péché mor- tel ? — en cette vie ? — et dans l'autre ?

Que faut-il faire pour se rendre coupable d'un péché mortel ?

Qu'est-ce que le péché véniel ?

Quelles sont, pour une âme, les suites du péché vé- niel ? — en cette vie ? — et dans l'autre ?

Quand un péché actuel est-il péché véniel?

3° Qu'est-ce qu'un péché capital?

Combien y a-t-il de péché capitaux?

Dites ce que vous savez sur l'orgueil? — sur l'envie? — sur la paresse? etc.

Dites ce que vous savez sur la vertu opposée à l'avarice? etc.

XII

1° Alfred s'est dit en lui-même : Je ne pourrai jamais faire mon salut. Alfred a-t-il commis un péché? — Est-ce un péché originel? — Pourquoi un péché actuel? — Est-ce un péché actuel d'action, d'omission? — Pourquoi de pensée?

Contre quel commandement a péché Alfred? — Comment appelez-vous son péché? — Serait-ce un sacrilége? — Pourquoi un péché de désespoir?

2° Un enfant de deux ans a mis le feu à la maison de votre voisin. Cet enfant a-t-il péché? — Pourquoi pas? — Que faut-il pour commettre un péché? (1°? — 2°?)

Mais, c'est vous-même qui avez mis le feu à cette maison, laquelle a été entièrement brûlée. Avez-vous péché? — Croyez-vous que ce soit un péché mortel ou véniel. — Pourquoi mortel? — Contre quel commandement avez-vous péché? — De quelle manière avez-vous péché contre le septième commandement?

Qu'est-ce que causer du dommage au prochain?

Que devez-vous faire pour obtenir le pardon de votre péché?

3° Arthémise a dit que son voisin était un voleur et c'est parfaitement faux. Arthémise a-t-elle péché? — Comment appelez-vous son péché? — A quel commandement est-il opposé?

Mais, Arthémise, je le suppose, a dit la vérité?
A-t-elle péché cependant? — Comment appelez-vous son péché? — En quoi consiste la médisance (1)?

(1) Il est très-utile de proposer ainsi de petits cas de conscience aux enfants. Rien qui les captive davantage, les fasse plus réfléchir et aussi grave
mieux en leur esprit l'enseignement spéculatif de leur catéchisme.

TROSIÈME PARTIE

QUESTIONS PRÉLIMINAIRES.

1º Qu'est-ce que la doctrine chrétienne?
Que renferme cette doctrine?
2º Dans quelle partie du catéchisme traite-t-on des vérités que
nous devons croire? — En expliquant quelle partie parle-t-on
des devoirs que nous devons pratiquer?
3º Quels sont les moyens que Dieu a établis pour nous sanctifier?
Dans quelle partie du catéchisme est-il question de ces moyens?
De quoi allons-nous parler en expliquant la troisième partie du
catéchisme?

PREMIÈRE SECTION.

DE LA GRACE ET DE LA PRIÈRE.

PREMIÈRE LEÇON.

De la grâce.

ARTICLE Ier.

§ I. *Pouvons-nous, par nos forces, observer les commandements de Dieu et de l'Eglise, et éviter le péché?*
— Non, nous ne pouvons observer les commandements de Dieu et de l'Eglise, et éviter le péché, qu'a-
vec la grâce de Dieu.

§ II. 1º Qu'appelez-vous commandements de Dieu?

— commandements de l'Eglise? — Qu'est-ce que
le péché?

Qu'est-ce qu'observer les commandements de Dieu?
— et ceux de l'Eglise?

Qu'est-ce qu'éviter le péché?

2° Un homme peut-il de lui-même, sans aide, obéir
à Dieu? — et à l'Eglise? — ne pas tomber dans
le péché?

De quoi avons-nous besoin pour faire ce que le bon
Dieu et l'Eglise nous ordonnent? — pour ne pas
pécher?

ARTICLE II.

§ I. *Qu'est-ce que la grâce?* — La grâce est un don
surnaturel que Dieu nous accorde par sa pure bonté,
en vue des mérites de Jésus-Christ, pour nous faire
opérer notre salut.

§ II. La grâce est 1° un don de Dieu; 2° un don
surnaturel; 3° un don accordé en vue des mérites de
Jésus-Christ.

§ III. 1° Un don est une faveur, un bienfait qui
n'est point dû. Celui qui accorde un don n'est point
obligé de le faire, et celui qui le reçoit n'a aucun
droit de le réclamer. C'est pour cette raison que la
grâce est un don de Dieu. Dieu nous l'accorde *gratis*,
par sa pure bonté, Dieu n'est tenu en aucune manière de nous la donner, et nous n'y avons aucun
droit. — 2° Parmi les dons de Dieu, on distingue
les dons naturels et les dons surnaturels. — Les
dons naturels de Dieu sont ceux que Dieu nous a
faits pour nous rendre heureux sur la terre. Tels sont
la santé, les avantages de famille, de fortune, etc...
Les dons surnaturels sont ceux que Dieu nous a faits
pour nous rendre heureux dans l'autre vie. La grâce

est un don surnaturel : Dieu l'accorde uniquement pour nous conduire au ciel, pour nous faire opérer notre salut. 3° — La grâce est accordée à l'homme en vue des mérites de Jésus-Christ : Dieu nous accorde la grâce, parce que Notre-Seigneur a souffert la mort pour nous l'obtenir de la justice divine.

§ IV. 1° - *a*) Comment appelez-vous ce qu'on accorde à une personne à laquelle on ne doit rien?

* Qu'est-ce qu'un don?

* *b*) Qui nous accorde la grâce?

Et Dieu, est-il obligé de nous accorder ses grâces?

* Qu'est-ce à dire que la grâce est un don de Dieu? = Que comprenez-vous en disant que Dieu nous accorde la grâce par sa pure bonté?

2° - *a*) Pouvez-vous voir? — Avez-vous la faculté de marcher? — d'entendre? — Avez-vous des richesses.... sont-ce des dons de Dieu? — sont-ce des dons naturels ou surnaturels?

(*b* Si vous faites une bonne première communion, sera-ce un don de Dieu? — Si vous êtes un bon chrétien, sera-ce un don naturel ou surnaturel?

c) Qu'est-ce qu'un don de Dieu?

* Combien distingue-t-on de sortes de dons de Dieu?

* Qu'est-ce qu'un don naturel? — Qu'est-ce qu'un don surnaturel?

d) Pourquoi Dieu nous accorde-t-il la grâce? — Serait-ce pour nous enrichir, pour avoir une belle position dans le monde? — Qu'est-ce qu'opérer son salut?

e) * Pourquoi la grâce est-elle un don de Dieu? — un don surnaturel de Dieu.

3° Qu'est-ce qui porte le bon Dieu à nous accorder ses grâces? — Sont-ce nos mérites? — nos bonnes actions?

* Qu'est-ce à dire que Dieu nous accorde la grâce en vue des mérites de Jésus-Christ?

4° * Qu'entendez-vous en disant que la grâce est un don de Dieu? — un don surnaturel? — un don que Dieu nous accorde par sa pure bonté? — un don accordé en vue des mérites de Jésus-Christ? — un don accordé pour nous faire opérer notre salut?

ARTICLE III.

§ I. *Combien y a-t-il de sortes de grâces?* — Il y a deux sortes de grâces : la grâce habituelle ou sanctifiante, et la grâce actuelle.

Qu'est-ce que la grâce habituelle ou sanctifiante? — La grâce habituelle ou sanctifiante est une grâce qui demeure en nous et nous rend justes et saints aux yeux de Dieu.

§ II. 1° La grâce habituelle demeure en nous; 2° elle nous rend justes et saints aux yeux de Dieu.

§ III. 1° La grâce habituelle demeure en nous : l'âme qui la possède, jouit continuellement de ce don précieux. Cette grâce n'est point passagère; elle vit avec l'âme et ne se retire que par le péché mortel. La couleur d'une étoffe fait corps avec cette étoffe, la chaleur d'un fer rouge semble changer ce fer tout en feu. De même, la grâce sanctifiante forme un tout avec l'âme. La souillure, la boue du péché seule la fait disparaître. L'âme qui possède la grâce habituelle, appelée aussi grâce sanctifiante, est dite en état de grâce. — 2° Les effets de cette grâce sont merveilleux. Elle nous rend, en effet, justes et saints aux yeux de Dieu : une âme, en état de grâce, plaît à Dieu, elle est son amie; Dieu la reconnaît comme sienne et il la considère avec bonheur.

§ IV. Qu'est-ce que la grâce?
Connaissez-vous plusieurs sortes de grâces? — Quelles sont ces deux sortes?

1° - *a*) Un enfant qu'on vient de baptiser est-il l'ami du bon Dieu? = juste et saint à ses yeux? — A-t-il une grâce en lui? — Et, un enfant qui vient de bien faire sa première communion?

La grâce que ces enfants possèdent, ne les quitte-t-elle jamais? — Mais, lorsqu'ils sont endormis? —

Comment appelez-vous cette grâce? — Qu'appelez-vous grâce habituelle?

* Qu'est-ce à dire que la grâce habituelle demeure en nous?

b) Y a-t-il de la différence entre la grâce habituelle et la grâce sanctifiante?

En quel état est l'âme qui possède la grâce habituelle?

* Qu'appelle-t-on état de grâce?

2° De quel œil, Dieu voit-il une âme en état de grâce? — La voit-il avec peine? — Avec le désir de l'éloigner de lui? de la punir pendant l'éternité?

* Qu'est-ce à dire que la grâce sanctifiante nous rend justes et saints aux yeux de Dieu?

ARTICLE IV.

§ I. *Qu'est-ce que la grâce actuelle?* — La grâce actuelle est un secours du moment, par lequel Dieu nous excite et nous aide à faire le bien et à éviter le mal.

§ II. 1° La grâce actuelle est un secours du moment, pour faire le bien et éviter le mal; 2° par ce secours, Dieu nous excite; 3° par ce secours, Dieu nous aide.

§ III. 1° La grâce habituelle demeure en nous, il n'en est pas ainsi de la grâce actuelle, elle nous est donnée à certains moments fixés par la Providence. C'est un secours passager que Dieu nous accorde, lorsqu'il nous faut travailler à notre salut. C'est même de là qu'elle tire son nom. Cette grâce est *actuelle* : elle est donnée à l'homme pour les *actes* de sa volonté, faisant le bien ou évitant le mal. — 2° Nous ne pouvons, de nous-mêmes, ni voir le bien ni le vouloir; c'est Dieu qui nous en donne la pensée et la volonté. C'est ainsi que sa grâce nous *excite*. — 3° Nous sommes si faibles que, même poussés, portés par la grâce vers le bien, nous ne saurions le faire de nous-mêmes : nous avons besoin que la grâce nous *aide*, c'est-à-dire, nous soutienne jusqu'au bout et agisse avec nous. D'ailleurs, comme nous allons bientôt le dire, nous devons nous laisser exciter et aider par Dieu : nous devons suivre l'inspiration et le mouvement de la grâce.

§ IV. 1° - *a*) Si le péché ne vient pas souiller l'âme du chrétien, la grâce habituelle quitte-t-elle cette âme? — Non! en est-il de même de la grâce actuelle?

* Qu'est-ce à dire que la grâce actuelle est un secours du moment?

b) Pourquoi Dieu nous accorde-t-il la grâce actuelle? = Que fait en nous la grâce actuelle? = Quels sont les effets de la grâce actuelle?

2° Qui nous donne de penser à faire le bien, et de vouloir le faire? — de penser à ne point faire le mal et de ne point vouloir le faire?

* Qu'est-ce à dire que la grâce nous excite à faire le bien? — nous excite à éviter le mal?

3° Dieu nous donne-t-il seulement la pensée et la volonté de faire le bien et d'éviter le mal? — N'agit-il pas lui-même avec nous?

* Qu'est-ce à dire que la grâce actuelle nous aide à faire le bien?

1° *a*) La grâce habituelle est-elle un don de Dieu ? — Pourquoi oui ? — Et la grâce actuelle ? — Pourquoi oui ?

b) La grâce actuelle est-elle un don surnaturel de Dieu ? — Pourquoi oui ? — Et la grâce habituelle ? — Pourquoi oui ?

c) Qui nous a mérité la grâce actuelle ? — Et la grâce sanctifiante ?

d) * Qu'ont de commun la grâce actuelle et la grâce sanctifiante ?
    = En quoi se ressemblent la grâce habituelle et la grâce actuelle ?

2° *a*) La grâce habituelle est-elle toujours dans l'âme amie de Dieu ? — Et la grâce actuelle ?

b) * Qu'ont de différent la grâce habituelle et la grâce actuelle ? Que fait en nous la grâce habituelle ? — Et la grâce actuelle ?

ARTICLE V.

§ I. *Pouvons-nous, sans la grâce de Dieu, faire quelque chose qui mérite le ciel ?* — Non, sans la grâce de Dieu nous ne pouvons rien faire qui mérite le ciel.

Dieu nous donne-t-il toujours les grâces suffisantes ? — Oui, Dieu nous donne toujours les grâces suffisantes pour faire le bien et éviter le mal.

§ II. 1° Sans la grâce nous ne pouvons rien faire pour le ciel ; 2° Dieu nous accorde toujours les grâces suffisantes.

§ III. 1° Sans moi vous ne pouvez rien faire, nous dit Notre-Seigneur Jésus-Christ. Ces paroles, qui s'entendent évidemment des actions surnaturelles, prouvent facilement que, de nous-mêmes, nous ne pouvons faire une seule action qui doive être récompensée au ciel. D'ailleurs le ciel est un don de Dieu dans toute la force du terme. Que si, de nous-mêmes, nous acquérions des droits à ce céleste royaume, il ne serait plus un don proprement dit. — 2° Alors, dira quelqu'un, si je ne fais pas le bien, si je n'évite pas le péché, c'est que je n'ai pas la grâce. Mais il n'en est pas ainsi, car Dieu nous accorde toujours un véritable pouvoir de faire le bien et de ne pas tomber dans le péché, ou, comme le dit notre catéchisme, Dieu nous accorde toujours des grâces suffisantes, assez fortes, assez puissantes, pour nous aider à opérer notre salut. C'est l'enseignement de l'Eglise infaillible.

§ IV. *a*) 1° De toutes nos actions, lesquelles seront récompensées au ciel? — Lesquelles méritent le ciel? sont-ce les bonnes ou les mauvaises? — Citez quelques bonnes actions qui puissent nous mériter le ciel?

Votre première communion, soit! Si Dieu ne vous donne la grâce de la bien faire, le pouvez-vous de vous-même? — Pouvez-vous bien assister à la messe? — bien faire vos prières... sans la grâce?

★ Si le bon Dieu ne vous donnait la grâce, que pourriez-vous pour le ciel?

Pourquoi la grâce nous est-elle absolument nécessaire pour gagner le ciel?

★ Qu'est-ce à dire que sans la grâce nous ne pouvons rien faire qui mérite le ciel?

2° Ainsi, nous ne pouvons rien de nous-mêmes dans l'ordre du salut, il faut en tout que le bon Dieu nous aide. Mais alors, si le bon Dieu ne voulait pas nous donner sa grâce, qu'adviendrait-il?

Mais, croyez-vous que le bon Dieu nous refuse les grâces dont nous avons besoin? — Pourquoi croyez-vous que Dieu nous accorde toujours assez de force pour opérer notre salut?

★ Qu'est-ce à dire que Dieu nous donne toujours les grâces suffisantes?

ARTICLE VI.

§ I. *La grâce fait-elle tout en nous, sans nous?* — Non, la grâce ne fait pas tout en nous, sans nous; nous devons y coopérer.

Qu'est-ce que coopérer à la grâce? — C'est en suivre l'inspiration et le mouvement.

§ II. 1° La grâce ne fait pas tout en nous, sans nous; 2° nous devons d'abord en suivre l'inspiration, et en second lieu en suivre le mouvement.

§ III. 1° Notre salut n'est point l'œuvre de Dieu seul, il est aussi notre œuvre personnelle. Celui qui vous a créé sans vous, ne vous sauvera pas sans vous, disait un saint des premiers siècles. Dieu avec moi, disait S. Paul. Si Dieu fait tout pour notre salut, il ne le fait pas sans notre concours : notre volonté doit se mettre de la partie. Car, 2° nous devons coopérer à la grâce, c'est-à-dire, en premier lieu, en suivre l'inspiration : consentir librement au bien qu'elle nous excite à faire, ou fuir le mal qu'elle nous pousse à ne pas faire. Nous devons coopérer à la grâce, c'est-à-dire, en second lieu, suivre le mouvement de la grâce : agir avec la grâce, nous laisser conduire par elle, faire nous-mêmes ce qu'elle nous fait faire, ainsi qu'un enfant, désireux d'apprendre à écrire, se laisse volontiers conduire la main par son maître.

§ IV. 1° Pouvez-vous faire le bien et éviter le mal sans la grâce?

Mais, la grâce peut-elle vous faire faire ces deux choses, si vous ne le voulez-pas? — Peut-elle, par exemple, vous faire faire bien votre première communion, si vous avez la volonté de recevoir mal votre bon Maître?

* Ainsi donc, pour garder le même exemple, que vous faut-il pour bien faire votre première communion, du côté de Dieu? — et de votre côté?

2° Quand une personne coopère-t-elle à la grâce?

* *a)* Et, qu'est-ce que suivre l'inspiration de la grâce?

serait-ce être bien aise de faire le bien qu'elle nous propose, y consentir?

b) * Et, qu'est-ce que suivre le mouvement de la grâce? — Serait-ce se mettre à l'œuvre de bon cœur, et faire ce qu'elle nous fait faire?

ARTICLE VII.

§ I. *Pouvons-nous résister à la grâce?* — Oui, nous pouvons résister à la grâce, et nous n'y résistons que trop souvent.

§ II. Nous pouvons résister à la grâce.

§ III. Nous pouvons résister à la grâce, c'est-à-dire que nous pouvons ne pas coopérer à la grâce ou ne pas consentir au bien qu'elle nous propose, ne pas nous laisser conduire par elle. Tous les jours nous avons la preuve de cette vérité, puisque tous les jours nous péchons. Ce qui ne peut nous arriver sans résistance à la grâce.

§ IV. - *a)* Pouvez-vous ne pas faire ce que la grâce vous excite à faire? — Le bon Dieu, par exemple, vous dit intérieurement de bien faire votre confession.

Etes-vous libre cependant de cacher des péchés à votre confesseur?

Le bon Dieu peut-il vous faire bien vous confesser malgré vous?

b) Pareillement, si le bon Dieu vous inspire de ne pas aller avec de méchants enfants, êtes-vous libre d'y aller ou non?

Etes-vous libre de ne pas suivre l'inspiration de la grâce?

Pouvez-vous ne pas faire ce qu'elle vous excite à faire?

c) Et, si vous ne faites pas le bien que la grâce vous

pousse à faire ; et si vous faites le mal qu'elle vous porte à ne pas faire, comment appelez-vous cela ? — Ne serait-ce pas résister à la grâce ?

* Qu'est-ce que résister à la grâce ? = Quand une personne résiste-t-elle à la grâce ?

* Quelle plainte, quel regret exprime notre catéchisme, relativement à cette résistance à la grâce ?

ARTICLE VIII.

§ I. *Comment perd-on la grâce?* — On perd la grâce sanctifiante par le péché mortel, et on perd les grâces actuelles en résistant à leurs inspirations.

§ II. 1° Le péché mortel nous fait perdre la grâce habituelle ; 2° la résistance à la grâce nous fait perdre la grâce actuelle.

§ III. La grâce habituelle est la vie de l'âme ; le péché mortel en est la mort. La vie et la mort ne peuvent demeurer ensemble, si l'un vient, l'autre se retire. — 2° La grâce actuelle est un secours passager. Si nous ne l'acceptons point lorsqu'il s'offre à nous, si nous lui résistons, il s'éloigne et parfois ne revient plus.

§ IV. Qu'est-ce que la grâce ? — Qu'est-ce que la grâce habituelle ? — Qu'est-ce que la grâce actuelle ?

1° Quand un homme est-il en état de grâce ? = possède-t-il la grâce sanctifiante ?

* Le chrétien peut-il, après avoir eu la grâce sanctifiante, cesser d'être l'ami de Dieu ? = Pouvons-nous perdre la grâce sanctifiante ?

* Quelle cause fait perdre à l'homme l'état de grâce ? = Quand un homme perd-il la grâce sanctifiante ? — Qu'est-ce que le péché mortel ?

2° Pouvons-nous perdre également la grâce actuelle ?

*Quelle cause nous fait perdre la grâce actuelle? =
Quand un homme perd-il la grâce actuelle?
Qu'est-ce que résister à la grâce?

DEUXIÈME LEÇON.

De la prière.

ARTICLE Ier.

§ I. *Qu'est-ce que la prière?* — La prière est une élévation de notre âme vers Dieu pour l'adorer, lui exposer nos besoins, lui demander ses grâces et le remercier de ses bienfaits.

§ II. 1° La prière est une élévation de notre âme vers Dieu; 2° nous prions pour adorer Dieu, pour le remercier...

III. 1° La prière est un entretien de l'homme avec Dieu. C'est une conversation avec le meilleur ami de nos âmes. Prier, c'est penser à Dieu, mais c'est y penser avec son esprit et son cœur. Prier, c'est quitter la terre et monter au ciel, afin de parler à Dieu. En d'autres termes, la prière une élévation de notre âme vers Dieu. Telle est la nature de la prière quelle qu'elle soit. — 2° Que se propose ou que peut se proposer l'homme, en s'élevant ainsi vers Dieu et d'esprit et de cœur? pourquoi prions-nous? D'abord, c'est pour adorer Dieu, lui rendre nos hommages, reconnaître humblement qu'il est le Créateur et le maître de toutes choses, et avouer que nous ne sommes rien de nous-mêmes. — Nous prions aussi pour remercier Dieu de ses bienfaits. Nous avons reçu de Dieu l'existence, le bonheur d'une éducation chrétienne, l'espérance de le posséder un jour, etc...

Dans la prière nous disons à Dieu que nous l'aimons parce qu'il nous a donné tous ces biens. — Nous sommes bien faibles, bien misérables par nature, et, plus encore, par suite du péché. Dans la prière, nous disons à Dieu ce qui nous manque: nous lui exposons nos besoins; nous lui demandons de ne pas se souvenir de nos fautes : nous le prions de nous pardonner nos péchés.

§ IV. 1° Vous dites souvent au bon Dieu qu'il est infiniment bon, infiniment aimable, que vous l'aimez de tout votre cœur. Pensez-vous à Dieu, l'aimez-vous en lui disant ces choses?

Penser à Dieu et l'aimer, est-ce là élever son âme vers Dieu ?

* Qu'est-ce qu'élever son âme vers Dieu ? = Quand y a-t-il élévation de notre âme vers Dieu pour prier ?

Qu'est-ce que prier Dieu ? = En quoi consiste la prière ?

2° Et, quel peut être votre but en élevant ainsi votre âme vers Dieu? — Pourquoi priez-vous? (1°? — 2°? — 3°?)

a) Qu'est-ce qu'adorer Dieu? — Où avons-nous parlé de l'adoration?

b) Le bon Dieu nous a-t-il fait du bien? — Nommez quelque bien que vous ayez reçu du bon Dieu? — Aimez-vous Dieu à cause de ses bienfaits? — Le dites-vous dans la prière?

* Qu'est-ce que remercier Dieu de ses bienfaits?

c) Vous avez encore besoin que Dieu vous donne beaucoup de choses, n'est-ce pas? — Nommez quelque bien dont vous ayez besoin?

De plus, sans faire votre confession, n'est-il pas vrai que vous avez beaucoup offensé le bon Dieu? — Et, par là-même, de quoi avez-vous besoin?

* Qu'est-ce que pardonner à quelqu'un?

d) Que peut-on demander à Dieu en le priant?

3º Qu'appelle-t-on prière?

* Pourquoi l'homme doit-il prier? (1º? — 2º?)

ARTICLE II.

§ I. *Combien y a-t-il de sortes de prières?* — Il y en a de deux sortes : la prière mentale qui se fait sans parler, et la prière vocale qui se fait en employant des paroles.

— § II. Disons 1º ce qu'on appelle prière mentale; 2º prière vocale.

§ III. La prière mentale, appelée aussi fréquemment oraison, méditation, est celle qu'on fait à Dieu intérieurement, dans le fond du cœur, sans que rien d'extérieur fasse connaître qu'on est en prière. Ainsi prie l'homme qui dit à Dieu en lui-même, et sans remuer les lèvres : Mon Dieu pardonnez-moi.

— 2º La prière vocale est celle qui se fait en employant des paroles qui font connaître ce qu'on dit à Dieu intérieurement. Le *Notre père*, par exemple, est une prière vocale, parce que la bouche exprime les pensées dont le cœur doit être pénétré. Il est à remarquer, en effet, que la prière vocale doit être accompagnée de la prière mentale, autrement elle ne serait plus une élévation de l'âme vers Dieu, mais bien le langage d'un hypocrite.

§ IV. Qu'est-ce que la prière?

Connaissez-vous plusieurs sortes de prières? — Quelles sont ces deux sortes?

1º Celui qui dirait au bon Dieu dans le fond de son cœur, sans parler : « Mon Dieu je vous aime, » ferait-il une prière? — Pourquoi oui?

Serait-ce une prière vocale? — Pourquoi non?

*Qu'est-ce que la prière mentale? = Quand une personne prie-t-elle mentalement?

Comment appelle-t-on fréquemment la prière mentale?

2° Celui qui dit au bon Dieu, mais en remuant les lèvres, en parlant : « Mon Dieu j'espère vous voir au ciel! » fait-il aussi une prière? — Pourquoi oui? — Est-ce une prière vocale ? — Pourquoi oui?

*Qu'est-ce que la prière vocale? = Quand prions-nous vocalement?

3° La prière mentale est-elle bonne, sans être accompagnée de la prière vocale?

Et, la prière qui consiste à prononcer simplement les paroles d'une prière, sans les accompagner de la prière mentale, est-elle bonne?

*Suffit-il pour faire une prière mentale de prier intérieurement?

*Et, pour faire une prière vocale, suffit-il de prononcer les paroles d'une prière vocale?

*Ainsi donc, quelle partie de l'homme fait la prière mentale? — et la prière vocale?

Que sont également la prière vocale et la prière mentale? — En quoi diffèrent-elles?

ARTICLE III.

§ I. *Est-il nécessaire de prier?* — Oui, il est nécessaire de prier; c'est un devoir que Dieu a imposé aux hommes dans tous les temps, et qui nous est souvent rappelé par Notre-Seigneur Jésus-Christ dans l'Evangile.

Quand faut-il prier? — Il faut prier souvent, mais surtout le matin et le soir, avant et après les repas, les jours de dimanche et de fête, dans les dangers et les tentations.

§ II. 1° Nous devons prier; 2° nous devons prier

surtout le matin et le soir, avant et après nos repas, etc…

§ III. 1° Nous devons prier, nous sommes dans l'obligation de prier, c'est pour nous un devoir. En effet, Notre-Seigneur nous dit dans l'Evangile qu'il faut toujours prier et ne pas se lasser de prier. De plus, nous avons toujours besoin des secours de Dieu. Donc nous devons toujours les demander à Dieu ; donc nous devons toujours prier. — 2° Prions : le matin pour demander les grâces qui nous sont nécessaires dans le courant de la journée ; le soir pour remercier Dieu des grâces qu'il nous a faites ; avant le repas, pour demander à Dieu de bénir notre nourriture ; après le repas, pour remercier Dieu de ses bienfaits spirituels et temporels. Prions : dans les dangers pour obtenir la grâce d'y échapper ; dans les tentations pour obtenir la grâce de les surmonter. Prions les jours de dimanche et de fête, puisque la prière est un des moyens de sanctifier ces saints jours.

§ IV. 1° Devons-nous prier Dieu ? — Pourquoi oui ? — Qu'est-ce qu'un devoir ?

Qui a imposé à l'homme le devoir de la prière ? — Les hommes devaient-ils prier avant Notre-Seigneur ? — Et depuis ?

Pourquoi l'homme dut-il toujours prier ?

* Citez les paroles de Jésus-Christ prouvant que ce bon Maître a renouvelé aux hommes le précepte de la prière ?

2° - *a*) Chaque jour devez-vous prier ? — A quel moment d'abord ? — * Pourquoi le matin ? — * Pourquoi le soir ?

b) A quels moments, lors de vos repas, devez-vous prier Dieu ? — * Pourquoi avant ? — * Pourquoi après ?

c) Qu'est-ce que le dimanche? — Qu'appelez-vous fêtes?

★ Quels jours de la semaine devons-nous plus particulièrement sanctifier par la prière?

d) Qu'appelez-vous danger? — Qu'est-ce qu'une tentation?

★ Que devons-nous faire dans les dangers? — Et dans les tentations? — *Reprenez :*

3° - *a*) En quelles circonstances de la vie? — Quels jours de la semaine? — A quels moments de la journée faut-il plus particulièrement prier?

b) Mais, ne devons-nous pas prier plus fréquemment encore?

Rappelez-nous les paroles de Jésus-Christ, nous ordonnant de prier plus souvent.

Oui, il faut toujours prier, ce qui nous est possible en offrant à Dieu nos occupations.

ARTICLE IV.

§ I. *Comment faut-il prier?* — Il faut prier avec attention, humilité, confiance, pureté d'intention et persévérance.

Qu'est-ce que prier avec attention? — Prier avec attention, c'est penser que l'on parle à Dieu, et prier de cœur en même temps qu'on prie de bouche.

§ II. 1° Prions avec attention; 2° c'est notre devoir.

§ III. 1° L'attention dans la prière consiste à penser à ce que l'on dit à Dieu, ou du moins à faire son possible pour y penser. — 2° Agir autrement, c'est assurément faire injure à Dieu. N'est-ce pas, en effet, se moquer d'une personne que de lui parler, ne sachant pas ce qu'on lui dit, ni ce qu'on lui demande. — Que si, involontairement, notre esprit se porte vers des pensées étrangères à notre prière, ramenons-le à l'instant, et ainsi, seulement, nous serons certains de prier avec attention.

§ IV. Celui qui prie Dieu sans attention, sans humilité, etc., fait-il une bonne prière?

Quelles sont donc les qualités de la prière? — Nommez-les?

1° Cyprien dit à Dieu qu'il l'aime, et intérieurement il pense à ses jeux. Cyprien fait-il une bonne prière? — Pourquoi non? — Quelle qualité manque à sa prière?

* Comment faut-il faire sa prière pour la faire avec attention?

2° Est-ce respecter une personne que de lui parler sans faire attention à ce qu'on lui dit? — N'est-ce pas, au contraire, grandement lui manquer?

* Pourquoi devons-nous prier avec attention?

ARTICLE V.

§ I. *Qu'est-ce que prier avec humilité?* — Prier avec humilité, c'est prier avec un vif sentiment de son indignité et de ses misères.

§ II. 1° Prions avec humilité; 2° nous le devons.

§ III. 1° Que sommes-nous de nous-mêmes? — Rien. — Que sommes-nous par nature? Faiblesse, douleur, maladie, mort, ignorance, concupiscence.— Et même, qu'avons-nous fait de notre misérable nature? Le péché, qui est notre œuvre, ne l'a-t-il pas réduite au-dessous du néant? Oui assurément, puisque le néant n'a point offensé Dieu. — Pendant nos prières, ayons ces idées présentes à l'esprit et l'humilité les rendra agréables à Dieu? — D'ailleurs 2° nous devons prier avec humilité. Qui prie, en effet, avoue sa faiblesse, son impuissance, et ce serait une contradiction ridicule d'oser se faire valoir en demandant l'aumône à Dieu. Aussi, l'Esprit-Saint a-t-il dit : « Mon âme a en aversion le pauvre fier et superbe. »

§ IV. 1° Qu'êtes-vous de vous-même?

Et, naturellement, qu'êtes-vous?—Citez des misères du corps — des misères de l'âme?

Qu'est-ce qui nous rend encore plus indignes de parler à Dieu?

*Quand prions-nous avec un vif sentiment de nos misères? — Et de notre indignité?

2° Un pauvre, qui demande l'aumône, peut-il être orgueilleux?

*Pourquoi faut-il prier avec humilité?

ARTICLE VI.

§ I. *Qu'est-ce que prier avec confiance?* — Prier avec confiance, c'est espérer fermement que Dieu nous exaucera, parce qu'il nous l'a promis et qu'il est infiniment bon.

§ II. 1° Prions avec confiance; 2° c'est notre devoir

§ III. 1° Lorsque nous nous adressons à Dieu dans nos prières, espérons fermement qu'il nous exaucera : attendons sans aucune crainte qu'il nous accordera ce que nous lui demandons. — 2° Nous avons pour motif de cette confiance les promesses de Dieu lui-même : « Frappez et l'on vous ouvrira; demandez et vous recevrez, » nous dit-il. De plus, les raisons qui nous font un devoir d'avoir la vertu d'Espérance, nous obligent également à prier Dieu avec confiance. D'ailleurs, prier sans avoir cette confiance serait évidemment faire injure à ce Dieu, la bonté et la puissance infinies. Prions donc sans aucune hésitation, comme le veulent la raison et la Foi.

§ IV. 1° Qu'est-ce qu'espérer? — qu'espérer fermement?

Quand prions-nous avec confiance?

2° Prouvez que Dieu nous a promis d'exaucer nos
prières?

Qu'entendez-vous en disant que Dieu est infiniment
bon? — infiniment puissant?

*Pourquoi devons-nous prier avec confiance?

ARTICLE VII.

§ I. Qu'est-ce que prier avec pureté d'intention? —
Prier avec pureté d'intention, c'est prier en vue de
la gloire de Dieu, de notre propre salut ou du salut
du prochain.

*Peut-on demander à Dieu la santé, ou d'autres
biens temporels?* — Oui, pourvu qu'on fasse ces
demandes avec soumission à la volonté de Dieu.

§ II. 1° Prions avec intention pure. 2° C'est notre
devoir.

§ III. 1° Prions Dieu de se faire connaître et aimer,
et, par là-même, glorifier de tous les êtres raison-
nables, anges et hommes, et nous prions en vue de
la gloire de Dieu. — Demandons à Dieu pour nous
et les autres hommes le ciel et les grâces pour y
parvenir, et nous prierons en vue du salut de tous
les hommes. Si, parfois, nous demandons à Dieu des
biens temporels, demandons-les lui en nous soumettant à sa sainte volonté, c'est-à-dire, en lui affir-
mant que nous le bénirons, soit qu'il nous accorde
ces biens, soit qu'il nous les refuse. — 2° Que Dieu
soit connu et aimé, que nous soyons sauvés, voilà
ce qui importe avant tout. Tous les biens temporels
n'ont qu'une valeur très-secondaire et ne peuvent être
demandés sans conditions. Ce serait, en effet, évi-

demment faire injure à Dieu que de lui demander sans conditions des choses qui n'ont aucune valeur à ses yeux, ou en elles-mêmes, et qui peuvent nous être nuisibles.

§ IV. 1° Vous désirez bien que le bon Dieu exauce vos prières, n'est-ce pas? — Mais, si vous voulez être exaucé pouvez-vous demander au bon Dieu quoi que ce soit dans ces prières?

* Que devez-vous demander à Dieu, si vous voulez que ce bon Maître vous exauce certainement? (1°? — 2°?

a) * Qu'est-ce que prier en vue de la gloire de Dieu?

b) * Que faut-il à un homme ici-bas, pour faire son salut?

Que lui faudra-t-il dans l'autre vie pour être sauvé?

Un homme prie en vue de votre salut, que demande-t-il à Dieu pour vous?

Qu'est-ce que prier en vue du salut des hommes?

c) * Mais, est-ce qu'il n'est pas permis de demander à Dieu des richesses ou des biens temporels quelconques? — A quelle condition?

Qu'est-ce que se soumettre à la volonté de Dieu?

2° Que sont devant Dieu tous les biens temporels, comme l'argent, les habits, etc.

* Pourquoi faut-il prier avec pureté d'intention?

ARTICLE VIII.

§ I. *Qu'est-ce que prier avec persévérance?* — Prier avec persévérance, c'est ne point se lasser de prier?

§ II. 1° Prions avec persévérance; 2° c'est notre devoir.

§ III. 1° Ne nous lassons pas de prier, c'est-à-dire, prions lorsque nous nous donnons à Dieu dans la prière proprement dite, prions en nous livrant à nos occupations ordinaires, et cela nous est facile si nous les offrons à Dieu. — Ne nous lassons pas de prier : si nous avons demandé une chose à Dieu sans l'avoir obtenue, demandons-la de nouveau, demandons-la cent fois, mille fois. — 2° Nous devons prier avec persévérance, car ainsi, nous montrerons que nous attachons du prix à ce que nous demandons à Dieu, et de plus, nous obéirons à Jésus-Christ, qui nous a dit de prier sans cesse, et de ne point nous lasser de prier.

§ IV. 1° - *a*) Après avoir fait votre prière du matin, faut-il vous dire : J'ai assez prié pour aujourd'hui? — Quand faut-il encore prier pendant la journée? Comment le travail peut-il être une prière continuelle?

b) Si la première fois que nous demandons une grâce au bon Dieu, il ne nous l'accorde pas, faut-il la lui demander encore? — Combien de fois?

*Quel homme est persévérant dans la prière? = Que fait l'homme qui ne se lasse pas de prier? (1°? — 2°?)

2° Celui qui croit avoir bien besoin d'une chose, se contente-t-il de la demander une fois? — S'il la demande plusieurs fois, qu'est-ce que cela prouve?

Notre-Seigneur Jésus-Christ nous a dit, nous a ordonné de prier avec persévérance, pourriez-vous citer ses paroles?

*Pourquoi devons-nous prier avec persévérance?

ARTICLE IX.

§ I. *Au nom de qui faut-il prier?* — Il faut prier au nom de Jésus-Christ, sans les mérites duquel nous ne pouvons rien obtenir.

§ II. Prions au nom de Jésus-Christ.

§ III. L'Eglise ne fait pas à Dieu une seule prière sans s'unir à Jésus-Christ, sans déclarer quelle compte sur son appui, qu'elle demande par ce divin Sauveur : *Per Dominum nostrum Jesum-Christum;* nous vous prions par Notre-Seigneur Jésus-Christ, dit-elle à Dieu, en terminant toutes ses oraisons. Imitons notre Mère : prions au nom de Jésus-Christ: demandons à Dieu ses grâces, non à cause de nos mérites personnels, mais à cause des mérites de Jésus-Christ, parce que ce bon Maître a souffert pour nous. Notre prière alors sera exaucée; mais rien autre ne saurait attirer sur nous un regard favorable de la divine Majesté.

§ IV. Devons-nous dans nos prières parler de nos mérites, de nos bienfaits, de nos bonnes actions?
Sur qui devons-nous nous appuyer en priant Dieu?
* Qu'est-ce que prier au nom de Jésus-Christ?
* Pourquoi devons-nous prier au nom de Jésus-Christ?

TROISIÈME LEÇON.

De l'Oraison dominicale.

ARTICLE Ier.

§ I. *Quelle est la plus excellente de toutes les prières?* — C'est le *Pater,* que nous appelons l'oraison dominicale, ou l'oraison du Seigneur.

Pourquoi dites-vous que l'oraison dominicale est la plus excellente de toutes les prières? — Parce que c'est Notre-Seigneur Jésus-Christ lui-même qui nous l'a enseignée, et que les sept demandes, dont elle est composée, renferment tout ce que nous pouvons désirer et demander à Dieu.

Récitez l'oraison dominicale en latin et en français? — *Pater noster, qui es in cœlis, sanctificetur nomen tuum, adveniat regnum tuum; fiat voluntas tua sicut in cœlo et in terrâ. Panem nostrum quotidianum da nobis hodie; et dimitte nobis debita nostra sicut et nos dimittimus debitoribus nostris; et ne nos inducas in tentationem; sed libera nos à malo. Amen.* — Notre Père, qui êtes aux cieux, que votre nom soit sanctifié; que votre règne arrive; que votre volonté soit faite sur la terre comme au ciel. Donnez-nous aujourd'hui notre pain quotidien; pardonnez-nous nos offenses comme nous pardonnons à ceux qui nous ont offensés; et ne nous laissez pas succomber à la tentation, mais délivrez-nous du mal. Ainsi soit-il.

§ II. 1° Connaissez-vous le *Pater Noster?* — Récitez-le en latin? — Récitez-le en français.

Le *Pater Noster* et le *Notre Père* sont-ils une même prière? — En quoi diffèrent-ils?

Quel nom donnez-vous au *Pater Noster?* et au Notre Père?

*Pourquoi appelez-vous cette prière l'oraison du Seigneur = l'oraison dominicale?

2° - *a)* Connaissez-vous quelques prières? — Nommez-en quelques-unes?

En connaissez-vous qui soit meilleure = plus agréable à Dieu que l'oraison dominicale? — Pourquoi non?

b) Qui a composé le *Pater Noster?* — Qui l'a fait connaître aux hommes? — Qui est Jésus-Christ?

c) Combien comptez-vous de demandes? = de petites prières dans le Pater? — Quelle est la première? — la quatrième?

Peut-on demander quelque chose à Dieu qui ne soit pas contenu dans ces demandes? — Pourquoi non, d'après votre catéchisme?

d) * Combien de raisons font de l'Oraison Dominicale la prière la plus agréable à Dieu? (1°? — 2?)

ARTICLE II.

§ I. *Pourquoi appelons-nous Dieu notre Père?* — Parce qu'il nous a créés, qu'il nous a adoptés pour ses enfants, et qu'il nous conserve par sa providence.

§ II. 1° A qui nous adressons-nous en disant le Notre Père? = Le *Pater noster* est-il une prière? — Pourquoi oui?

Comment appelez-vous Dieu au comencement de l'Oraison Dominicale?

2° Pourquoi dites-vous que Dieu est notre Père?

a) Qu'est-ce que créer une chose? — Qu'entendez-vous en disant que Dieu nous a créés?

b) Qu'est-ce qu'adopter un enfant? — Qu'est-ce à dire que Dieu nous a adoptés pour ses enfants?

c) Qui vous donne la nourriture et les vêtements? Qu'entendez-vous en disant que Dieu nous conserve? — Qu'appelez-vous Providence?

d) Combien de raisons vous font appeler Dieu votre Père (1°? — 2?)

ARTICLE III.

§ I. *Pourquoi disons-nous :* Notre Père, *et non pas :* Mon Père? — Pour montrer que tous les chrétiens sont frères, et qu'ils doivent prier les uns pour les autres.

§ II. Etes-vous le seul homme qui ayez Dieu pour Père?

Quels autres hommes ont aussi Dieu, plus particulièrement, pour Père?

Faites-vous connaître que les chrétiens sont **frères**, en disant l'Oraison Dominicale?

Comment le montrez-vous?

En disant *Notre Père* et non pas *Mon Père!* En effet, si vous n'aviez pas de frères, vous ne pourriez pas dire *Notre* Père.

2° Que montrez-vous en disant encore *Notre Père* et non pas *Mon Père?*

Que tous les chrétiens doivent prier les uns pour les autres!. En effet, si vous ne parliez qu'en votre nom, il vous faudrait dire : *Mon Père*..... donnez-moi, etc...

ARTICLE IV.

§ I. *Pourquoi disons-nous :* Notre Père, qui êtes aux cieux? — Nous disons : *Notre Père qui êtes aux cieux,* pour élever nos cœurs vers le ciel où Dieu règne dans sa gloire, et où nous espérons le posséder un jour.

§ II. *a)* Où est Dieu?

Si Dieu est partout, pourquoi ajoutez-vous aux deux premiers mots, *Notre Père,* ces autres mots : *qui êtes aux cieux?*

b) Où voit-on Dieu face à face, comme je vous vois en ce ce moment?

c) Où pensez-vous un jour voir Dieu et le posséder!

d) * Ainsi, pourquoi penser au ciel en pensant à Dieu? = pourquoi élever son cœur vers le ciel en commençant l'Oraison Dominicale? (1°? — 2°?)

ARTICLE V.

§ I. *Que demandons-nous par ces paroles : Que votre nom soit sanctifié?* — Nous demandons que

Dieu soit connu, aimé, adoré glorifié de tout le monde, et de nous en particulier.

§ II. Parlons 1° des demandes du *Pater* en général, et, 2° de la première demande.

§ III. 1° L'Oraison Dominicale compte sept demandes ou sept petites prières. Les trois premières sont relatives à la gloire de Dieu, et les quatre dernières regardent nos besoins personnels. La première demande que nous adressons à Dieu dans cette admirable prière est celle-ci : *Que votre nom soit sanctifié.* Les paroles qui la précèdent ne sont pas, en effet, une demande, mais bien une sorte de préface qui indique à qui nous parlons en faisant cette prière.

2° Le mot *sanctifier*, signifie parfois rendre saint. C'est en ce premier sens que nous disons que les sacrements nous sanctifient. Parfois, aussi, il signifie honorer, louer, faire connaître comme saint, et c'est en ce sens que nous le prenons en récitant l'Oraison Dominicale. Ainsi, par ces paroles adressées à Dieu : *Que votre nom soit sanctifié,* nous disons à Dieu : Seigneur, soyez connu, aimé et glorifié par tous les hommes ; que les infidèles apprennent à vous connaître, que les chrétiens vous connaissent de plus en plus, que tous les hommes vous soient attachés et d'esprit et de cœur, que tous vous bénissent et chantent votre gloire.

§ IV. 1° - *a)* Combien l'Oraison Dominicale compte-t-elle de demandes ? — Quelle est la quatrième ? — la septième ?

Est-ce que ces mots : *Notre Père, qui êtes aux cieux?* ne sont pas une demande ? — Pourquoi donc ces mots au commencement de cette prière ?

b) * A quoi se rapportent les trois premières demandes du *Pater ?* — Et les quatre dernières ?

* Comment peut-on, d'une manière générale, diviser l'Oraison Dominicale ?

2° * Qu'est-ce que connaître Dieu ? — Et l'aimer ? — Et l'adorer ? — Et le glorifier ?

3° Si le désir que vous exprimez à Dieu, en récitant la première demande du *Pater*, était accompli, que feriez-vous vous-même ainsi que tous les hommes ?

ARTICLE VI.

§ I. *Que demandons-nous par ces paroles : Que votre règne arrive ?* — Nous demandons que Dieu règne maintenant dans nos cœurs par sa grâce, et qu'il nous fasse un jour régner avec lui dans sa gloire.

§ II. Que Dieu règne ici-bas sur nos cœurs ; 2° que dans l'autre vie nous puissions régner avec lui dans sa gloire.

§ III. *Régner* veut dire ordonner, commander en maître. Or, ici-bas, Dieu règne en maître absolu sur toutes les créatures, à l'exception de l'homme pécheur. — 1° Par ces paroles : *Que votre règne arrive,* nous demandons à Dieu qu'il commande en maître à tous les cœurs des hommes ; en d'autres termes, qu'il établisse tous les hommes en son saint amour, ou en état de grâce, car l'homme en état de grâce est le seul sous l'empire de Dieu ; l'homme pécheur est en état de révolte continuelle contre cet adorable Maître. — 2° Au ciel, seulement, l'empire de Dieu sera parfaitement établi sur tous les cœurs ; nous demandons donc que le ciel s'ouvre à tous les hommes.

§ IV. Quelle est la deuxième demande du *Pater ?* Que veut dire le mot *régner ?*

1° Dieu règne-t-il sur les arbres, les astres, le ciel et la terre? — Sur les hommes?
Quels hommes Dieu ne conduit-il pas?
* Quand Dieu règne-t-il sur un cœur? — Qu'est-ce que l'état de grâce?
2° * Quand le règne de Dieu sur nos âmes sera-t-il parfait? — Où Dieu règne-t-il dans sa gloire? — Qu'est-ce que le ciel?
3° Que demandez-vous à Dieu en lui disant ces paroles : *Que votre règne arrive?* (1°? — 2°?)

ARTICLE VII.

§ I. *Que demandons-nous à Dieu par ces paroles : Que votre volonté soit faite sur la terre comme au ciel?* — Nous demandons que tous les hommes obéissent à Dieu sur la terre, avec amour et fidélité, comme les bienheureux lui obéissent dans le ciel.

§ II. 1° Que les hommes obéissent à Dieu sur la terre; 2° qu'ils lui obéissent comme les saints le font au ciel.

§ III. 1° Que les hommes obéissent à Dieu sur la terre, c'est-à-dire fassent sa volonté, observent ses commandements, ne commettent point le péché! — 2° Les saints obéissent à Dieu avec amour, c'est-à-dire en bénissant Dieu; avec fidélité, c'est-à-dire encore, promptement, exactement, accomplissant parfaitement ses ordres. Que les hommes fassent de même!

§ IV. Quelle est la troisième demande du *Pater?*
1° Qu'est-ce que faire la volonté de Dieu? — Dieu nous a-t-il donné ses ordres? — Où les ordres de Dieu sont-ils consignés? — Les avons-nous étudiés? — Dans quelle partie du catéchisme?
2° * Que devons-nous nous proposer pour modèle

dans l'observation des commandements de Dieu? — Qu'appelez-vous les bienheureux?

Comment les bienheureux accomplissent-ils la volonté de Dieu? — avec peine? — lentement, et sans trop faire attention aux ordres reçus?

3° Comment devons-nous obéir à Dieu, ici-bas, pour imiter les bienheureux?

* Qu'est-ce qu'obéir à Dieu avec amour? — avec fidélité?

ARTICLE VIII.

§ I. *Que demandons-nous par ces paroles : Donnez-nous aujourd'hui notre pain quotidien?* — Nous demandons à Dieu ce qui nous est nécessaire chaque jour pour la vie de l'âme et pour celle du corps.

§ II. Que Dieu nous accorde le nécessaire; 1° pour la vie de l'âme; 2° pour la vie du corps; 3° que Dieu nous l'accorde chaque jour.

§ III. 1° Grâce sanctifiante, grâces actuelles pour bien comprendre nos devoirs et les accomplir, tel est le nécessaire pour soutenir notre âme dans l'union avec Dieu, qui est sa vie. — 2° Nourriture et vêtement : tel est le nécessaire pour la vie du corps. — 3° Demandons à Dieu ces choses qui sont notre pain quotidien, notre pain de chaque jour. — Demandons les à Dieu, chaque jour, pour chaque jour. — Tel est le sens de cette quatrième demande de l'Oraison Dominicale.

§ IV. *a*) Récitez la quatrième demande du *Pater?* *b*) Combien de parties différentes forment l'homme? 1° L'âme a-t-elle une nourriture? — Quelle est-elle? * Quel est le pain de l'âme? = Qu'est-ce qui soutient la vie de l'âme? — Qu'est-ce que la grâce? 2° Que demandez-vous pour votre corps, en récitant cette demande?

* Quelles choses sont nécessaires pour soutenir votre corps?

3° * Et pour combien de jours demandez-vous le nécessaire de l'âme et du corps?

Que veut dire ce mot *quotidien?*

ARTICLE IX.

§ I. *Que demandons-nous par ces paroles : Pardonnez-nous nos offenses, comme nous pardonnons à ceux qui nous ont offensé?* — Nous demandons à Dieu de nous pardonner nos péchés, comme nous pardonnons au prochain les torts qu'il peut avoir envers nous.

Ceux qui ne veulent point pardonner doivent-ils espérer que Dieu leur pardonnera? — Non, ils se condamnent eux-mêmes en faisant cette prière.

§ II. 1° Que Dieu nous pardonne nos offenses; 2° qu'il nous pardonne, comme nous pardonnons à ceux qui nous ont offensé.

§ III. 1° Chaque jour nous offensons Dieu, et même les plus avancés dans la perfection tombent dans le péché. Aussi, tous les hommes doivent-ils prier le divin Maître de leur pardonner, de ne point se souvenir de leurs offenses. — 2° Dieu nous pardonnera de la même manière que nous pardonnerons à ceux qui ont mal agi envers nous. Aussi, les hommes qui ne veulent point pardonner à leurs ennemis ne devraient-ils point réciter cette demande. Ils se condamnent en effet en la récitant, car ils disent à Dieu de ne point leur pardonner : pardonnez-nous comme nous pardonnons, c'est-à-dire, nous ne pardonnons pas, agissez de même envers nous : ne nous pardonnez pas. Tel est leur langage.

§ IV. Quelle est la cinquième demande du *Pater*?

1° Avez-vous offensé Dieu? Comment appelez-vous l'offense faite à Dieu? — Qui ne pèche pas?

Que priez-vous Dieu de vous accorder par cette cinquième demande du *Pater*?

* Qu'est-ce que pardonner à quelqu'un?

2° Pouvez-vous espérer que Dieu vous pardonnera? — A quelle condition?

Et si vous ne pardonnez pas, comment Dieu agira-t-il envers vous? — Pourquoi dites-vous que Dieu ne vous pardonnera pas?

* Ainsi, que demande à Dieu celui qui ne veut pas pardonner?—Pourquoi se condamne-t-il lui-même?

Que devons-nous faire si nous voulons que Dieu nous pardonne?

ARTICLE X.

§ I. *Que demandons-nous par ces paroles : Ne nous laissez point succomber à la tentation?* — Nous demandons à Dieu qu'il détourne de nous les tentations, ou qu'il nous donne la grâce et la force de les surmonter.

§ II. Que Dieu veuille bien : 1° détourner de nous les tentations, ou du moins 2° nous donner la force de les vaincre.

§ III. Comme nous l'avons déjà dit, une tentation est une excitation au péché, une sollicitation, un appel intérieur à offenser Dieu. Or, 1° par cette demande nous prions Dieu de ne pas permettre que nous soyons tentés : nous lui demandons d'éloigner, de repousser loin de nous tout ce qui pourrait nous occasionner quelque faute. — 2° Que si, cependant, par des raisons que nous ne connaissons pas, ce bon Maître permettait à la tentation de venir nous éprouver, nous lui demandons de la surmonter, de la vaincre, de ne pas y succomber, de ne pas faire ce qu'elle nous porterait à faire.

IV. - *a)* Récitez la sixième demande du *Notre Père?*
b) Qu'est-ce qu'une tentation ?

1° Désirez-vous n'être point tenté?

Mais pouvez-vous détourner de vous les tentations? — Qui le peut?

* Quelle première faveur demandez-vous à Dieu en récitant dévotement la sixième demande du *Pater?*

2° Mais, si Dieu veut que vous soyez tenté, que lui demandez-vous par cette même prière ?

* Qu'est-ce que surmonter une tentation, parexemple, la tentation de mentir?

ARTICLE XI.

§ I. *Que demandons-nous par ces paroles : Mais délivrez-nous du mal?* — Nous demandons à Dieu de nous préserver de tout mal, surtout, du péché et de la damnation éternelle.

§ II. Que Dieu nous préserve 1° du mal spirituel, 2° du mal temporel.

§ III. On distingue deux sortes de maux, le mal spirituel et le mal temporel. 1° Le mal spirituel ou mal proprement dit, est ce qui déplait à Dieu. Ce mal n'est autre chose que le péché. La damnation éternelle, mal suprême, mal irréparable est la conséquence du péché mortel, ainsi que nous l'avons dit antérieurement. — 2° Le mal temporel est ce qui nous empêche d'être heureux ici-bas. Tels sont la maladie, la faim, le froid, etc. Ce mal en soi n'est pas un mal à proprement parler. Il ne peut être un mal proprement dit, qu'en tant qu'il serait pour l'homme l'occasion d'offenser Dieu.

§ IV. Quelle est la dernière demande de l'oraison dominicale?

Connaissez-vous plusieurs sortes de maux?—Quelles sont ces deux sortes?

1° *Qu'appelez-vous mal spirituel? — mal de l'âme?

Quel mal produit le péché après la mort? — Et s'il n'était pas grave? — Où souffre-t-on la damnation éternelle? — Qu'est-ce que l'enfer?

2° *Qu'appelez-vous mal temporel?—Citez des maux temporels?

3° Quand, récitant l'oraison dominicale, vous dites au bon Dieu : *Mais délivrez-nous du mal,* que sollicitez-vous de sa bonté?

ARTICLE XII.

§ I. *Que veut dire Amen? — Amen* veut dire : *Ainsi soit-il,* c'est un abrégé de toute l'oraison : c'est comme si l'on disait : « Mon Dieu, accordez-nous ce que nous venons de vous demander. »

§ II. Quel mot termine le *Pater?*

Et que signifie *Amen?*

Et, que veut dire cette expression. *Ainsi soit-il.* Serait-ce qu'il en soit ainsi, = que les choses soient, tournent de la manière que je viens de dire, = Mon Dieu accordez-moi ce que je viens de vous demander?

Oui, et c'est pour cela, sans doute, n'est-ce pas, que notre catéchisme dit que ces expressions sont un abrégé de l'oraison, c'est-à-dire une prière plus courte que celle que nous venons de faire, mais qui demande la même chose?

*Que comprenez-vous en disant que l'*Amen* ou l'*Ainsi soit-il* sont un abrégé de l'Oraison?

QUATRIÉME LEÇON.

De la Salutation Angélique.

ARTICLE Ier.

§I. *Quelle est, après l'Oraison dominicale, la prière que nous devons réciter avec le plus de confiance?* — C'est l'*Ave, Maria*, ou la Salutation Angélique, que nous adressons à la Sainte Vierge.

Récitez la Salutation Angélique, en latin *et en* français. — *Ave, Maria, gratiâ plena, Dominus tecum, benedicta tu in mulieribus, et benedictus fructus ventris tui, Jésus. Sancta Maria, Mater 'Dei, ora pro nobis peccatoribus, nunc et in horâ mortis nostræ. Amen.*

Je vous salue, Marie, pleine de grâce, le Seigneur est avec vous, vous êtes bénie entre toutes lss femmes, et Jésus, le fruit de vos entrailles, est béni. Sainte Marie, Mère de Dieu, priez pour nous, pauvres pécheurs, maintenant et à l'heure de notre mort. Ainsi soit-il.

§ II. 1° Connaissez-vous le *Je vous salue, Marie?* — Récitez-le en français? = Récitez-le en latin?

Quel nom donnez-vous à l'*Ave Maria?* — Pourquoi l'appelez-vous la Salutation Angélique?

2° *Qui est la Sainte Vierge? — Dites ce que vous savez de la Sainte Vierge?

Devons-nous rendre plus d'honneur à la Sainte Vierge qu'aux autres saints, et avoir plus de confiance en elle (1)?

Quel motif doit encore nous porter à témoigner à la Sainte Vierge une confiance toute filiale?

---

(1) Voir la troisième leçon de la 1ʳᵉ section de la 2ᵉ partie.

ARTICLE II.

§ I. *Pourquoi appelle-t-on cette prière la Salutation Angélique?* — On appelle cette prière Salutation Angélique, parce qu'elle commence par les paroles dont se servit l'Ange Gabriel, quand il vint annoncer à la Sainte Vierge qu'elle serait la mère de Dieu.

Quelles sont les paroles que l'Ange Gabriel adressa à la Sainte Vierge? — Les paroles de l'ange sont : « *Je vous salue, pleine de grâce, le Seigneur est avec vous, vous êtes bénie entre toutes les femmes.* »

§ II. 1° *L'Ave Maria* s'appelle la *Salutation Angélique;* 2° les premières paroles de la Salutation Angélique sont : Je vous salue, Marie, pleine de grâce, le Seigneur est avec vous.

§ III. 1° Saluer quelqu'un, comme chacun le sait, c'est lui donner en le rencontrant, ou en l'abordant une marque de respect ou de civilité. Or, l'ange Gabriel, en abordant la Sainte Vierge pour lui annoncer qu'elle serait Mère de Dieu, la salua par les paroles qui commencent l'*Ave Maria*. De là vient que cette prière s'appelle la Salutation Angélique. — 2° - *a*) Lorsque nous disons à la Sainte Vierge : Je vous salue, Marie, nous appelons cette bonne Mère de son nom propre, qui, dans la langue des anciens Juifs, signifie *Reine*, et nous lui affirmons que nous l'honorons, que nous la vénérons. — *b*) En ajoutant *pleine* de *grâce*, nous disons à Marie qu'elle a reçu de très-grandes et très-nombreuses grâces. En effet, jamais le péché ni originel, ni actuel, ne souilla son âme, et, selon saint Bernard, Marie possède plus de grâces à elle seule que tous les saints ensemble. — *c*) Le Seigneur est avec vous, disons-nous encore avec l'ange : Dieu habite en vous; vous êtes son temple par excellence, unie si intimement que vous l'êtes par la grâce, avec notre Dieu. Si Dieu, en effet, habite en tous les saints, à combien plus forte raison ne fait-il pas son séjour en Marie?

§ IV. 1° Comment nommez-vous la personne qui, la première, a prononcé les paroles qui commencent l'*Ave Maria?*

Dans quelle circonstance l'ange Gabriel prononça-t-il ces paroles? — Quel mystère de la religion annonçait-il?

Dès lors, d'où vient que l'*Ave Maria* porte le nom de Salutation Angélique?

2° - *a*) Vénérez-vous, honorez-vous la Sainte Vierge? — Le lui dites-vous en récitant la Salutation Angélique? Par quelles paroles?

b) La Sainte Vierge a-t-elle reçu de grandes et nombreuses grâces? — Le lui dites-vous? — Par quelles paroles?

c) Dieu habite-t-il en Marie? — Le lui dites-vous?

d) * Que voulez-vous dire à la Sainte Vierge en lui adressant ces paroles : Je vous salue, Marie? — pleine de grâces? — le Seigneur est avec vous?

ARTICLE III.

§ I. *De qui sont les paroles suivantes : Vous êtes bénie entre toutes les femmes, et le fruit de vos entrailles est béni?* — Ce sont les paroles de sainte Elisabeth, qui les prononça lorsqu'elle fut honorée de la visite de la Sainte Vierge.

§ II. Sainte Elisabeth dit à la Sainte Vierge : 1° Vous êtes bénie entre toutes les femmes; 2° le fruit de vos entrailles est béni.

§ III. Le mystère de l'Incarnation s'est accompli. La Sainte Vierge quitte Nazareth, pour aller voir sa cousine sainte Elisabeth, l'heureuse mère de saint Jean-Baptiste. « Vous êtes bénie entre toutes les femmes », dit sainte Elisabeth à Marie, sitôt qu'elle l'aperçoit, « et le fruit de vos entrailles est béni. » — Dans la Salutation Angélique nous répétons ces paroles à Marie. 1° « Vous êtes bénie entre toutes les femmes, » lui disons-nous, c'est-à-dire, nulle d'entre les femmes ne reçut jamais de Dieu des grâces aussi nombreuses ni aussi grandes que vous, nulle autre ne fut aimée des hommes, ni célébrée par leurs louanges autant que vous. — 2° Le fruit de vos entrailles est béni. C'est Jésus-Christ qui est ce fruit précieux. Jésus-Christ, en effet, est le Fils de Marie, et, assurément, ce Fils est béni, puisque Jésus-Christ est la source de toutes les grâces, puisque toutes les créatures sont bénies en ce Rédempteur du genre humain, et que le ciel et la terre, l'univers entier chantent les perfections infinies de ce Dieu-Homme.

§ IV. *Connaissez-vous sainte Elisabeth, dont parle ici votre catéchisme? — De qui était-elle mère?— Connaissez-vous saint Jean-Baptiste? — Avons-nous parlé de ce grand saint? — Où? — Qui a baptisé Notre-Seigneur?

Connaissez-vous quelques paroles que sainte Elisabeth ait adressées à la Sainte Vierge? — Quelles sont-elles?

1° La Sainte Vierge a-t-elle été comblée de grâces par Dieu? — Les hommes parlent-ils d'elle avec avantage?

*Que comprenez-vous en disant à la Sainte Vierge : *Vous êtes bénie entre toutes les femmes?*

2° Quel est le fruit des entrailles de Marie? — Jésus-Christ a-t-il beaucoup de grâces? — Pourquoi oui? Les hommes glorifient-ils Jésus-Christ?

*Qu'est-ce à dire que le fruit des entrailles de Marie est béni?

ARTICLE IV.

§ I. *Qui a composé la seconde partie de la Salutation Angélique : Sainte Marie, Mère de Dieu, priez pour nous, pauvres pécheurs, maintenant et à l'heure de notre mort. Ainsi soit-il?* — Cette seconde partie a été composée par l'Eglise.

§ II. Sainte Marie, Mère de Dieu, 1° priez pour nous; 2° priez pour nous pauvres pécheurs; 3° priez pour nous maintenant; 4° priez pour nous à l'heure de la mort.

§ III. L'Eglise enseignante a complété les paroles de l'ange Gabriel et de sainte Elisabeth en ajoutant le mot Jésus à la partie que nous venons d'expliquer pour désigner quel est le fruit béni des entrailles de Marie. De plus, elle a composé une demande qui forme la seconde partie de la Salutation Angélique. Sainte Marie, Mère de Dieu, nous a-t-elle enseigné à dire, 1° priez pour nous : demandez à Dieu des grâces pour nous, obtenez-nous les célestes faveurs. — 2° Priez pour nous pauvres pécheurs : nous avons bien besoin des grâces de Dieu, surtout de la grâce du pardon, car souvent nous l'offensons, souvent nous tombons dans le péché. — 3° Priez pour nous maintenant : tandis que nous vivons sur cette terre. — 4° Priez pour nous à l'heure de notre mort : lorsque notre âme se séparera de notre corps, lorsque nous serons sur le point de paraître devant Dieu.

§ IV. - *a*) Récitez la première partie de la Salutation Angélique. — Récitez la seconde?
Qui a composé la première partie? — Et la seconde?

Mais, est-ce que l'Eglise n'a rien ajouté à la première
  partie?

b) * Dites ce que l'Eglise a composé de tout l'*Ave
  Maria?*

* Dites ce qui nous vient de sainte Elisabeth, et
  quelles sont les paroles de l'Ange Gabriel?

1° Que demandez-vous à la Sainte Vierge dans la
  seconde partie de l'*Ave Maria?*

Qu'est-ce que prier pour quelqu'un?

2° Comment vous apppelez-vous, vous-même, en
  demandant à la Sainte Vierge de prier pour vous?

Mais, êtes-vous bien certainement un pécheur?—
  Qui ne l'est pas?

3° Quand désirez-vous que la Sainte Vierge prie pour
  vous?

A quel moment a lieu le temps qui s'écoule maintenant?

4° A quel moment, autre que le moment présent,
  désirez-vous surtout encore que Marie prie pour
  vous?

Quand viendra l'heure de votre mort?

TROSIÈME PARTIE.

DEUXIÈME SECTION.

DES SACREMENTS.

PREMIÈRE LEÇON.

DES SACREMENTS EN GÉNÉRAL.

ARTICLE Ier.

§ I. *Qu'est-ce qu'un sacrement?* — Un sacrement est un signe sensible, institué par Notre-Seigneur Jésus-Christ, pour produire la grâce dans notre âme, et pour nous sanctifier.

§ II. Un sacrement est 1° un signe; 2° un signe sensible; 3° ce signe a été institué par Jésus-Christ; 4° ce signe a été institué pour nous sanctifier.

§ III. 1° On appelle *signe* ce qui fait connaître une chose, ce qui l'indique, la représente ou la signifie. Ainsi la fumée est le signe du feu, elle indique qu'il y a du feu; le cri d'une personne est un signe, il indique la souffrance. — Les sacrements sont des signes : ils font connaître qu'une grâce descend en nos âmes. Et, non seulement, ils indiquent cette grâce, mais en même temps ils la produisent en nos âmes. Non seulement ils sont les indicateurs, les signes de la grâce, mais ils en sont aussi les producteurs :

Dieu se sert d'eux pour opérer, pour faire certaines grâces en nos âmes. — 2° Un signe sensible est un signe qui tombe sous les sens, un signe que l'on peut ou voir, ou toucher, ou..... Les sacrements sont des signes sensibles, parce qu'ils tombent sous nos sens, ou encore parce qu'ils sont composés d'actions que l'on peut voir, ou de paroles que l'on peut entendre. — 3° Les signes sensibles qu'on appelle sacrements ont été institués par Notre-Seigneur Jésus-Christ : avant Notre-Seigneur, les sacrements que donne l'Eglise n'existaient pas. C'est Jésus-Christ lui-même qui, dans son amour pour nous, les a inventés et fait connaître aux hommes — 4° Notre-Seigneur Jésus-Christ a institué les sacrements pour nous sanctifier : le but que Notre-Seigneur s'est proposé en instituant les sacrements est uniquement de nous rendre saints, amis de Dieu, et de nous conduire ainsi au ciel.

§ IV. Par quels moyens Dieu nous donne-t-il ordinairement sa grâce?

Qu'est-ce que la prière? — Qu'appelez-vous sacrements?

1° - *a*) Comment appelez-vous une chose qui en indique une autre?

★ Qu'est-ce qu'un signe? — Citez une chose qui soit un signe... Une autre...
Pourquoi ces choses sont-elles des signes?

b) Et les sacrements sont-ils des signes? — Et que signifient-ils?

★ Pourquoi dites-vous que les sacrements sont des signes?

c) Les signes appelés sacrements sont-ils simplement des signes de grâces? — Que sont-ils de plus?

2° Mais tous les signes sont-ils sacrements? — Que faut-il d'abord pour qu'un signe soit sacrement?

* Quand un signe est-il sensible? — Qu'appelez-vous sens de l'homme? — Quand une chose tombe-t-elle sous nos sens?

Pourquoi dites-vous que les sacrements sont des signes sensibles?

3° Tous les signes sensibles sont-ils sacrements? — Et ceux dont Notre-Seigneur n'a jamais parlé?

Ainsi, qui a indiqué les sacrements aux hommes? = Qui a institué les sacrements?

* Qu'est-ce à dire que les sacrements ont été institués par Jésus-Christ?

4° * Que se proposait Notre-Seigneur en instituant les sacrements, voulait-il, par exemple, nous enrichir..... — Qu'est-ce qu'un saint?

5° * Qu'est-ce qu'un sacrement? — (1°? — 2°? — 3°? — 4°?)

* Que doit-être un signe pour être sacrement? (1°? — 2°? — 3°?)

ARTICLE II.

§ I. *De quoi sont composés les sacrements?* — Les sacrements sont composés de deux choses, la matière et la forme.

Qu'est-ce que la matière des sacrements? — C'est la chose sensible dont on se sert en les administrant; par exemple, l'eau dans le baptême?

Qu'est-ce que la forme des sacrements? — Ce sont les paroles qu'on prononce en appliquant la matière.

Suffit-il, pour administrer un sacrement, d'appliquer la matière et la forme? — Non, il faut encore, en administrant les sacrements, avoir au moins l'intention de faire ce que fait l'Église.

§ II. 1° Matière, 2° forme, 3° matière et forme employées ensemble, 4° intention de faire ce que fait l'Eglise, telles sont les choses nécessaires pour qu'il y ait sacrement.

§ III. 1° Tout sacrement est un signe sensible, mais dans ce signe, il y a une partie qui, de soi, ne signifie rien précisément. Ainsi, verser de l'eau comme on le fait dans le baptême, peut aussi bien indiquer qu'on approprie le corps, qu'on le rafraîchit, comme indiquer qu'on lave l'âme de ses péchés. Or, cette première partie du sacrement, qui, de soi, ne signifie rien, et qui n'a de signification précise qu'en tant qu'elle est jointe à la seconde partie, cette partie, dis-je, est la matière du sacrement. Il ne peut y avoir de sacrement, si cette partie n'est pas employée. — 2° La forme est la partie du sacrement qui indique quel effet signifie et produit la matière. Et, afin que cette indication soit précise, la forme est toujours composée de paroles. Comme la matière, elle est absolument nécessaire : le ministre d'un sacrement, ou celui qui l'administre, doit prononcer les paroles que l'Eglise fait connaître comme étant la forme du sacrement qu'il veut administrer. — 3° Ces deux choses, absolument nécessaires, doivent être unies, leur emploi ne doit former qu'une même action, qu'une même cérémonie. Le ministre doit employer la matière en même temps qu'il prononce les paroles de la forme. — 4° Enfin, pour qu'il y ait sacrement, le ministre doit *vouloir* administrer ce sacrement, ou au moins vouloir faire ce que fait l'Eglise, en appliquant la matière et la forme : l'intention est nécessaire pour administrer un sacrement.

§ IV. Combien distingue-t-on de choses dans un sacrement? (1°? — 2°?)

1° * Comment appelez-vous la chose sensible dont on

doit nécessairement se servir pour administrer un sacrement?

Qu'appelez-vous matière d'un sacrement? — Fait-elle partie du sacrement?

2° * Comment appelez-vous ce qu'on dit nécessairement en administrant un sacrement?

Qu'appelez-vous forme d'un sacrement? — Fait-elle partie du sacrement?

3° Si quelqu'un employait la matière d'un sacrement et ne prononçait pas les paroles, y aurait-il sacrement?

Et s'il prononçait les paroles de la forme sans faire usage de la matière?

* Ainsi donc, pour qu'il y ait sacrement, quand faut-il employer la matière?

Quand faut-il prononcer les paroles? — Mais cela suffit-il? — *Voyons :*

4° Quelqu'un, par exemple, verse de l'eau sur la tête d'un enfant qui n'est point baptisé, et dit en même temps : Je te baptise..... Mais il fait et dit tout tout cela pour s'amuser, y a-t-il sacrement de Baptême?

Pourquoi non? — Quelle intention faut-il avoir pour administrer un sacrement?

5° * Ainsi, que faut-il pour qu'il y ait sacrement de Baptême, par exemple? (1°? — 2°? — 3°? — 4°?)

Qu'est-ce que la matière d'un sacrement? — Qu'est-ce que la forme? — Quand doivent-elles être employées? — Quelle intention faut-il avoir en administrant un sacrement?

ARTICLE III.

§ I. *Combien y a-t-il de sacrements?* — Il y a sept sacrements : le Baptême, la Confirmation, la Pénitence, l'Eucharistie, l'Extrême-Onction, l'Ordre et le Mariage.

Comment les sacrements nous sanctifient-ils? — Les sacrements nous sanctifient : les uns en nous faisant passer de la mort du péché à la vie de la grâce ; les autres, en augmentant la grâce sanctifiante que nous avions déjà reçue.

§ II. 1° Comptez-vous un grand nombre de sacrements?

Nommez les sept sacrements en commençant par l'Eucharistie?

2° Que font les sacrements? = Pourquoi les sacrements ont-ils été institués?

Les sacrements nous sanctifient-ils tous de la même manière?

Ainsi, combien connaissez-vous de sortes de sacrements? — Quelles sont ces deux sortes?

Que font les sacrements de la première sorte? — Et ceux de la seconde?

ARTICLE IV.

§ I. *Comment s'appellent les sacrements qui nous font passer de la mort du péché à la vie de la grâce?* — On les appelle sacrements des morts, parce qu'en remettant les péchés il font sortir l'âme de la mort spirituelle.

Quels sont ces sacrements? — Ces sacrements sont : le Baptême et la Pénitence.

§ II. 1° Il y a des sacrements appelés sacrements des morts; 2° ces sacrements sont : le Baptême et la Pénitence.

§ III. 1° La mort spirituelle ou la mort de l'âme est le péché, et une âme est morte, si son péché originel n'est point effacé, ou si elle est coupable seulement d'un seul péché mortel. La vie de l'âme, au contraire, est la grâce sanctifiante. Les sacrements, plus particulièrement destinés à remettre les péchés, s'appellent sacrements des morts. — 2° Ces sacrements sont : le Baptême et la Pénitence. Ces sacrements font passer nos âmes de la mort du péché à la vie de la grâce, ils font sortir l'âme de la mort spirituelle, c'est-à-dire, effacent les péchés et donnent la grâce sanctifiante. Le péché, en effet, est la mort de l'âme, et la grâce sanctifiante en est la vie.

§ IV. 1° - *a) Qu'appelez-vous mort de l'âme? = mort spirituelle? = mort du péché?
Quand une âme est-elle morte?
b) * Quelle est la vie de nos âmes? — Qu'est-ce que la grâce sanctifiante?
Quand une âme est-elle en vie?
2° Combien comptez-vous de sacrements des morts?
* Pourquoi appelez-vous ces sacrements sacrements des morts?
* Qu'est-ce à dire que les sacrements des morts nous font passer de la mort du péché à la vie de la grâce? = nous font sortir de la mort spirituelle?

ARTICLE V.

§ I. *Comment s'appellent les sacrements qui augmentent la grâce sanctifiante que nous avions déjà reçue?* — Ils s'appellent sacrements des vivants, parce qu'ils supposent que l'âme vit déjà de la vie de la grâce.

Quels sont ces sacrements? — Ces sacrements sont la Confirmation, l'Eucharistie, l'Extrême-Onction, l'Ordre et le Mariage.

§ II. 1° Il y a des sacrements des vivants; 2° ces sacrements sont au nombre de cinq.

§ III. 1° Lorsqu'on est en état de péché grave, on ne peut recevoir que les deux sacrements des morts. Par là même, lorsqu'on reçoit les cinq autres sacrements, il faut vivre de la vie de la grâce, ou être en état de grâce. Par là même, également, ces sacrements ne donnent pas la grâce sanctifiante, puisque l'âme la possède déjà. Ils l'augmentent = la rendent plus grande, nous rendent plus agréables à Dieu. — 2°.....

§ IV. 1° Il y a des sacrements qu'on ne peut donner qu'à ceux qui sont en état de grâce? — Comment les appelez-vous?

*Pourquoi appelez-vous sacrements des vivants les sacrements qu'on ne peut donner qu'aux personnes en état de grâce?

Qu'est-ce à dire que, pour recevoir ces sacrements, l'âme doit déjà vivre de la vie de la grâce?

2° Combien comptez-vous de sacrements des vivants? — Nommez-les.

*Pourquoi l'Extrême-Onction est-elle un sacrement des vivants? — Et l'Eucharistie? etc...

4° Peut-on recevoir le baptême sans être en état de grâce? — Pourquoi oui?

Qu'est-ce qu'un sacrement des morts?

Peut-on recevoir l'Eucharistie, ayant sur la conscience quelque péché mortel? — Pourquoi non? — Qu'est-ce qu'un sacrement des vivants?

2° Les sacrements des vivants donnent-ils la grâce sanctifiante? — Que font-ils donc en nos âmes?

Et les sacrements des morts donnent-ils la grâce sanctifiante?

3° Combien de sacrements peut-on recevoir en état de péché mortel? — Nommez ces deux sacrements?

Combien de sacrements exigent que nous soyons en état de grâce pour les recevoir? — Nommez ces cinq sacrements?

ARTICLE VI.

§ I. *Les sacrements produisent-ils la grâce dans tous ceux qui les reçoivent?* — Non, les sacrements ne produisent la grâce que dans ceux qui n'y mettent point d'obstacles par leurs mauvaises dispositions.

Est-ce un grand péché de recevoir un sacrement avec de mauvaises dispositions? — Oui, celui qui reçoit un sacrement avec de mauvaises dispositions commet un sacrilége.

§ II. Les sacrements produisent la grâce en nos âmes; 2° ils ne la produisent pas en ceux qui y mettent obstacle par leurs mauvaises dispositions.

§ III. 1° Les sacrements produisent la grâce en ceux qui les reçoivent. C'est la doctrine de l'Eglise, et nous devons croire ce point de la foi catholique, ou cesser d'être enfants de l'Eglise. — 2° Quoique les sacrements produisent la grâce, par eux-mêmes, en nos âmes, il faut, cependant, se préparer à les recevoir. Les dispositions qu'il faut apporter à cette réception sont particulières à chaque sacrement, et nous en parlerons en son lieu. Pour le moment, il nous suffit de savoir que celui qui mettrait obstacle à la grâce d'un sacrement, ou n'apporterait pas à sa réception les dispositions requises, celui-là n'en recevrait pas la grâce, et, de plus, commettrait un sacrilége.

§ IV. 1° Pourquoi Notre-Seigneur a-t-il institué les sacrements?

* Que produisent les sacrements en ceux qui les reçoivent? — Qu'est-ce que la grâce?

2° Mais les sacrements donnent-ils toujours la grâce?

= Peut-on recevoir un sacrement et ne pas en recevoir la grâce?

* Quand un chrétien, tout en recevant un sacrement, n'en reçoit-il point la grâce?

Qu'est-ce qui met obstacle à la grâce d'un sacrement? — Quel péché commet celui qui reçoit un sacrement en de mauvaises dispositions? — Qu'est-ce qu'un sacrilége?

ARTICLE VII.

§ I. *N'y a-t-il pas des sacrements qu'on ne peut recevoir qu'une fois?* — Oui, on ne peut recevoir qu'une fois le Baptême, la Confirmation et l'Ordre, parce que ces trois sacrements impriment dans l'âme un caractère ineffaçable.

§ II. 1° Il y a trois sacrements qu'on ne peut recevoir qu'une fois; 2° ces sacrements impriment dans l'âme un caractère ineffaçable.

§ III. 1° Celui qui a reçu le Baptême, la Confirmation et l'Ordre, ne peut les recevoir de nouveau; on ne peut recevoir ces sacrements qu'une fois. — 2° - *a*) Ces trois sacrements impriment dans l'âme un caractère, c'est-à-dire qu'ils font une marque, un signe qui reste dans l'âme de celui qui les reçoit. — *b*) Ce caractère est ineffaçable : il durera autant que l'âme, c'est-à-dire pendant l'éternité.

§ IV. 1° Avez-vous reçu le sacrement de Baptême? — Pouvez-vous le recevoir de nouveau?

Pourrez-vous recevoir plusieurs fois le sacrement de l'Eucharistie? — Et le sacrement de Confirmation? — Et le sacrement de Pénitence?.....

Quels sacrements peut-on recevoir plusieurs fois? — Quels sacrements ne peut-on recevoir qu'une fois?

* Pourquoi ne peut-on recevoir le Baptême qu'une fois? — Et la Confirmation? — Et l'Ordre?

2° - *a*) Les démons distinguent-ils bien les âmes des

chrétiens des âmes des infidèles? — Et reconnaît-on bien au ciel les âmes des prêtres? — A quelle marque?

Comment appelez-vous la marque que fait le Baptême en nos âmes? — Et la marque faite par la Confirmation?

* Qu'est-ce à dire que le Baptême, la Confirmation et l'Ordre, impriment un caractère?

b) Avant d'avoir reçu le sacrement de Baptême, aviez-vous en votre âme le caractère du sacrement de Baptême? — Et depuis quand l'avez-vous?

Et l'aurez-vous encore longtemps? — Pourquoi toujours?

Qu'est-ce à dire que le Baptême imprime dans l'âme un caractère ineffaçable? — Que la Confirmation imprime.....?

DEUXIÉME LEÇON.

Du Baptême.

ARTICLE Ier.

§ I. *Qu'est-ce que le Baptême?* — Le Baptême est un sacrement qui efface le péché originel, et nous fait chrétiens, enfants de Dieu et de l'Eglise.

Le Baptême n'efface-t-il que le péché originel? — Le Baptême efface aussi tous les péchés actuels qu'on aurait commis, et il en remet toute la peine.

§ II. Trois choses d'abord : 1° Le Baptême est un sacrement; 2° le Baptême efface absolument tout péché souillant l'âme au moment où on le reçoit; 3° le Baptême nous fait chrétiens. Plus tard nous allons expliquer les deux autres.

§ III. 1° Le Baptême est un sacrement. D'abord le Baptême est un signe : pour baptiser, on verse de l'eau sur la tête de la personne que l'on baptise et l'on prononce certaines paroles. Or, cette action et les paroles qu'on prononce indiquent que l'âme est lavée de ses souillures. De plus, ce signe est sensible : on peut voir couler l'eau, on peut entendre prononcer les paroles de la forme. — D'ailleurs, c'est Notre-Seigneur Jésus-Christ lui-même qui a institué ce sacrement pour nous rendre ses frères et nous conduire ainsi au ciel. — 2° Nous avons tous péché en Adam, notre premier père, nous l'avons vu : rappelez-vous le péché originel que nous a valu sa désobéissance. Or, le Baptême seul fait disparaître ce péché de nos âmes. Il n'y a même aucun autre moyen d'obtenir la rémission de ce péché. — Le Baptême efface encore tous les péchés actuels commis avant qu'on l'ait reçu, et il en remet toute la peine. Si une personne, elle-même, volontairement, avait offensé Dieu, commis quelque péché actuel avant de recevoir le sacrement de Baptême, elle ne serait pas obligée de s'en confesser pour en obtenir le pardon, le Baptême les effacerait ainsi que le péché originel. Et même, de plus, il remettrait toute la peine due à ces péchés. En sorte que, la personne baptisée ainsi, après avoir commis des péchés actuels, n'aurait pas à faire pénitence pour ses péchés effacés par le Baptême, et cependant elle ne devrait pas craindre les feux du purgatoire à cause de ces mêmes péchés. Le Baptême aurait enlevé toutes les souillures et payé toutes les dettes de son âme. — 3° Le Baptême nous fait chrétiens. Un homme qui a reçu le sacrement de Baptême est ou doit être le disciple de Jésus-Christ : il doit croire les vérités enseignées par ce bon Maître, pratiquer les commandements qu'il a prêchés; il peut se dire qu'il a Jésus-Christ pour frère.

§ IV. Qu'est-ce qu'un sacrement? — Combien y en a-t-il? — Quel est le premier?

1° - *a*) Que fait connaître l'eau qu'on verse sur la personne qu'on baptise? — Serait-ce que son âme est lavée, purifiée?

Lorsqu'on baptise une personne, peut-on voir quelque chose? — Que peut-on voir? — Que peut-on entendre?

Qui a institué le sacrement de Baptême? — Pourquoi faire Jésus-Christ l'a-t-il institué?

b) *Montrez que le Baptême est un signe, — un signe sensible.

* Pourquoi dites-vous que le Baptême est un sacrement? (1°? — 2°.....

2° - *a*) Quand vous êtes venu au monde, étiez-vous en état de grâce?

Comment appelez-vous ce péché que nous apportons en naissant? — Qu'est-ce que le péché originel? — D'où vient ce péché?

Avez-vous encore votre âme souillée par le péché originel? — Qu'est-ce qui l'a effacé?

* Quel sacrement nous purifie du péché originel? = Pourquoi n'êtes-vous plus souillé du péché originel?

b) Le Baptême a-t-il effacé en votre âme d'autres péchés que le péché originel?

Mais votre catéchisme dit que ce sacrement efface aussi les péchés actuels. De quelles personnes veut-il alors parler?

Vous avez reçu le Baptême étant tout petit enfant; mais il y a des personnes, par exemple, en Chine, qui reçoivent le Baptême à quinze, vingt, quarante ans. Ces personnes ont-elles encore à ces âges divers leurs âmes souillées par le péché originel? — Pourquoi leur péché originel n'est-il pas effacé?

De plus, ne peuvent-elles pas aussi avoir d'autres péchés sur la conscience? — Comment les appelle-t-on?

Ces péchés actuels, savez-vous ce qu'il nous faut faire à nous pour en obtenir le pardon?

Eh bien! croyez-vous que ces personnes, baptisées à l'âge de quarante ans, soient obligées de se confesser des péchés qu'elles ont commis avant de recevoir le Baptême? — Pourquoi non?

★ Quel sacrement purifie l'âme des péchés actuels commis avant le Baptême?

c) Le sacrement de Baptême efface-t-il simplement les péchés actuels commis avant de le recevoir? = Ces personnes baptisées ainsi, étant avancées en âge, doivent-elles faire pénitence, doivent-elles craindre le purgatoire à cause des péchés pardonnés par le Baptême? — Pourquoi non?

★ Qu'est-ce à dire que le Baptême remet toute la peine temporelle due aux péchés qu'il efface?

Qu'entendez-vous en disant que le Baptême efface tous les péchés actuels?... qu'il en remet toute la peine?

3º Qu'est-ce qu'un chrétien?

Etes-vous chrétien? — Depuis quand?

Quel sacrement nous fait chrétiens?

Un homme n'a pas reçu le sacrement de Baptême, est-il chrétien? — Pourquoi non?

ARTICLE II.

§ 1. *Comment le Baptême nous fait-il enfants de Dieu?* — Le Baptême nous fait enfants de Dieu, parce que Dieu, par ce sacrement, nous adopte pour ses enfants et nous donne droit à son héritage.

Comment le Baptême nous fait-il enfants de l'Eglise? — En nous donnant droit aux autres sacrements et à tous les biens spirituels de l'Eglise.

§ II. 1° Le Baptême nous fait enfants de Dieu ; 2° il nous fait enfants de l'Eglise.

§ III. 1° Le Baptême nous fait enfants de Dieu. Avant de recevoir ce sacrement, nous appartenions au démon. Le péché et toutes les misères qui s'en suivent sur la terre, et l'enfer après la mort, tel devait être notre héritage. Mais, lorsque nous recevons le saint Baptême, Dieu nous enlève à la puissance du démon et nous adopte pour ses enfants. Des grâces plus nombreuses et le ciel après notre existence sur la terre doivent être notre partage. — 2° Le Baptême nous fait enfants de l'Eglise. Après avoir reçu le saint Baptême, nous faisons partie, nous sommes membres de l'Eglise. Tous ceux qui croient en Jésus-Christ sont nos frères, et l'Eglise est notre mère. De plus, les biens de l'Eglise deviennent les nôtres ; tout ce trésor spirituel dont nous avons parlé en expliquant la communion des saints, les sacrements dont nous allons successivement nous entretenir, deviennent par le Baptême notre propriété, et, si nous n'avions reçu ce premier sacrement, nous ne pourrions en recevoir aucun, de même que les biens spirituels de l'Eglise ne nous profiteraient point.

§ IV. 1° Etiez-vous enfant de Dieu en venant au monde ? — Sous la puissance de qui étiez-vous ? — Quel sacrement vous fit changer de maître ?

* Qu'est-ce qu'adopter un enfant ?

Que comprenez-vous en disant que Dieu, par le Baptême, vous adopta pour son enfant ?

Quel avantage devez-vous retirer de l'adoption que Dieu a faite de votre personne?

* Quel est l'héritage que Dieu promet à ceux qu'il adopte pour ses enfants?

2° - *a*) Si vous n'aviez pas été baptisé, pourriez-vous faire votre première communion? — pourriez-vous être confirmé?

* Quel sacrement peut on recevoir sans avoir été baptisé?

* A quels sacrements le Baptême donne-t-il des droits?

b) Qu'appelez-vous biens spirituels de l'Eglise?

Depuis quand Dieu nous accorde-t-il plus particulièrement des grâces à cause des mérites de Jésus-Christ? — à cause des bonnes œuvres des fidèles?...

c) * Qu'entendez-vous en disant que le Baptême nous donne droit aux autres sacrements? — nous donne droit à tous les biens spirituels de l'Eglise?

3° * D'après ce que nous avons expliqué du sacrement de Baptême, dites-nous les avantages que vous a procurés ce sacrement. — Les avantages qu'il procure aux personnes qui le reçoivent après avoir commis quelques péchés actuels.

* Quels sont les effets du Baptême, y compris celui dont nous avons parlé à la fin de la leçon précédente?

ARTICLE III.

§ I. *Le Baptême est-il absolument nécessaire au salut?* — Oui, le Baptême est absolument nécessaire au salut.

Le Baptême peut-il être suppléé? — Oui, le Baptême peut être suppléé par le martyre, ce qu'on appelle le Baptême de sang; ou par un parfait amour de Dieu, accompagné du désir d'être baptisé, ce qu'on appelle le Baptême de désir.

§ II. Le Baptême est nécessaire au salut; 2° le Baptême peut être suppléé.

§ III. 1° Le Baptême est nécessaire au salut : nul ne peut entrer au ciel, s'il n'a reçu ce sacrement : « Je vous dis en vérité que si un homme ne renaît de l'eau et de l'Esprit-Saint, il ne peut entrer dans le royaume de Dieu, » a dit Notre-Seigneur dans l'Evangile. — 2° Il y a plusieurs sortes de Baptême. Celui dont nous avons parlé jusqu'ici s'appelle le *Baptême d'eau*. Lui seul est sacrement. Il est absolument nécessaire, si on peut le recevoir, mais si c'est impossible, il peut être suppléé ou remplacé. Ainsi le martyre, ou la mort endurée pour Jésus-Christ ou à cause de Jésus-Christ, conduit au ciel. Il en est de même du désir d'être baptisé, joint au parfait amour de Dieu, chez une personne qui va mourir, si personne ne peut lui donner le Baptême d'eau.

§ IV. 1° Si vous n'aviez pas reçu le sacrement de Baptême, pourriez-vous aller au ciel après votre mort ?

*Qu'est-ce à dire que le Baptême est absolument nécessaire au salut? — Le prouveriez-vous bien par des paroles de Notre-Seigneur?

2° - *a*) Une personne est mise à mort parce qu'elle croit en Jésus-Christ, où va son âme? — Une autre est pareillement mise à mort, mais en haine de Jésus-Christ, à cause de Jésus-Christ, comme les saints Innocents, son âme va-t-elle aussi au ciel?

Mais, si ces personnes n'ont pas été baptisées, est-ce que leurs âmes peuvent être admises au ciel? — En subissant ainsi la mort, quel baptême ont-elles reçu?

* Qu'appelez-vous Baptême de sang? — Qu'est-ce que le martyre?

b) Voici une autre personne non baptisée, elle est sur le point de mourir; personne n'est auprès d'elle pour la baptiser. Elle aime Dieu parfaitement, elle a grandement la volonté de recevoir le saint Baptême. Elle meurt cependant sans avoir été baptisée. Où va son âme? — Au ciel! mais elle n'a pas reçu le sacrement de Baptême. Elle n'a pas subi le martyre. Quel Baptême donc lui ouvre le ciel?

* Qu'appelez-vous Baptême de désir?

c) Qu'est-ce qui peut remplacer le sacrement de Baptême? (1°? — 2°?)

En quoi consiste chacun de ces Baptêmes?

ARTICLE IV.

§ I. *Qui peut donner le Baptême?* — L'évêque et le curé, ou un prêtre désigné par eux, peuvent seuls, hors le cas de nécessité, donner le Baptême; mais, dans le cas de nécessité, toute personne peut et doit baptiser.

§ II. 1° Avez-vous jamais assisté à un Baptême? — Qui est-ce qui baptisait?

* Qui doit ordinairement administrer le sacrement de Baptême? = Quel est le ministre ordinaire du sacrement de Baptême?

2° Mais, en Chine, par exemple, une personne non baptisée est en danger de mort, ou sur le point de mourir. Il n'y a point de prêtre présent, est-ce qu'une autre personne ne pourrait point la baptiser? — Le pourriez-vous, vous-même? — Un infidèle le pourrait-il?

Qu'appelez-vous ici cas de nécessité?

* Quel est le ministre du Baptême, dans le cas de nécessité?

ARTICLE V.

§ I. *Comment donne-t-on le Baptême?* — On donne le Baptême, en versant de l'eau naturelle sur la tête de la personne que l'on baptise, et en prononçant en même temps ces paroles : « Je te baptise, au nom du Père, et du Fils, et du Saint-Esprit. Ainsi-soit-il. »

Est-il nécessaire que ce soit la même personne qui verse l'eau et qui prononce les paroles? — Oui, cela est absolument nécessaire.

Faut-il que l'eau touche la peau, et que toutes les paroles soient bien prononcées? — Oui, pour être sûr que le Baptême est valide, il faut faire parvenir l'eau jusqu'à la peau et bien prononcer toutes les paroles.

§ II. 1° - *a*) Si vous vous trouviez dans une circonstance comme celle dont nous venons de parler, comment vous y prendriez-vous pour baptiser cette personne en danger de mort? — D'abord que feriez-vous?

Vous verseriez quoi sur la tête?... du vin, du cidre, de la liqueur? — De l'eau! de l'eau-de-vie? — de l'eau de Cologne? — de l'eau de rose?

De l'eau naturelle! C'est cela même; par exemple, de l'eau de puits, de l'eau de fontaine, de rivière, n'est-ce pas, ou ce qu'on nomme simplement de l'eau?

b) Et sur quelle partie du corps de cette personne verseriez-vous cette eau?

Sur la tête! sur les cheveux peut-être?

Sur la peau de la tête! oui, ou au moins sur la peau d'une partie quelconque du corps.

c) Et que diriez-vous en versant l'eau?

Et, si vous disiez simplement : *Je te baptise au nom du Père,* ou bien : *Je te baptise au nom du père et du Saint-Esprit,* y aurait-il Baptême?

Et si vous versiez l'eau sans rien dire?

Et si vous disiez : *Je te baptise...* sans verser l'eau?

Ainsi, quand vous faudrait-il verser l'eau? serait-ce avant de dire : *Je te baptise...?* ou après... ou pendant?

Et, quand vous faudrait-il dire : *Je te baptise...* serait-ce après que vous auriez versé l'eau?

d) Ne pourriez-vous pas prononcer les paroles et dire à votre sœur de verser l'eau?

2° *Reprenons :* * Comment faut-il baptiser pour qu'il y ait sacrement de Baptême? = pour que le Baptême puisse rendre une âme pure devant Dieu? = pour que le Baptême soit valide?

* Que faut-il verser sur la personne qu'on veut baptiser?

De quelle eau faut-il se servir?

* Où faut-il verser cette eau naturelle?

* Que faut-il dire en versant l'eau? = Quelle est la forme du sacrement de Baptême?

* A quel moment faut-il dire : *Je te baptise...?*

Combien de personnes peuvent s'entr'aider pour baptiser?

3° *Reprenons encore.* * Si on baptisait avec du vin y aurait-il Baptême? — Pourquoi non? — et avec...

Si on versait l'eau sur les habits? — Pourquoi non?

Si..... si..... Pourquoi non? — Pourquoi oui?

ARTICLE VI.

§ I. *A quoi s'engage celui qui reçoit le sacrement de Baptême?* — Celui qui reçoit le sacrement de Baptême s'engage : 1° à croire en Jésus-Christ; 2° à pratiquer sa loi; 3° à renoncer au démon, à ses pompes et à ses œuvres.

Qu'entendez-vous par les pompes du démon? — Par

les pompes du démon, j'entends les maximes et les vanités du monde, et les plaisirs dangereux.

Qu'entendez-vous par les œuvres du démon? — Par les œuvres du démon, j'entends toute espèce de péchés.

§ II. 1° Croire en Jésus-Christ; 2° pratiquer sa loi; 3° renoncer au démon, à ses pompes et à ses œuvres : tels sont les engagements de celui qui reçoit le Baptême.

§ III. D'enfant de perdition, de sujet du démon, le Baptême fait l'homme frère de Jésus-Christ, enfant de Dieu. C'est un bienfait d'une valeur inappréciable, et même celui qui le reçoit n'est plus libre de retourner dans l'état qu'il a quitté. Il s'oblige, en effet, à s'attacher à Jésus-Christ et à fuir le péché. 1° Il promet de croire en Jésus-Christ. Or, croire en Jésus-Christ, c'est tenir pour certaine la doctrine chrétienne ou les vérités que Jésus-Christ a fait connaître au monde. — 2° Il promet de pratiquer la loi de Jésus-Christ. Or, pratiquer cette loi c'est ne point pécher, c'est observer fidèlement les commandements de Dieu et de l'Eglise. — 3° Il renonce au démon, et qui renonce au démon, renonce au monde, à ses maximes, à ses vanités..... autant de choses qu'il nous faut expliquer. D'abord renoncer au démon, c'est se déterminer à ne plus lui obéir, à ne plus l'écouter, c'est prendre le parti de le quitter à jamais. — Le monde, dont il est ici question, est l'ensemble des hommes opposés à Jésus-Christ, opposés aux préceptes et aux conseils de l'Evangile. — Les maximes du monde sont certaines règles de conduite opposées aux maximes de Jésus-Christ. Ainsi le monde dira, par exemple : Vengez-vous de votre ennemi. — Il faut que jeunesse se passe, sous entendu en offensant Dieu. Maximes qui sont opposées à la doctrine de Jésus-Christ. — Les vanités du monde sont les choses auxquelles le monde tient beaucoup et qui ne sont rien devant Dieu, par exemple, les beaux habits, les honneurs. Les plaisirs dangereux sont les amusements où l'on est exposé à offenser Dieu, par exemple, les bals, les danses. — Ainsi, qui renonce au démon renonce au péché, quel qu'il soit, parce que le péché est l'œuvre du démon. On dit que le péché est l'œuvre du démon parce que cet ange déchu a été le premier et le plus grand pécheur, parce qu'il a fait pécher nos premiers parents et que souvent il nous porte nous-mêmes au péché.

§ IV. Celui qui reçoit le sacrement de Baptême s'attache-t-il à quelqu'un? — A qui?

Que promet celui qui va recevoir le saint Baptême?

1° Qui est Jésus-Christ? — Où sont renfermées les principales vérités que Jésus-Christ à enseignées? — Qu'est-ce que le symbole des apôtres?

★ Qu'est-ce que croire en Jésus-Christ?

2° Celui qui a été baptisé est-il libre de se conduire comme bon lui semble. — Qu'est-ce qui doit régler sa conduite? — Qu'appelez-vous loi de Jésus-Christ? — L'avons-nous étudiée? — Quand?

★ Qu'est-ce que pratiquer la loi de Jésus-Christ?

3° - *a*) De qui se sépare celui qui va recevoir le saint Baptême? — Qu'est-ce que le démon?

★ Qu'est-ce que renoncer au démon?

b) Celui qui renonce au démon, à quoi renonce-t-il en même temps?

★ Qu'est-ce que le monde dont il est ici question?

Faites connaître des maximes du monde. — Des vanités du monde, — des plaisirs dangereux.

* Qu'appelez-vous maximes du monde? — vanités du monde? — plaisirs dangereux?

c) Qu'est-ce que le péché?

* Pourquoi appelez-vous le péché œuvre du démon?

d) A quoi renonce celui qu'on baptise? (1°? — 2°?...)

ARTICLE VII.

§ I. *Pourquoi donne-t-on un parrain et une marraine à la personne que l'on baptise?* — On donne un parrain et une marraine à la personne que l'on baptise, pour qu'ils prennent, en son nom, les engagements du Baptême, et pour qu'ils veillent, s'il est nécessaire, à ce qu'elle les accomplisse.

§ II. 1° Qui vous a présenté pour recevoir le saint Baptême? — Votre parrain et vorre marraine, n'est-ce pas? Ce sont eux aussi qui vous ont donné vos noms. *Dès lors :*

* Qu'est-ce qu'un parrain? — et une marraine?

Depuis quand avez-vous un parrain et une marraine?

2° - a) A quoi s'engage celui qui reçoit le sacrement de Baptême?

Mais, lorsque vous avez été baptisé, est-ce que vous avez promis 1° de croire en Jésus-Christ, 2°... 3°...

Mais est-ce que vous avez pris vous-même ces engagements ?

Et qui donc les a pris pour vous?

* Quels engagements votre parrain et votre marraine ont-ils pris en votre nom? == Que devez-vous faire pour remplir les engagements pris par vos parrains et marraine? (1°? — 2°? — 3°?)

b) Et si vous ne remplissiez point ces engagements, que devraient faire vos parrain et marraine ?

c) Quel premier motif fait donner un parrain et une marraine à celui qu'on baptise? — Quel est le second?

TROISIÈME LEÇON.

De la Confirmation.

ARTICLE Ier.

§ I. *Qu'est-ce que la Confirmation?* — La Confirmation est un sacrement qui nous donne le Saint-Esprit avec tous ses dons, et qui nous rend parfaits chrétiens.

§ II. 1° La Confirmation est un sacrement; 2° la Confirmation nous donne le Saint-Esprit; 3° la Confirmation nous donne les dons du Saint-Esprit; 4° la Confirmation nous rend parfaits chrétiens.

§ III. 1° La Confirmation est un sacrement; elle est un signe, un signe sensible institué par Notre-Seigneur Jésus-Christ; un signe institué pour produire en nos âmes les diverses grâces énumérées par notre catéchisme : Esprit-Saint, dons de l'Esprit-Saint, caractère de parfait chrétien. — 2° La Confirmation nous donne le Saint-Esprit : lorsque nous recevons ce sacrement la troisième personne de la sainte Trinité descend en nous, et vient prendre possession de nos âmes. — 3° La Confirmation nous donne les dons du Saint-Esprit. Or, on appelle de ce nom diverses sortes de grâces habituelles qui disposent l'âme d'une certaine manière et la portent à faire certaines actions agréables à Dieu. — Ces dons sont au nombre de sept. — 4° La Confirmation nous rend parfaits chrétiens. — Or, on appelle parfait chrétien celui qui a le courage d'être et de se montrer toujours disciple de Jésus-Christ. C'est la Confirmation qui nous donne ce courage, et qui imprime en nos âmes le caractère de parfait chrétien.

§ IV. 1° - *a*) Qu'est-ce qu'un sacrement? — Combien y a-t-il de sacrements?

De quel sacrement parlons-nous dans cette leçon?

b) Qu'est-ce à dire que la Confirmation est un signe? — un signe sensible?

Qui a institué la Confirmation?

* D'après votre catéchisme, pourquoi Jésus-Christ a-t-il institué le sacrement de Confirmation? = Que produit en nous la Confirmation?

2° Quelle est la troisième personne de la Sainte-Trinité?

Pouvons-nous recevoir le Saint-Esprit?

Quel sacrement nous donne le Saint-Esprit?

3° Avec le Saint-Esprit que nous donne la Confirmation?

* Qu'appelez-vous dons du Saint-Esprit?

* Combien y a-t-il de dons du Saint-Esprit?

4° - *a*) Qu'est-ce qu'un chrétien? — Etes-vous chrétien? — Pourquoi oui? — Quel sacrement nous donne le caractère de chrétien?

b) Comment appelez-vous l'homme qui est et se montre toujours disciple de Jésus-Christ?

* Qu'appelle-t-on parfait chrétien?

* Qu'est-ce à dire que la Confirmation nous rend parfaits chrétiens?

ARTICLE II.

§ I. *Quels sont les dons du Saint-Esprit?* — Il y en a sept, savoir: les dons de sagesse, d'intelligence, de conseil, de force, de science, de piété et de crainte de Dieu.

§ II. Disons un mot seulement sur chacun des dons du Saint-Esprit.

§ III. 1° Le don de *sagesse* nous fait prendre les

moyens pour servir Dieu fidèlement et nous sauver. — 2° Le don *d'intelligence* nous fait comprendre les vérités de la religion. — 3° Le don de *conseil* nous éclaire pour distinguer ce que nous devons faire préférablement. — 4° Le don de *force* nous donne du courage pour accomplir tous nos devoirs. — 5° Le don de *science* nous fait connaître ce que nous devons savoir. — 6° Le don de *piété* nous fait aimer et faire avec bonheur les choses de Dieu et du salut de nos âmes. — 7° Le don de *crainte de Dieu* nous fait appréhender d'offenser ce bon Maître.

§ IV. 1° - 7° Que reçoit, avec le Saint-Esprit, celui qui est confirmé?

Qu'appelez-vous dons du Saint-Esprit?

Quel don du Saint-Esprit nous fait craindre d'offenser Dieu? — nous donne du courage dans le service de Dieu? — nous fait entendre les vérités de la foi?.....

*Qu'appelez-vous don de piété? — don de crainte de Dieu? — don d'intelligence? — don de force? — don de sagesse? — don de conseil? — don de science?

ARTICLE III.

§ I. *Pourquoi dites-vous que la Confirmation nous rend parfaits chrétiens?* — La Confirmation nous rend parfaits chrétiens, parce que, en augmentant en nous la grâce du Baptême, elle nous donne la force de pratiquer la religion de Jésus-Christ et de confesser la foi, malgré les railleries et les persécutions du monde, et même au péril de notre vie.

§ II. 1° La Confirmation nous donne la force de pratiquer la religion; 2° elle nous donne la force de confesser notre foi en toute circonstance.

§ III. 1° Le Baptême nous fait chrétiens, mais c'est la Confirmation qui achève de nous rendre véritablement disciples de Jésus-Christ. Elle nous donne un surcroît de grâces et, avec ces dons surabondants, nous pouvons facilement pratiquer tous les devoirs du chrétien; observer les commandements de Dieu et de l'Eglise; ne point tomber dans le péché. — 2° La Confirmation nous donne la force de confesser notre foi en toute circonstance : par la grâce de la Confirmation nous pouvons partout et toujours montrer que nous croyons en Jésus-Christ. Parfois, il est vrai, il faut du courage pour se conduire en vrai chrétien, car les mondains tournent les fidèles en dérision, souvent ils les accablent d'injures et de mauvais traitements, quelquefois même, ceux qui gouvernent les peuples les menacent de mort et poussent l'impiété et la cruauté jusqu'à leur faire souffrir le martyre : railleries, persécutions, mort douloureuse, tout peut attendre le chrétien digne de ce nom ; mais par la grâce de la Confirmation tout est inutile, le triomphe final reste toujours au vrai disciple de Jésus-Christ.

§ IV. 1° - *a*) Qu'est-ce qu'un parfait chrétien?
Quand peut-on dire qu'un homme est parfait chrétien?

b) Que fait en nous la Confirmation pour nous rendre parfaits chrétiens?

★ Qu'est-ce à dire que la Confirmation augmente la grâce en nous?

A quoi cette augmentation de grâce porte-t-elle le chrétien confirmé?

c) Qu'est-ce que pratiquer la religion de Jésus-Christ?

2° Le parfait chrétien mangerait-il de la viande le vendredi, parce qu'on se moquerait de lui s'il n'en mangeait pas? — Consentirait-il à offenser Dieu parce qu'on le frapperait, parce qu'on le menacerait de mort?

* Comment se comporte le vrai chrétien, en face des railleries? — En face des persécutions? — En face de la mort?

* Qu'est-ce que confesser la foi de Jésus-Christ?

ARTICLE IV.

§ I. *Est-il nécessaire de recevoir ce sacrement pour être sauvé?* — Il n'est pas absolument nécessaire de recevoir ce sacrement pour être sauvé, mais celui qui, par mépris, manquerait à le recevoir pécherait grièvement et exposerait son salut.

§ II. 1° Si un homme venait à mourir sans avoir été confirmé, son âme pourrait-elle être admise au ciel? = La Confirmation est-elle un sacrement nécessaire au salut? — Et le Baptême?

2° - *a*) La Confirmation n'est pas absolument nécessaire au salut; mais, pourtant, une personne qui ne voudrait pas le recevoir, parce que, dirait-elle, ce sacrement n'en vaut point la peine, cette personne commettrait-elle un péché?
Quel péché commettrait celui qui, par mépris, ne se ferait pas confirmer? — Et son salut, qu'en diriez-vous?

b) Que pensez-vous de celui qui, par mépris, ne reçoit pas la Confirmation? (1°? — 2°?)

ARTICLE V.

§ I. *Quel est le ministre du sacrement de Confirmation?* — C'est l'Évêque.

§ II. 1° Qui vous confirmera = vous donnera le sacrement de Confirmation? — Moi peut-être? —

Monsieur le curé? — Un simple prêtre? — Qui donc? — Qu'est-ce qu'un évêque?

2° Qui appelez-vous ministre d'un sacrement?

* Pourquoi dites-vous que l'Evêque est le ministre du sacrement de Confirmation?

ARTICLE VI.

§ I. *Que fait l'évêque en donnant la Confirmation?* — 1° Il impose les mains sur ceux qu'il confirme, en invoquant le Saint-Esprit, afin qu'il descende sur eux; 2° il fait sur leur front, avec le Saint-Chrême, une onction en forme de croix; 3° il les touche sur la joue, comme s'il leur donnait un léger soufflet.

§ II. 1° Imposition des mains et invocation du Saint-Esprit; 2° onction faite avec le Saint-Chrême; 3° léger soufflet donné sur la joue : telles sont les cérémonies de la Confirmation.

§ III. Voici comment l'évêque donne le sacrement de Confirmation. 1° Il impose, il étend les mains sur les confirmands ou ceux qui doivent être confirmés; en même temps, il invoque le Saint-Esprit, il prie le Saint-Esprit de descendre et d'habiter en eux. — 2° Ensuite il fait une onction sur leur front avec le Saint-Chrême : ayant le pouce imbibé du saint mélange dont nous allons bientôt parler, il en frotte le front de ceux qui veulent être confirmés. — 3° Puis, il les frappe légèrement à la joue. — C'est plus particulièrement par toutes ces actions que la Confirmation est un signe. Nous allons voir ce que chacune d'elles signifie.

§ IV. 1° - *a)* Que fait d'abord l'évêque pour donner la Confirmation? — Etendez les mains comme fera l'évêque pour vous confirmer?

b) Que fait l'evêque en imposant les mains pour la Confirmation?

* Qu'est-ce qu'invoquer l'Esprit-Saint? — Et que demande l'évêque au Saint-Esprit?

2° Après avoir prié le Saint-Esprit de descendre sur ceux qu'il confirme, que fait l'évêque? — Qu'est-ce que le Saint-Chrême?

* Qu'est-ce que faire une onction avec le Saint-Chrême?

Où l'évêque fait-il l'onction pour la Confirmation? — Avec quoi l'évêque fait-il cette onction?

De quelle manière, = en quelle forme l'évêque fait-il cette onction?

3° Après avoir fait l'onction sur le front, que fait l'évêque?

Où frappe-t-il ainsi légèrement ceux qu'il confirme?

<h3 align="center">ARTICLE VII.</h3>

§ I. *Que faut-il faire pendant l'imposition des mains?* — Il faut se tenir dans un grand recueillement et exciter dans son cœur un vif désir de recevoir les dons du Saint-Esprit.

§ II. Pendant l'imposition des mains il faut 1° se tenir dans un grand recueillement; 2° il faut exciter en son cœur un vif désir de recevoir le Saint-Esprit.

§ III. Lorsque l'évêque étend les mains sur les confirmands, ceux-ci doivent 1° se tenir dans un grand recueillement : penser attentivement à Dieu, faire des actes de foi au sacrement de Confirmation, dire au Saint-Esprit qu'ils l'aiment et qu'avec la grâce de la Confirmation ils espèrent bien le servir en bons chrétiens, le reste de leur vie. — 2° Pendant l'imposition des mains, les confirmands doivent exciter dans leur cœur un vif désir de recevoir les dons du Saint-Esprit : ils doivent prier avec ardeur, demander le Saint-Esprit, l'inviter de descendre en eux et s'unir ainsi aux prières de l'évêque.

§ IV. 1° Le jour de votre confirmation, lorsque Monseigneur fera l'imposition des mains, tournerez-vous la tête de côté et d'autre? — Penserez-vous à vos jeux?—Comment occuperez-vous votre esprit? *Qu'est-ce à dire que vous vous tiendrez dans un grand recueillement?

2° Que ferez-vous encore?

*Que direz-vous au Saint-Esprit en excitant dans votre cœur un vif désir de le recevoir?

ARTICLE VIII.

§ I. *Qu'est-ce que le Saint-Chrême?* — Le Saint-Chrême est de l'huile d'olive, mêlée avec du baume, et consacrée par l'évêque le Jeudi-Saint.

§ II. Un mot seulement d'explication sur le Saint-Chrême.

§ III. Le Saint-Chrême se fait avec de l'huile d'olive, c'est-à-dire, avec de l'huile extraite du fruit d'un arbre qu'on appelle olivier. Cette huile doit être mélangée avec une matière d'une très-agréable odeur, appelée baume. Et le mélange, pour être du Saint-Chrême, doit recevoir de l'évêque une consécration spéciale.

§ IV. Avec quoi l'évêque fait-il l'onction sur le front dans la Confirmation? — Et qu'appelez-vous Saint-Chrême?

1° Est-ce de l'huile quelconque qui sert à faire le Saint-Chrême? — Quel fruit donne l'huile d'olive?

2° L'huile d'olive compose-t-elle seule le Saint-Chrême? — Que faut-il avec elle?

3° Ainsi, quelles choses mélangées ensemble font le Saint-Chrême?

Et que faut-il pour que l'huile d'olive et le baume mélangés soient du Saint-Chrême?

Qui est-ce qui bénit, = consacre, le Saint-Chrême?

Quel jour l'évêque fait-il cette consécration?

ARTICLE IX.

§ I. *Que signifie l'huile dans la Confirmation?* — Dans la Confirmation, l'huile signifie l'abondance, la douceur et la force de la grâce que le Saint-Esprit répand dans l'âme.

Que signifie le baume? — Le baume signifie la bonne odeur des vertus dont un chrétien confirmé doit donner partout l'exemple.

§ II. Parlons des significations dans la Confirmation : 1° de l'huile; 2° du baume.

§ III. 1° L'huile, de sa nature, a plusieurs propriétés. D'abord elle se répand et coule facilement, et par là, elle nous indique l'abondance de la grâce répandue par le Saint-Esprit sur les confirmés. — L'huile est très-douce au toucher, elle adoucit et rend moelleux les objets, et, par cette propriété, elle signifie que la grâce est douce à l'âme et qu'avec elle il est doux de servir Dieu. — Enfin l'huile fortifie. Pareillement la grâce de la Confirmation soutient dans la pratique du devoir. — 2° Le baume laisse échapper une odeur très-agréable, de même, le chrétien confirmé doit faire le bien, être une odeur de vertu aux autres hommes et les porter à Dieu par ses actions.

§ IV. 1° - *a*) L'huile a-t-elle plusieurs propriétés? — Nommez-les.

Combien de choses signifie l'huile dans la Confirmation? — Quelles sont ces trois choses? (1°? — 2°? — 3°?)

b) * Quel rapport y a-t-il entre l'huile et l'abondance de la grâce? — Entre l'huile et la douceur de la grâce? — Entre l'huile et la force de la grâce?

2° Connaissez-vous quelque propriété du baume?

* Quel rapport y a-t-il entre le baume et le bon exemple?

ARTICLE X.

§ I. *Pourquoi l'évêque fait-il l'onction sur le front en forme de croix?* — Pour montrer qu'un chrétien confirmé ne doit jamais rougir de la croix de Jésus-Christ?

Pourquoi l'évêque donne-t-il un léger soufflet à celui qu'il confirme? — Pour lui apprendre qu'il doit être prêt à souffrir toute sorte d'affronts pour le nom de Jésus-Christ.

§ II. 1° Un chrétien doit-il avoir honte d'adorer Jésus-Christ? — de servir un maître qui a été mis à mort sur une croix? — Doit-il avoir honte de paraître chrétien?

* Que fait l'évêque en donnant la Confirmation pour indiquer que le chrétien confirmé ne doit point rougir de paraître chrétien? = Que fait l'évêque pour montrer que les chrétiens confirmés ne doivent point pécher par respect humain?

* Dans la Confirmation qu'indique l'onction faite sur le front en forme de croix?

2° On appelle affront ce qui fait peine, ce qu'on a naturellement honte d'avoir à subir. Ainsi, par exemple, un soufflet est un affront..... Eh bien! si on faisait quelqu'affront à un chrétien confirmé, si on le traitait de fou, si on le frappait au visage, et cela parce qu'il est chrétien, devrait-il se venger?

* Quelle cérémonie de la Confirmation prouve que le chrétien confirmé doit-être prêt à souffrir des affronts pour le nom de Jésus-Christ ?

* Que signifie le léger soufflet donné par l'évêque dans la Confirmation ?

ARTICLE XI.

§ I. *Pour recevoir le sacrement de Confirmation, faut-il être présent lorsque l'évêque fait l'imposition des mains ?* — Oui, sans cela on s'exposerait à ne pas recevoir le Sacrement.

Doit-on aussi être présent lorsque l'évêque fait les dernières prières ? — Oui, on doit être présent et ne se retirer qu'après avoir reçu sa bénédiction ?

§ II. 1° Celui qui, voulant être confirmé, se présenterait seulement pour recevoir l'onction faite avec le saint-Chrême, recevrait-il certainement le sacrement de Confirmation ? — Pourquoi non ?

* A quelle cérémonie doit d'abord assister celui qui veut être confirmé ?

2° Après avoir fait l'onction sur le front et touché légèrement la joue de ceux qu'il confirme, l'évêque fait encore quelques prières ; faut-il encore assister à ces prières ?

* Quand donc celui qui a été confirmé peut-il s'en aller ?

ARTICLE XII.

§ I. *Quelles sont les dispositions nécessaires pour recevoir dignement le Sacrement de Confirmation ?* — Il faut : 1° être baptisé ; 2° connaître les principaux mystères de la Religion et ce qui concerne le sacrement de Confirmation ; 3° être en état de grâce.

§ II. 1° De tous les sacrements lequel faut-il recevoir

le premier? == Quel sacrement nous donne le droit de recevoir les autres?

* Pourquoi faut-il avoir été baptisé pour recevoir la Confirmation?

2° D'après votre catéchisme, un enfant de deux ans pourrait-il recevoir le sacrement de Confirmation? — Pourquoi pas? Il a été baptisé, d'ailleurs il est en état de grâce.

Et que faut-il connaître de la religion? — Dites quelque chose, par exemple, du mystère de la Sainte-Trinité.

3° Quelle est la troisième disposition nécessaire pour recevoir dignement la Confirmation?

Quand une personne est-elle en état de grâce?

* Pourquoi faut-il être en état de grâce pour recevoir dignement la Confirmation? — Qu'est-ce qu'un sacrement des vivants?

Quel péché commettrait ce'ui qui recevrait la Confirmation ayant sur la conscience quelque faute mortelle?

QUATRIÈME LEÇON.

De la Pénitence.

ARTICLE Iᵉʳ.

§ I. *Qu'est-ce que la Pénitence?* — La Pénitence est un sacrement institué par Notre-Seigneur Jésus-Christ pour remettre les péchés commis après le Baptême.

§ II. Faisons seulement connaître le but que Notre-Seigneur s'est proposé en instituant le sacrement de Pénitence.

§ III. Le Baptême efface tous les péchés dont l'âme est souillée au moment de la réception de ce sacrement; mais il ne rend pas impeccable, incapable de pécher. Et si nous venons à offenser Dieu, après avoir été baptisé, il faut nécessairement recevoir le sacrement de Pénitence. Notre-Seigneur a institué ce sacrement uniquement pour remettre les fautes dont le chrétien se rend coupable.

§ IV. 1° Qu'est-ce qu'un sacrement?
Combien connaissez-vous de sortes de sacrements?
— Qu'est-ce qu'un sacrement des morts? — un sacrement des vivants?
Quels sont les sacrements des morts?
Quel péché remet ordinairement le sacrement de Baptême? — Quels péchés peut-il remettre?
2° - *a*) Ceux qui commettent des péchés après avoir reçu le baptême peuvent-ils de nouveau recevoir ce sacrement pour les effacer?
★Pourquoi non, d'après ce que nous avons dit en parlant des sacrements qui impriment caractère?
b) Les péchés commis après le Baptême ne peuvent donc pas être remis? — Et comment le seront-ils?
— Y a-t-il un sacrement qui efface les péchés commis après le Baptême? — Comment l'appelez-vous?
c) Qui a institué le sacrement de Pénitence?
★Pourquoi = dans quel but Notre-Seigneur a-t-il institué le sacrement de Pénitence?
d) Le sacrement de Pénitence peut-il effacer le péché originel? — Peut-il effacer les péchés actuels, véniels ou mortels commis avant le Baptême? — commis après le Baptême?
★ Quels péchés efface le sacrement de Pénitence

ARTICLE II.

§.I. *Le sacrement de Pénitence est-il nécesaire au salut?* — Ce sacrement est nécessaire à tous ceux qui ont eu le malheur de perdre la grâce du Baptême par un péché mortel.

§ II. La Pénitence est absolument nécessaire au chrétien qui a péché mortellement.

§ III. Le péché originel est effacé par le baptême; il en est de même des péchés actuels commis avant la réception de ce sacrement. — Quant aux fautes vénielles il vaut beaucoup mieux demander et recevoir le sacrement de pénitence pour en obtenir le pardon; mais ce n'est pas rigoureusement nécessaire, ces fautes peuvent être pardonnées de diverses manières, autres que le sacrement de pénitence. Mais le péché mortel ne peut être effacé que par ce sacrement et tout chrétien gravement coupable, n'aurait-il sur la conscience qu'un seul péché mortel, doit avoir recours au sacrement de Pénitence pour rentrer en grâce avec Dieu.

§ IV. 1° - *a*) Une personne à commis des péchés graves. Elle reçoit le Baptême à l'âge de cinquante ans en de bonnes dispositions et meurt immédiatement après. Où va son âme? — Pourquoi au ciel?

b) Une autre personne a été baptisée en bas-âge. Elle meurt vers l'âge de six ans, ayant commis quelques péchés véniels. Où va son âme? — Le sacrement de Pénitence lui était-il nécessaire? — Pourquoi non?

c) Une troisième personne, baptisée également en bas âge, commet quelques péchés mortels et meurt. Où va son âme? — Pourquoi en enfer?

d) * Ainsi à quelles personnes le sacrement de Pénitence est-il nécessaire?

* Quelles personnes ne peuvent entrer au ciel sans recevoir le sacrement de Pénitence? — Qu'est-ce que le péché mortel?

ARTICLE III.

§ I. *Quand Notre-Seigneur Jésus-Christ a-t-il institué le sacrement de Pénitence?* — Notre-Seigneur Jésus-Christ a institué le sacrement de Pénitence après sa résurrection, lorsqu'il dit à ses apôtres : « Recevez le Saint-Esprit. Les péchés seront remis à ceux à qui vous les remettrez, et ils seront retenus à ceux à qui vous retiendrez. »

§ II. 1° * Qui a institué le sacrement de Pénitence? — Qui est Jésus-Christ?

* Quand Notre-Seigneur institua-t-il le sacrement de Pénitence? — A quel moment après sa résurrection?

* Que dit Notre-Seigneur pour instituer le sacrement de Pénitence? — A qui ces paroles étaient-elles adressées?

2° - *a*) Les apôtres pouvaient-ils pardonner les péchés? — Qui leur en avait donné le pouvoir?

Citez les paroles de Jésus-Christ, prouvant que les apôtres pouvaient pardonner les péchés?

d) Lorsque Notre-Seigneur institua le sacrement de Pénitence, les apôtres reçurent-ils seulement le pouvoir de pardonner les péchés? — Quel pouvoir reçurent-ils de plus?

Citez les paroles de Notre-Seigneur Jésus-Christ prouvant que les apôtres reçurent le pouvoir de ne pas pardonner les péchés?

ARTICLE VI.

§ I. *Le pouvoir de remettre et de retenir les péchés ne fut-il donné qu'aux apôtres ?* — Il fut donné, dans la personne des apôtres, aux évêques leurs successeurs légitimes, et aux prêtres approuvés par les évêques.

§ II. Parlons rapidement des ministres du sacrement de Pénitence.

§ III. 1° Notre-Seigneur, par les paroles que nous venons de citer, donna à ses apôtres le pouvoir de remettre et de retenir les péchés. Les apôtres donnèrent ce pouvoir aux évêques, leurs successeurs, ceux-ci, à leurs successeurs, et ainsi de suite jusqu'aux évêques qui vivent maintenant sur la terre. — 2° Mais il n'y a pas que les évêques à posséder ce pouvoir. Les simples prêtres, par là même qu'ils sont prêtres, ont aussi ce pouvoir. Mais, pour administrer le sacrement de Pénitence, ils doivent être approuvés par les évêques. Or, un prêtre approuvé est celui que l'évêque a trouvé et déclaré avoir les qualités requises pour entendre les confessions et qu'il a envoyé pour remplir ce saint ministère.

§ IV. 1° A quels hommes Notre-Seigneur donna-t-il le pouvoir de pardonner les péchés? — et le pouvoir de ne pas les pardonner? — Qui étaient les apôtres? — Vivent-ils encore?

Mais le pouvoir de remettre et de retenir les péchés est-il mort avec les apôtres? — A qui le transmirent-ils? — Et leurs successeurs?

Le pouvoir de remettre et de retenir les péchés, existe-t-il encore? — Qui le possède?

* Comment le pouvoir de remettre et de retenir les

péchés est-il venu des apôtres jusqu'aux évêques qui vivent maintenant.

* Ainsi, qui a donné aux évêques le pouvoir de remettre et de retenir les péchés?

2° Mais les évêques ont-ils seuls ce pouvoir d'administrer le sacrement de la Pénitence? — Qui le possède pareillement?

Mais tous les prêtres peuvent-ils, en toute circonstance, administrer ce sacrement? — Que doit être un prêtre pour entendre les confessions?

* Qu'est-ce qu'un prêtre approuvé?

3° * Quels sont les ministres du sacrement de Pénitence?

ARTICLE V.

§ I. *Quand recevons-nous le sacrement de Pénitence?* — Nous recevons le sacrement de Pénitence au moment où le prêtre nous donne l'absolution.

Qu'est-ce que l'Absolution? — L'Absolution est une sentence que le prêtre prononce, au nom de Jésus-Christ, pour remettre les péchés au pénitent bien disposé.

Quelles sont les conditions nécessaires pour obtenir le pardon de ses péchés par l'absolution? — Il y a trois conditions nécessaires pour obtenir le pardon de ses péchés par l'absolution, savoir : la Contrition, la Confession et la Satisfaction.

§ II. Parlons, 1° d'une manière générale, des différentes parties du sacrement de Pénitence, qui sont l'Absolution, la Contrition, la Confession et la Satisfaction; 2° parlons d'une manière plus particulière de l'Absolution.

§ III. 1° Quatre parties distinctes forment le sacrement de Pénitence : les trois premières sont les actes nécessaires du pénitent ou de la personne qui reçoit le sacrement de Pénitence. Ces actes sont : la Contrition, la Confession et la Satisfaction. Toute personne, qui désire recevoir le pardon de ses péchés par ce sacrement, doit en avoir la Contrition, les confesser et satisfaire pour ces péchés au moins dans sa volonté, son intention; ou, comme le dit notre catéchisme, la Contrition, la Confession et la Satisfaction sont des conditions nécessaires pour obtenir le pardon de ses péchés par la Pénitence. Mais, ces actes du pénitent ne suffisent pas, le ministre du sacrement ou le confesseur doit intervenir. C'est lui, en effet, qui doit donner l'absolution, quatrième partie du sacrement. — Ainsi, la Contrition, la Confession et la Satisfaction de la part du pénitent et l'Absolution de la part du confesseur : telles sont les quatre parties nécessaires de la pénitence. Si l'une d'elles manque, il n'y a pas sacrement. — 2° Dans les leçons suivantes, nous allons nous entretenir des actes du pénitent. Pour le moment, faisons simplement connaître ce que c'est que l'Absolution. Notre catéchisme dit que c'est une sentence. Or, on appelle sentence les paroles que prononce un juge, ou pour condamner, ordonner qu'on punisse un coupable, ou pour annoncer qu'on lui fait grâce. Dans le sacrement de Pénitence, le juge est le confesseur. Mais cet homme, prononçant les paroles de l'Absolution, n'est plus lui-même, il est Jésus-Christ; c'est Jésus-Christ qui parle par sa bouche, et les paroles qu'il prononce ne sont jamais pour ordonner qu'on punisse le coupable, qui est le pénitent. Toujours elles indiquent que Dieu lui pardonne et en même temps elles accordent ce pardon.

§ IV. 1° - *a*) Pour qu'il y ait un sacrement, il faut sans doute deux personnes, n'est-ce pas? Ordinairement, une personne qui donne ce sacrement, et l'autre qui le reçoit?

b) Eh bien, savez-vous comment, d'un nom général, on appelle celui qui donne le sacrement de Pénitence? = Quel nom porte le ministre du sacrement de Pénitence?

* Qu'appelle-t-on confesseur?

c) Et comment appelle-t-on la personne qui reçoit le sacrement de Pénitence?

* Qu'appelle-t-on pénitent?

d) * Pour qu'il y ait sacrement de Pénitence, savez-vous combien il y a de choses principales? d'actes, pour parler plus savamment? = Combien y a-t-il de parties dans le sacrement de Pénitence?

e) * Combien de ces actes regardent le confesseur? = Que doit faire le confesseur pour qu'il y ait sacrement de Pénitence?

f) * Combien d'actes regardent le pénitent? = Que doit faire le pénitent pour recevoir le sacrement de Pénitence? — Pourriez-vous nous dire, par avance, ce qu'on appelle Contrition? — Confession? — Satisfaction?

Dès lors, Philippe reçoit l'absolution; mais il n'a pas la Contrition de ses péchés. Philippe reçoit-il le sacrement de Pénitence? — ses péchés lui sont-ils remis? — Pourquoi non?

Antoine a reçu l'absolution; mais il n'a pas confessé ses péchés, car au saint tribunal, il a déclaré ceux de son frère. Antoine a-t-il reçu le sacrement de Pénitence? — Pourquoi non?

Célina reçoit l'absolution; mais elle ne veut pas faire pénitence, satisfaire pour ses péchés. Ses péchés lui sont-ils remis? — Pourquoi non?

g) Ainsi, quand une personne est-elle bien disposée pour recevoir le sacrement de Pénitence?

= * Qu'est-ce à dire que la Contrition, la Confession et la Satisfaction sont des conditions nécessaires pour recevoir le pardon de ses péchés par l'absolution?

h) Reprenons en deux mots :

Que doit nous donner le prêtre pour que nous recevions le pardon de nos péchés? — Que devons-nous faire de notre côté?

* Qu'est-ce qui forme le sacrement de Pénitence, du côté du confesseur? — du côté du pénitent?

2° * Qu'est-ce qu'on appelle Absolution? — Et qu'appelle-t-on sentence?

Qui porte la sentence qu'on appelle l'absolution?

Au nom de qui le confesseur donne-t-il l'absolution? — (Comparaison : Instituteur donnant à un moniteur le droit de punir et de pardonner).

* Et pourquoi le confesseur porte-t-il la sentence appelée l'Absolution? — Serait-ce pour envoyer en prison? = Que s'est proposé Jésus-Christ en instituant le sacrement de la Pénitence?

CINQUIÈME LEÇON.

De la Contrition.

ARTICLE Ier.

§ I. *Qu'est-ce que la Contrition?* — La Contrition est une douleur d'avoir offensé Dieu, accompagnée du bon propos ou de la ferme résolution de ne plus l'offenser à l'avenir.

Que veut dire ce mot Contrition? — Le mot Contrition veut dire brisement. Un cœur contrit est un cœur brisé par la douleur d'avoir offensé Dieu.

§ II. La Contrition renferme deux choses : 1° la douleur d'avoir offensé Dieu dans le passé ; 2° la ferme résolution de ne plus l'offenser à l'avenir.

§ III. Tous nous savons ce que c'est que la douleur : tous nous l'avons éprouvée soit en notre corps, soit en notre âme. Or, la Contrition est une douleur, une souffrance, un brisement de notre âme. Et ce qui cause en nous cette douleur, c'est la pensée, le souvenir que nous avons nous-même offensé Dieu, désobéi à ce bon Maître. Cette première partie de la Contrition a surtout rapport au passé, au péché commis. — 2° La seconde partie de la Contrition a surtout rapport à l'avenir, au péché qu'on pourrait commettre. Quiconque a une véritable Contrition, est bien déterminé à ne plus jamais offenser Dieu. Il ne dit pas : Je désire ne plus pécher, je ferai mon possible pour ne plus désobéir à Dieu ; mais : Oui, j'en ai la volonté, je ne veux plus, jamais, de toute ma vie, déplaire à Dieu. Je forme la résolution bien ferme, bien arrêtée de ne plus commettre le péché.

§ IV. 1° - *a*) Savez-vous ce que c'est que la douleur ? en avez-vous jamais ressenti la pointe ? — Quand, par exemple.... ?

Eh bien ! quand vous vous êtes brûlé, est-ce une douleur du corps ou de l'âme que vous avez ressentie ?

Et quand vous avez vu votre mère pleurer, est-ce votre âme, ou votre corps qui a souffert... ? — Et quand vous avez appris la mort de... ?

b) Eh bien, quand on a offensé Dieu, il faut aussi éprouver de la douleur. Croyez-vous que ce soit une douleur du corps ou de l'âme ?

* Quelle partie de nous-même doit ressentir la douleur dans la Contrition ?

c) Dans la Contrition, pourquoi éprouvons-nous de la douleur? = Quelle est la cause de la peine qu'on éprouve dans la Contrition? — Qu'est-ce qu'offenser Dieu? — Qu'est-ce que le péché?

* Si nous voulons avoir la Contrition, que doit produire en nos âmes le souvenir de nos péchés?

3° Mais la douleur d'avoir offensé Dieu, le regret de nos péchés suffit-il pour former une bonne Contrition? — Que faut-il de plus?

* Pour qu'il y ait Contrition qu'est-ce qui doit se trouver en nos âmes avec la douleur d'avoir offensé Dieu?

Qu'appelez-vous ferme résolution de ne plus pécher, serait-ce l'intention, le désir mal assuré de ne plus offenser Dieu?

Qu'est-ce que le bon propos?

* Quand peut-on dire qu'un homme a une ferme résolution de ne plus pécher? — a le bon propos?

3° * Ainsi donc, qu'est-ce qui forme la Contrition? — 1° par rapport au passé? — 2° par rapport à l'avenir?

ARTICLE II.

§ I. *Quelles qualités doit avoir la Contrition?* — Elle doit être intérieure, universelle, souveraine et surnaturelle.

Qu'entendez-vous en disant que la Contrition doit être intérieure? — En disant que la Contrition doit être intérieure, j'entends qu'il faut détester ses péchés du fond du cœur, et, qu'il ne suffit pas de faire de bouche un acte de Contrition.

§ II. Disons 1° comment la Contrition est intérieure; 2° pourquoi elle doit-être intérieure.

§ III. 1° Ce mot *intérieur* veut dire qui est au dedans. La Contrition, en effet, pour être intérieure, doit être au-dedans de nous-même, en notre âme, au fond de notre cœur. C'est notre âme qui doit haïr le péché, c'est elle et non notre bouche qui doit dire : Oui, j'ai eu tort de pécher, je le regrette profondément. — 2° Tous les péchés partent du cœur. C'est notre âme qui a offensé Dieu, c'est elle qui commet tous les péchés, même les extérieurs; nos corps ne sont alors que des instruments. Il est donc juste que l'âme conçoive le regret, que le repentir parte du cœur.

§ IV. Que doit être la Contrition pour être bonne? Combien la Contrition doit-elle avoir de qualités? — Nommez-les.

1° Qu'est-ce qui doit, en nous, regretter d'avoir offensé Dieu, est-ce le corps ou l'âme?

Une personne ne pense pas à ce qu'elle dit en faisant son acte de Contrition, ses lèvres seules le répètent. Fait-elle un bon acte de Contrition? — Pourquoi non?

2° Et comprenez-vous pourquoi la Contrition doit être intérieure? — Qu'est-ce qui pèche en vous — même lorsque vous frappez votre petit camarade?

Si c'est l'âme, le cœur qui pèche toujours, qu'est-ce qui doit se repentir?

3° * Quand la Contrition est-elle intérieure?

* Pourquoi la Contrition doit-elle être intérieure?

ARTICLE III.

§ I. *Qu'entendez-vous en disant que la Contrition doit être universelle?* — En disant que la Contrition doit être universelle, j'entends qu'il faut se repentir, au moins de tous ses péchés mortels sans en excepter un seul.

§ II. Montrons 1° comment la Contrition est universelle, 2° pourquoi elle doit l'être?

§ III. 1° *Universel* veut dire qui comprend tout, qui s'étend à tout. La Contrition est universelle quand le pécheur déteste au moins tous ses péchés mortels sans en excepter un seul. — 2° La Contrition doit être universelle : le pécheur doit haïr toutes ses fautes mortelles, car s'il ne les détestait pas toutes, il resterait attaché à une au moins de ces fautes. Or, Dieu, la sainteté même, ne saurait redevenir l'ami d'une âme qui ne déteste pas tout ce qui lui déplaît souverainement. L'âme qui agirait ainsi, voudrait embrasser Jésus-Christ d'un côté et de l'autre le flageller. Ce serait une dérision de Contrition.

Notre catéchisme dit qu'il faut se repentir *au moins* de tous ses péchés mortels, pour nous indiquer que la Contrition ne peut jamais être bonne, si l'on ne se repent de toutes ses fautes mortelles, et aussi pour nous faire comprendre qu'il n'est pas nécessaire, pour recevoir avec fruit l'absolution, de se repentir de ses fautes vénielles. Ce n'est pas, en effet, rigoureusement nécessaire lorsqu'on accuse en confession des fautes vénielles et des fautes mortelles; mais si l'on ne déclarait que des fautes vénielles il faudrait avoir la Contrition au moins d'une de ces fautes vénielles. — Dans tous les cas, il est beaucoup plus sûr d'avoir la Contrition et des fautes mortelles et des fautes vénielles.

§ IV. 1° Une personne a commis dix péchés mortels; elle a la Contrition de neuf seulement. Sa Contrition est-elle universelle? — Pourquoi non? — De combien de péchés cette personne doit-elle se repentir?

* Quand la Contrition est-elle universelle?

2° Peut-on aimer Dieu et aimer en même temps le péché mortel? — Dieu et le démon peuvent-ils habiter en même temps dans un cœur?

* Pourquoi la Contrition doit-elle être universelle? = Pourquoi faut-il se repentir de *toutes* ses fautes mortelles?

3° - *a*) Est-il nécessaire pour recevoir le sacrement de Pénitence d'avoir la Contrition de ses fautes vénielles?

Et si l'on ne confessait que des fautes vénielles? — De combien de fautes vénielles faudrait-il rigoureusement avoir la Contrition?

b) D'une manière générale, de combien de fautes est-il bon d'avoir la Contrition?

ARTICLE IV.

§ I. *Qu'entendez-vous en disant que la Contrition doit être souveraine?* — En disant que la Contrition doit être souveraine, j'entends que nous devons être plus fâchés d'avoir offensé Dieu que nous ne le serions de tous les maux qui peuvent nous arriver.

§ II. Montrons 1° comment la Contrition est souveraine; 2° pourquoi elle doit l'être.

§ III. 1° La Contrition est souveraine quand on est plus fâché d'avoir offensé Dieu qu'on ne le serait de tous les maux qui pourraient nous arriver, quand on regarde le péché comme le plus grand mal possible, quand on le craint plus que les souffrances, plus que les peines de l'esprit, plus que la mort même. — 2° Il doit en être ainsi, car de tous les maux il faut haïr le plus grand. Or, le péché est le plus grand mal possible. Tous les maux temporels ne sont rien en comparaison du mal de l'âme qui est le péché, puisque le péché, s'il est mortel, nous éloigne de Dieu et nous conduit en enfer.

§ IV 1° Isidore a beaucoup plus de peine d'avoir perdu mille francs que d'avoir fait un blasphème. Isidore a-t-il une Contrition souveraine? — Pourquoi non?

Pierre a perdu son père, perdu aussi la grâce sanctifiante par un péché mortel. Laquelle de ces deux pertes doit lui causer plus de peine?—Est-il nécessaire, cependant, que la douleur d'avoir offensé Dieu le fasse pleurer comme l'autre peine qu'il éprouve?

*Quand la Contrition est-elle souveraine?

2° Peut-il y avoir un plus grand mal que le péché mortel? — Pourquoi non? — Où conduit le péché mortel?

*Pourquoi la Contrition doit-elle être souveraine?

ARTICLE V.

§ I. *Qu'entendez-vous en disant que la Contrition doit être surnaturelle?* — En disant que la Contrition doit être surnaturelle, j'entends qu'elle doit être excitée en nous par le Saint-Esprit, et conçue par des motifs que la foi nous fournit.

§ II. La Contrition doit être surnaturelle de deux manières : 1° dans son principe ou excitée en nous par le Saint-Esprit; 2° dans ses motifs ou conçue par des motifs que la foi nous fournit.

Disons d'abord : 1° comment la Contrition est surnaturelle dans *son principe;* 2° pourquoi elle doit l'être.

§ III. 1° La Contrition est surnaturelle dans son principe quand l'Esprit-Saint nous la donne, quand il la met dans notre cœur, quand il la fait naître en notre âme. De nous-même, en effet, nous ne pouvons pas avoir la Contrition : la grâce doit l'exciter en nous, et il en est ainsi quand la Contrition est surnaturelle dans son principe. Alors, dira quelqu'un, la Contrition ne dépend pas de nous? C'est vrai; mais, cependant, nous pouvons l'avoir, si nous la désirons, car nous pouvous prier et très-certainement Dieu nous l'accordera. — 2° Il est bien évident que la Contrition doit être surnaturelle dans son principe. De nous-mêmes, en effet, nous ne pouvons rien pour le ciel, et cependant nous pourrions beaucoup si nous pouvions de nous-mêmes avoir la Contrition.

§ IV. 1° - *a*) Une personne se repent de ses fautes parce que le bon Dieu lui en donne la grâce. Savez-vous comment on appelle sa Contrition?

* Quand la Contrition est-elle surnaturelle dans son principe?

Qui produit la Contrition dans un cœur quand l'Esprit-Saint l'y excite? — quand elle est surnaturelle dans son principe?

b) Puisque nous ne pouvons de nous-même avoir la Contrition comme il la faut, que faut-il faire pour l'obtenir?

Quand pourrons-nous penser que l'Esprit-Saint nous a donné une Contrition véritable?

2° Pouvons-nous sans la grâce faire quelque chose qui mérite le ciel? — Regretter ses péchés, avoir la Contrition, est-ce faire quelque chose qui mérite le ciel? — Oui! qu'en concluez-vous?

*Pourquoi l'Esprit-Saint doit-il exciter en nous la Contrition? = Pourquoi la Contrition doit-elle être surnaturelle dans son principe?

ARTICLE VI.

§ I. *Quels sout les motifs de Contrition fournis par la foi?* — Les principaux motifs de Contrition sont : 1° que le péché offense Dieu qui est infiniment bon ; 2° qu'il a causé la mort de Jésus-Christ ; 3° qu'il nous prive du bonheur du ciel et nous rend dignes des peines de l'enfer.

§ II. Disons : 1° comment la contrition est surnaturelle dans *ses motifs ;* 2° pourquoi elle doit l'être.

§ III. 1° On appelle motifs de Contrition les raisons qui nous font détester nos péchés. On distingue les motifs naturels de Contrition et les motifs surnaturels. Les premiers nous sont suggérés par l'amour de nos intérêts temporels, par exemple, de notre réputation, de notre santé. Ainsi, une personne se repend d'avoir volé, parce qu'elle est mise en prison, son motif de Contrition est naturel.

Les motifs surnaturels sont ceux qui sont fournis par la foi, ou ceux que Dieu nous a fait connaître, et la Contrition est surnaturelle dans ses motifs, quand nous nous repentons de nos péchés pour des raisons dont nous n'aurions pas la connaissance, si Dieu ne nous les avait révélées. Telle est la Contrition des personnes qui se repentent de leurs péchés parce que ces péchés ont outragé Dieu, le meilleur des pères, parce que ces péchés ont mérité l'enfer. Nous ne saurions pas, en effet, que Dieu est infiniment bon, que Jésus-Christ est mort pour effacer nos péchés, que les fautes mortelles conduisent en enfer, si Dieu ne nous l'avait révélé. — Les principaux motifs surnaturels de Contrition nous sont indiqués par notre catéchisme. — 2° La Contrition doit être surnaturelle dans ses motifs. Dieu, en effet, ne saurait être satifait d'un repentir qui n'aurait aucun rapport avec sa divinité qui a été outragée par le péché; il ne peut être sensible qu'à de véritables raisons. Et que sont, devant lui, les raisons tirées de nos avantages temporels? Elles ne sont absolument rien. La Contrition doit donc être conçue par des motifs de foi.

§ IV. 1° - *a*) Un enfant qui a désobéi à ses parents doit-il s'en repentir? — Pourquoi oui?

Et, s'il veut avoir une bonne Contrition de ce péché, pourquoi doit-il s'en repentir? serait-ce parce qu'il a été puni, ou parce que son péché a offensé Dieu, qui est la bonté même?

Et celui qui aurait été gourmand, devrait-il se repentir de son péché, parce qu'il a été malade ou bien parce que ce péché a fait de la peine au bon Dieu?

b) Et s'il regrettait son péché parce qu'il a été malade, le motif de sa Contrition serait-il naturel ou surnaturel?

Comment appelez-vous ces motifs de Contrition tirés de l'amour de nos avantages temporels?

*Qu'appelle-t-on motif naturel de Contrition?

c) Et si un homme regrette son péché parce que ce péché a offensé Dieu qui est infiniment aimable, parce que ce péché a causé la mort de Jésus-Christ, que dites-vous du motif de sa Contrition?

Comment appelez-vous ces motifs que nous ne connaissons que par la révélation?

*Qu'appelle-t-on motifs surnaturels de Contrition?

d) *Reprenons :* *Qu'appelle-t-on motif de Contrition?

*Combien de sortes en distingue-t-on?

Qu'est-ce qu'un motif surnaturel de Contrition? — un motif naturel?

e) Quels motifs doivent nous faire regretter nos péchés = doivent nous donner la Contrition?

*Quand la Contrition est-elle conçue par des motifs

que la foi nous fournit? ═ Quand la Contrition est-elle surnaturelle dans ses motifs?

f) Connaissez-vous des motifs surnaturels de Contrition? — Faites connaître ceux qu'indique votre catéchisme.

2° Dieu prend-il beaucoup en considération notre santé, nos richesses? — Que sont toutes ces choses à ses yeux? — Qu'est-ce qui le touche en dehors de sa gloire et du salut de nos âmes?

* Pourquoi la Contrition doit-elle être surnaturelle dans ses motifs? ═ conçue par des motifs que la foi nous fournit?

1° – *a*) En combien de manières la Contrition peut-elle être surnaturelle? — Quelles sont ces deux manières?

b) Quand la Contrition est-elle surnaturelle dans son principe? ═ excitée en nous par l'Esprit-Saint?

Pourquoi la Contrition doit-elle être surnaturelle dans son principe?

c) Quand la Contrition est-elle surnaturelle dans ses motifs? ═ conçue par des motifs que la foi nous fournit?

Pourquoi la Contrition doit-elle être surnaturelle dans ses motifs?

2° – *a*) Qu'est-ce que la Contrition?

b) Quelles sont les qualités de la Contrition?

c) Quand la Contrition est-elle intérieure? — universelle? — souveraine?

d) Pourquoi la Contrition doit-elle être intérieure? — universelle? souveraine?

SIXIÈME LEÇON.

Des différentes sortes de Contrition.

ARTICLE Iᵉʳ.

§ I. *Combien y a-t-il de sortes de Contrition?* — Il y a deux sortes de Contritions : la Contrition parfaite, et la Contrition imparfaite, qu'on appelle aussi Attrition.

Qu'est-ce que la Contrition parfaite? — La Contrition parfaite est la douleur d'avoir offensé Dieu, parce qu'il est infiniment bon, infiniment aimable, et que le péché lui déplaît.

Qu'est-ce que la Contrition imparfaite? — La Contrition imparfaite ou l'Attrition est la douleur d'avoir offensé Dieu, causée communément par la laideur du péché, ou par la crainte des peines de l'enfer.

§ II. Comparons la Contrition parfaite et l'Attrition.

§ III. 1° La Contrition parfaite et l'Attrition ont cela de commun, qu'elles sont l'une et l'autre contrition : douleur du péché commis pour le passé, bon propos pour l'avenir; l'une et l'autre doit être intérieure, universelle, souveraine et surnaturelle dans son principe, de la manière que nous avons fait connaître. — 2° Elles diffèrent en ce qu'elles sont conçues par des motifs qui ne sont pas les mêmes. Ainsi, la Contrition parfaite est toujours produite en nos âmes par la pensée, la considération des perfections divines, que nos péchés ont outragées. Cette considération fait naître, en l'âme, un ardent amour de Dieu, mais un amour de Dieu pour lui-même et à cause de lui-même, et ainsi, elle porte à haïr immensément le péché qui déplaît souverainement à Dieu. — L'attrition est produite en l'âme ou par la pensée que le péché est d'une laideur, d'une vilenie effrayante, ou, plus souvent, par la considération du mal qu'il cause à l'âme en cette vie ou en l'autre. — Dans la Contrition parfaite, le pécheur ne considère que Dieu et son péché. Dans l'Attrition, ou bien il hait le péché, parce qu'il est horriblement laid, ou bien il se met en ligne de compte, et hait le péché à cause des biens qu'il a perdus et des maux qu'il a mérités par son péché.

§ IV. Qu'est-ce que la Contrition? — Distingue-t-on plusieurs sortes de Contritions? — Quelles sont ces deux sortes?

1° - *a*) Celui qui a la Contrition parfaite se repent-il d'avoir péché? — veut-il ne plus offenser Dieu à l'avenir?

Et celui qui n'a que l'Attrition, est-il peiné d'avoir offensé Dieu? — Se propose-t-il de l'offenser à l'avenir?

b) La Contrition parfaite doit-elle être souveraine? — universelle? — intérieure...? — Et l'Attrition?

* Quelles sont les qualités de l'Attrition? — Et celles de la Contrition parfaite?

c) * Que doivent être également la Contrition parfaite et l'Attrition?

Qu'ont de commun la Contrition parfaite et l'Attrition?

2° - *a*) Le bon Dieu est-il meilleur que vous? — Peut-il être meilleur qu'il n'est? etc... Rappelez-nous ce que nous avons dit des perfections divines. — Pourquoi dites-vous que Dieu est infiniment parfait?

Qu'est-ce à dire que Dieu est infiniment bon? — infiniment sage? — infiniment aimable?

b) Le bon Dieu aime-t-il le péché ou bien le hait-il infiniment?

Qu'entendez-vous en disant que le péché déplaît à Dieu?

c) Est-ce beau de pécher, par exemple, de s'énivrer, de blasphémer?

d) Dieu punit-il le péché? — Où, particulièrement, après cette vie?

e) Auguste se repend de ses péchés parce qu'ils lui

ont mérité l'enfer. Comment appelez-vous sa Contrition ? — Et s'ils les regrettait parce qu'ils ont offensé Dieu, la bonté même ?

*Ainsi donc, quand un homme a-t-il la Contrition parfaite ?

*Quand un pécheur a-t-il l'Attrition ?

Dans la Contrition parfaite, qu'est-ce qui cause la douleur d'avoir péché ? — Et dans l'Attrition ?

*Pourquoi faut-il se repentir d'avoir péché, si l'on veut avoir la Contrition parfaite ? — Si l'on veut avoir l'Attrition ?

ARTICLE II.

§ I. *Quel est l'effet de la Contrition parfaite ?* — L'effet de la Contrition parfaite est d'effacer le péché, même avant l'absolution, pourvu que nous ayons le désir de la recevoir.

La Contrition parfaite exempte-t-elle de recevoir le sacrement de Pénitence ? — Non, car Jésus-Christ ayant fait du sacrement de Pénitence une obligation pour tous les pécheurs, on n'aurait pas une contrition véritable, si on n'était pas résolu de se conformer à ce commandement.

La Contrition imparfaite efface-t-elle par elle-même le péché, comme la Contrition parfaite ? — Non, la Contrition imparfaite n'efface pas par elle-même le péché, mais elle nous dispose à en recevoir le pardon, dans le sacrement de Pénitence.

La Contrition imparfaite suffit-elle dans le sacrement de Pénitence ? — Oui, la Contrition imparfaite suffit dans le sacrement de Pénitence, pourvu qu'elle renferme, outre l'espérance du pardon, un commencement d'amour de Dieu.

§ II. Comparons les effets de la Contrition parfaite et ceux de l'Attrition.

§ III. La contrition parfaite réconcilie le pécheur avec Dieu au moment même où il la conçoit; mais il doit alors désirer l'absolution, et plus tard, si c'est possible, il devra confesser ses péchés et recevoir le sacrement de pénitence. Le pécheur doit-il se dire positivement : « Je veux aller à confesse le plus vite possible? » Nous ne voulons pas l'affirmer, car il semble que le désir de recevoir le sacrement de Pénitence est nécessairement contenu dans la Contrition parfaite. En effet, celui qui a la Contrition parfaite aime Dieu de tout son cœur, et, par là-même, il est disposé à obéir à Dieu en tous ses commandements, et, puisque Jésus-Christ a fait une obligation pour tout chrétien pécheur de recevoir le sacrement de pénitence, il est nécessairement disposé à se conformer à cet ordre du divin Maître. — 2° Quant à l'Attrition, elle ne réconcilie pas le pécheur avec Dieu; elle le dispose seulement à recevoir le pardon de son péché dans le sacrement de pénitence, c'est-à-dire que si le pécheur a cette contrition, quand il reçoit l'absolution, son péché lui est pardonné. Encore faut-il cependant que ce pécheur commence à aimer Dieu et qu'il ait l'espérance que Dieu lui pardonnera.

§ IV. 1° Un homme a commis cent péchés mortels, il meurt ayant la contrition parfaite, où va son âme? — Au ciel ou en purgatoire! Dès lors, quand on a péché mortellement, il est pas nécessaire de se confesser = de recevoir le sacrement de Pénitence?

Quel désir renferme la Contrition parfaite?

Montrez que la Contrition parfaite renferme le désir de recevoir le sacrement de Pénitence?

*Que produit la Contrition parfaite dans une âme?

2° Qu'est-ce que l'Attrition? = la Contrition imparfaite?

Un homme est en état de péché; il regrette beaucoup ses péchés, parce qu'il craint d'aller en enfer. Cet homme vient à mourir en concevant cette sorte de contrition; où va son âme?

L'Attrition réconcilie-t-elle le pécheur avec Dieu?

*Que fait l'Attrition pour nous faire recouvrer la grâce sanctifiante?

Qu'est-ce à dire que la Contrition imparfaite dispose à recevoir le pardon de nos péchés dans le sacrement de pénitence?

Et même, est-ce assez d'avoir l'Attrition de ses péchés, et d'en recevoir l'absolution pour recouvrer la grâce sanctifiante?

Voici quelqu'un qui regrette d'avoir offensé Dieu, parce qu'il craint d'aller en enfer; mais il ne commence nullement à aimer Dieu, ou bien il n'espère nullement que Dieu lui pardonnera ses péchés. Il reçoit l'absolution en cet état. Croyez-vous que ses péchés lui soient pardonnés? — Pourquoi non?

*Que faut-il avec l'absolution et l'Attrition pour obtenir le pardon de ses péchés?

ARTICLE III.

§ I. *Que faut-il faire pour avoir une bonne Contrition?* — Pour avoir une bonne Contrition, il faut la demander à Dieu et réfléchir sur les motifs qui sont propres à l'exciter.

§ II. Pour avoir une bonne Contrition, il faut : 1° la demander à Dieu; 2° il faut s'exciter à la Contrition.

§ III. 1° La Contrition comme il la faut est un don surnaturel du divin Maître. Impuissants à la produire nous-mêmes, nous n'avons aucun droit pour la réclamer de sa justice, et nous devons l'attendre de sa bonté. Dès lors, si nous voulons l'obtenir, il nous faut la demander à Dieu: il nous faut prier. — 2° De plus, il faut s'exciter à la Contrition, c'est-à-dire, qu'il faut réfléchir sur les motifs propres à nous faire concevoir du regret de nos fautes, il faut se dire, par exemple : « Dieu est infiniment aimable, et je l'ai outragé. Oh! que c'est mal! Notre-Seigneur Jésus-Christ est mort pour me sauver, et j'ai méprisé ses souffrances, j'ai fait couler son sang. Oh! quelle ingratitude! Oui, je le regrette. Non, jamais, avec la grâce, je ne pécherai désormais. » Et tout cela avec son cœur.

§ IV. Vous désirez beaucoup avoir la Contrition de vos péchés, n'est-ce pas? Mais pour qu'il en soit ainsi, que devez-vous faire?

1° D'abord, pouvez-vous l'avoir de vous-même cette Contrition? — Qui peut seul vous la donner?

* Que doit faire, avant tout, celui qui veut avoir la Contrition de ses péchés? — Faites une petite prière pour demander à Dieu la Contrition.

2° Que devez-vous faire, en second lieu, pour avoir une bonne Contrition?

* Qu'est-ce que s'exciter à la Contrition?

Connaissez-vous quelque motif, dont la pensée puisse, avec la grâce, vous donner une bonne Contrition. — Citez ceux dont nous avons parlé en expliquant la Contrition parfaite. — En expliquant l'Atrition.

Dieu est infiniment bon, et c'est pour nous une raison de haïr le péché, n'est-ce pas? Eh bien! vous voulez, je suppose, vous exciter à la Contrition par ce motif, que dites-vous alors?

ARTICLE IV.

§ I. *Faites un acte de Contrition?* — Mon Dieu, j'ai une extrême douleur de vous avoir offensé, parce que vous êtes infiniment bon et infiniment aimable, et que le péché vous déplaît; je prends une ferme résolution, moyennant le secours de votre sainte grâce, de ne plus vous offenser et de faire pénitence.

§ II. Qu'est-ce que la Contrition?

Qu'est-ce que faire un acte de Contrition?

a) A qui parlez-vous en faisant votre acte de Contrition? — Et que dites-vous d'abord à Dieu?

b) Et pourquoi avez-vous de la peine? — Qu'est-ce qui forme la Contrition par rapport au passé?

Et cette peine d'avoir offensé Dieu est-elle bien grande?

Que veut dire le mot *extrême?* — Qu'est-ce qu'une extrême douleur?

c) Cet acte de Contrition, tel que vous le faites, est-il un acte de contrition parfaite ou un acte d'Attrition? — A quoi voyez-vous que c'est un acte de Contrition parfaite? — Comment feriez-vous un acte d'Attrition?

d) Qu'est-ce qui forme la Contrition par rapport à l'avenir?

Si vous avez la double résolution de votre acte de Contrition, que ne ferez-vous pas à l'avenir? — Que ferez-vous?

e) De qui attendez-vous de l'aide pour ne plus pécher à l'avenir? — pour faire pénitence? — De Dieu! Le dites-vous à Dieu dans cet acte de Contrition? — Par quelles paroles?

Que signifient, dans votre acte de Contrition, ces paroles adressées à Dieu « moyennant votre sainte grâce? »

SEPTIÈME LEÇON.

Du bon propos.

ARTICLE Ier.

§ I. *Suffit-il de détester ses péchés pour en recevoir le pardon dans le sacrement de pénitence?* — Non, il faut encore avoir la ferme résolution ou le bon propos de n'y plus retomber.

Pourquoi cela? — Parce qu'il n'y a pas de véritable Contrition, quand on conserve la volonté de pécher encore.

§ II. Disons : 1° en quoi consiste le bon propos; 2° pourquoi le bon propos est nécessaire.

§ III. 1° Nous avons, dit que la Contrition renfermait deux choses : le regret d'avoir offensé Dieu par rapport au passé, et le bon propos par rapport à l'avenir. Nous avons en même temps, fait connaître en quoi consiste le bon propos. Qu'il nous suffise de rappeler qu'il n'est pas un simple désir de ne plus pécher, mais bien une résolution fortement arrêtée de ne plus jamais offenser Dieu, quelles que soient les circonstances dans lesquelles on se trouve. — 2° Il est bien évident que la Contrition est nécessaire : Dieu ne peut nous pardonner nos fautes si nous ne les détestons. Il est bien évident pareillement que notre Contrition ne peut être véritable et sincère si nous conservons la volonté de pécher. En effet, que penser d'un enfant qui dirait à son père : « Je suis bien fâché de vous avoir fait de la peine, mais, cependant, je recommencerai à la prochaine occasion. Ce serait une dérision. De même, la douleur d'avoir offensé Dieu, sans le bon propos, serait une Contrition dérisoire :

Ce qu'on hait fortement, on le hait pour toujours!

§ IV. Qu'est-ce que la Contrition? — Combien de parties renferme-t-elle?

De quelle partie de la Contrition avons-nous parlé jusqu'ici?

1° Est-ce assez d'être fâché d'avoir offensé Dieu pour obtenir le pardon de ses péchés? — Que faut-il de plus?

Voici un enfant qui a volé; il est disposé à voler encore, a-t-il le bon propos? — Pourquoi non? — Pareillement.....

Quand a-t-on a le bon propos = la ferme résolution de ne plus pécher?

★ Qu'est-ce que le bon propos?

2° Mais le bon propos est-il nécessaire? — Pourquoi oui?

Et, comprenez-vous qu'il ne peut y avoir de véritable Contrition sans bon propos? Est-ce qu'on peut haïr une chose pour le passé sans la haïr pour l'avenir. Voici un enfant.....

★ Montrez qu'il ne peut y avoir de véritable Contri- pour le passé sans le bon propos pour l'avenir.

ARTICLE II.

§ I. *Quelles sont les marques du bon propos?* — Les marques du bon propos sont : 1° le changement de vie; 2° le courage avec lequel on combat ses mauvaises habitudes; 3° la fuite des occasions dangereuses; 4° la réparation des torts qu'on a faits au prochain.

Qu'entendez-vous par les mauvaises habitudes? — Par les mauvaises habitudes, j'entends la facilité de tomber dans certains péchés auxquels on s'est accoutumé; par exemple, de jurer, de blasphémer, de s'enivrer.

Que faut-il faire pour se corriger de ses mauvaises habitudes? — Pour se corriger de ses mauvaises habitudes, il faut veiller exactement sur soi-même, prier beaucoup et surtout fuir les occasions du péché.

Qu'entendez-vous par les occasions dangereuses? — Par les occasions dangereuses, j'entends tout ce qui nous expose au danger de pécher, comme certains lieux, certaines personnes, certaines actions.

§ II. Expliquons ce que notre catéchisme ne fait qu'indiquer et parlons : 1° du changement de vie; 2° des mauvaises habitudes et du courage qu'il faut apporter pour les vaincre; 3° de la fuite des occasions dangereuses; 4° de la réparation des torts faits au prochain.

§ III. 1° Il y a changement de vie ou conversion pour un pécheur quand il ne tombe plus dans le péché. C'est assurément la meilleure preuve de contrition et de bon propos. — 2° — 3° On appelle habitude la facilité acquise de faire une chose, ou bien encore, l'inclination à faire une chose provenant de l'usage qu'on a de la faire. Ainsi une mauvaise habitude est la facilité avec laquelle on commet un péché, facilité provenant de ce qu'on a déjà commis ce péché. — Celui qui a de mauvaises habitudes doit s'en corriger: il doit ne point retomber dans les péchés que ses mauvaises habitudes lui ont fait commettre. Et, pour en arriver là, il doit veiller exactement sur lui-même, c'est-à-dire prendre bien garde de retomber, faire continuellement attention afin que son habitude ne le fasse plus pécher. Il doit prier : demander à Dieu ses grâces pour arriver au but qu'il se propose. Enfin il doit fuir les occasions dangereuses c'est-à-dire éviter de se trouver dans les circonstances où il a coutume de pécher. Ainsi, quelqu'un pèche ordinairement dans telle maison, il fuira l'occasion en cessant d'aller en cette maison. De même, telle personne, telle action le fait offenser Dieu, il fuira ces occasions dangereuses en ne fréquentant plus cette personne, en évitant de faire cette action. — 4° Que si un homme a pris ou retenu le bien d'autrui, s'il a fait du tort au prochain dans sa personne ou dans sa réputation ou dans ses biens il devra réparer ces torts, suivant leur nature, d'après ce que nous avons dit en expliquant les commandements de Dieu, et ainsi, il montrera qu'il a véritablement le bon propos.

§ IV. Peut-on savoir qu'on a le bon propos? — A quoi le pourrait-on connaître?

1° Quelle est la première marque de bon propos?

Et quand, pour un pécheur, y a-t-il changement de vie?

* Ici qu'appelle-t-on changement de vie? = conversion?

2° a) Ecrivez-vous facilement? — Aviez-vous cette facilité il y a cinq ans, dix ans? — Pareillement faites-vous bien....?

Et comment appelez-vous cette facilité de faire une chose, facilité acquise en faisant cette chose?

* Qu'appelle-t-on habitude?

* Qu'appelle-t-on bonne habitude? — mauvaise habitude?

b) Que doit faire celui qui a de bonnes habitudes? — Et celui qui a de mauvaises habitudes?

* Qu'est-ce que se corriger de ses mauvaises habitudes?

Et comment arriver à se corriger de ses mauvaises

habitudes? = Quels moyens notre catéchisme indique-t-il pour se corriger de ses mauvaises habitudes?

Qu'est-ce que veiller sur soi afin de se corriger de ses mauvaises habitudes?

* Que doit demander à Dieu celui qui veut se corriger d'une mauvaise habitude?

3° * Qu'appelle-t-on occasion dangereuse?

Est-ce une occasion dangereuse pour un enfant de se trouver avec d'autres enfants qui parlent mal? qui font de vilaines choses? — Pourquoi oui?

Pour un ivrogne, est-ce une occasion dangereuse de se trouver dans un cabaret? — Pourquoi oui?

Comment celui qui a le bon propos doit-il se comporter avec les occasions dangereuses? — Si c'est une maison mal tenue? — une personne? — une action?

Qu'est-ce que fuir une occasion dangereuse?

4° Y a-t-il encore une marque de bon propos? — Pour quelles personnes? — Quelle est cette marque? — Et comment une personne, qui a fait tort au prochain en volant, réparera-t-elle sa faute? — Et, si elle a calomnié? — Et, si elle a perdu la réputation de quelqu'un par une médisance?

ARTICLE III.

§ I. *Ceux qui promettent toujours de se corriger et qui ne le font pas, ont-ils le bon propos essentiel à la contrition?* — Il y a grand sujet de craindre qu'ils ne l'aient pas, et qu'ainsi ils ne trompent le confesseur, et ne se trompent eux-mêmes.

§ II. 1° Combien y a-t-il de parties dans la contrition? — Quelles sont ces parties?

Sans le bon propos peut-il y avoir contrition? — Pourquoi non?

* Qu'est-ce à dire que le bon propos est essentiel à la contrition ?

2° Voici une personne qui a promis dix fois à son confesseur de se corriger de l'habitude de s'enivrer et cependant elle s'enivre tout aussi fréquemment. Croyez-vous que cette personne avait le bon propos ?—Mais, si elle n'avait pas le bon propos, avait-elle la contrition ? — Et, si elle n'avait pas la contrition, ses péchés sont-ils pardonnés ? — Et, si ses péchés ne sont pas effacés, croyez-vous qu'elle soit dans le vrai en pensant qu'ils le sont ?—Et le confesseur qui lui a donné l'absolution était-il dans le vrai en pensant qu'elle était bien préparée ?

Pourquoi ceux qui promettent toujours de se corriger et qui ne le font pas se trompent-ils eux-mêmes ? — Pourquoi trompent-ils leur confesseur? — Peuvent-ils tromper Dieu ?

HUITIÈME LEÇON.

De la Confession.

ARTICLE Ier.

§ I. *Qu'est-ce que la confession ?* — La confession est une accusation des péchés qu'on a commis faite à un prêtre approuvé, pour en recevoir l'absolution.

§ II. La confession est : 1° une accusation ; 2° une accusation des péchés qu'on a commis; 3° une accusation faite à un prêtre approuvé; 4° une accusation de ses péchés pour en recevoir l'absolution.

§ III. 1° Accuser, c'est se déclarer coupable. Une accusation est donc ou la révélation des fautes d'autrui ou l'aveu de ses propres fautes. Le mot accusation se prend ici dans ce dernier sens. — 2° Dans la confession on fait connaître les fautes qu'on a commises soi-même; les péchés des autres ne doivent point faire partie de notre confession; — 3° L'évêque et le prêtre approuvé seuls sont les ministres du sacrement de pénitence; nous l'avons vu. Par conséquent, l'aveu de ses péchés fait à toute autre personne n'est point confession, partie essentielle du sacrement de pénitence. — 4° Le but qu'on doit se proposer en faisant sa confession est d'obtenir le pardon de ses fautes par l'absolution. Dès lors, raconter ses fautes, même à un prêtre approuvé, pour les faire connaître, ou sans avoir l'intention de recevoir le sacrement de pénitence ne serait point se confesser.

§ IV. Qu'est-ce qui forme le sacrement de pénitence du côté du confesseur. — Du côté du pénitent ? — Qu'est-ce que la contrition? — Qu'est-ce que la confession ?

1° Celui qui s'accuse dit-il qu'il est innocent ou coupable ?

* Qu'est-ce qu'une accusation?

Pourquoi la confession est-elle une accusation?

2° Faut-il en confession accuser des péchés qu'on n'a pas commis?—Faut-il accuser les péchés dont les autres se sont rendus coupables?

* Quels péchés doivent être déclarés en confession?

3° A qui faut-il avouer ses fautes en confession?

Est-ce que vous ne pouvez pas faire votre confession à votre sœur? — Pourquoi non?

* Quel est le ministre du sacrement de pénitence?= Qui peut entendre les confessions? — Qu'est-ce qu'un prêtre approuvé?

4° Celui qui raconterait ses péchés à un prêtre approuvé sans avoir l'intention de recevoir l'absolution ferait-il une confession? — Pourquoi non?
*Dans quel but faut-il avouer ses fautes pour qu'il y ait confession? — Qu'est ce que l'absolution?

ARTICLE II.

§ I. *La confession est-elle nécessaire?* — Oui, la confession est nécessaire pour obtenir le pardon de ses péchés, parce que Notre-Seigneur l'a voulu.

Comment le savez-vous? — Je le sais par les paroles de Jésus-Christ à ses apôtres, quand il leur dit : « Recevez le Saint-Esprit. Les péchés seront remis à ceux à qui vous les remettrez, et ils seront retenus à ceux à qui vous les retiendrez. »

Comment ces paroles montrent-elles la nécessité de la confession? — Parce que les prêtres ne peuvent savoir à qui ils doivent remettre ou retenir les péchés sans les connaître, et qu'ils ne peuvent les bien connaître que par la confession.

§ II. La confession est nécessaire, 1° si le prêtre peut pardonner et ne pas pardonner les péchés; 2° si seul il peut ces deux choses; 3° si pour exercer ce ministère il doit connaître les péchés; 4° s'il ne peut connaître les péchés que par la confession. Or il en est ainsi.

§ III. 1° Le prêtre peut pardonner et ne pas pardonner les péchés : les paroles de Notre-Seigneur Jésus-Christ, rapportées par notre catéchisme le disent clairement. — 2° Le prêtre seul peut remettre les péchés , car, s'il y avait un autre moyen que son ministère pour obtenir le pardon de ses péchés, le pouvoir que Jésus-Christ lui a donné serait une dérision : personne, en effet, ne serait obligé d'avoir recours à ce ministère et, de fait, peu ou point de chrétiens se confesseraient. — 3° Le prêtre doit connaître les péchés; c'est bien évident, puisqu'il doit les remettre ou les retenir, et qu'il ne saurait faire ni l'un ni l'autre avec sagesse et discernement sans cette connaissance. — 4° Le prêtre ne peut connaître les péchés que par la confession. Quel homme, en effet, sinon le pénitent, connaît certains péchés, par exemple, les péchés de pensées, de désirs, etc... en un mot, tant de fautes commises loin de tout œil humain?

§ IV. Qu'est-ce que la confession?

Le chrétien qui a commis quelques fautes mortelles peut-il en recevoir le pardon s'il ne s'en confesse pas?

1° Pourquoi dites-vous que la confession est nécessaire? — Qui vous a dit que tout chrétien devait confesser ses péchés? — Citez les paroles de Notre-Seigneur Jésus-Christ?

Quel double pouvoir ces paroles donnèrent-elles aux prêtres?

* Montrez que les prêtres ont reçu de Jésus-Christ le pouvoir de pardonner les péchés, — le pouvoir de ne pas les pardonner?

2° Mais, si d'autres hommes avaient également ce pouvoir, ou bien, si on pouvait obtenir le pardon de ses péchés, par exemple, en jeûnant, en priant, croyez-vous qu'on irait beaucoup à confesse? — Et alors, que diriez-vous du pouvoir donné par Jésus-Christ à ses prêtres?

* Pourquoi le prêtre seul peut-il remettre et retenir les péchés?

3° Le prêtre peut-il remettre ou retenir les péchés avec sagesse, s'il ne les connaît pas? — Autrement, parfois ne remettrait-il pas les péchés qu'il

faudrait retenir, parfois aussi ne retiendrait-il pas
ceux qu'il faudrait remettre?

* Montrez que le prêtre doit connaître les péchés
pour les remettre et les retenir avec sagesse?

4° Qui connaît les fautes qu'une personne a commises seule, ou bien encore les péchés de pensée,
les mauvais désirs?

* Montrez que le pénitent doit lui-même faire connaître ses fautes au confesseur?

5° Le prêtre ne peut connaître les péchés que par la
confession, et cependant il doit les connaître,
puisque seul il peut les remettre ou les retenir, en
concluez-vous que la confession n'est pas nécessaire?

* Montrez que la confession est nécessaire?

ARTICLE III.

§ I. *La confession a-t-elle toujours été en usage?* —
Oui, depuis les apôtres jusqu'à nous, la confession a
toujours été en usage, même parmi les anciens hérétiques.

§ II. La confession vient de Jésus-Christ, si, du
temps des apôtres et dans tous les siècles, depuis les
apôtres jusqu'à nous, elle a toujours été en usage.
Or, il en est ainsi.

§ III. Du temps des apôtres la confession était en
usage. Plusieurs de ceux qui avaient cru, lisons-nous
dans l'Ecriture-Sainte, venaient confesser et déclarer
ce qu'ils avaient fait de mal. Il en est de même depuis
les apôtres jusqu'à nous : les historiens de l'Eglise
le prouvent pour chaque siècle; et, ce qui le dé-
montre d'une manière irréfutable, c'est que des
hérétiques, répandus surtout en Asie, ont conservé
la confession comme on la pratique dans l'Eglise

Catholique. Or, ces hérétiques sont séparés de la véritable Eglise depuis douze à quatorze cents ans, et il est bien évident que, si l'Eglise Romaine avait imposé la confession aux fidèles, les hérétiques dont nous parlons, ne l'eussent point acceptée. Si donc, chez eux, la confession est maintenant en usage, c'est qu'au moment de leur séparation elle l'était pareillement.

§ IV. Ne sont-ce pas les prêtres qui ont inventé la confession?

Qui a ordonné aux chrétiens de se confesser?

Comment prouveriez-vous que la confession vient de Jésus-Christ?

a) Du temps des apôtres se confessait-on? — Qu'est-ce qui le prouve?

b) Il y a mille ans, douze cents ans, se confessait-on? — Qui est-ce qui le prouve?

c) On s'est toujours confessé? qu'est-ce que cela prouve?

* Montrez que la confession vient de Jésus-Christ?

ARTICLE IV.

§ I. *Si on se trouvait en danger de mort sans avoir un prêtre pour se confesser, que faudrait-il faire?* — Il faudrait concevoir un désir sincère de se confesser aussitôt qu'on le pourrait, s'exciter de toutes ses forces à la contrition parfaite et en faire un acte.

§ II. *a)* Vous avez dit qu'il est nécessaire de confesser ses péchés; mais, pour se confesser, il faut un prêtre; et, si vous vous trouviez sur le point de mourir n'ayant pas de prêtre pour vous confesser, que feriez-vous?

b) Vous diriez au bon Dieu que vous désirez vivement vous confesser! — Serait-ce tout?

Qu'est-ce que s'exciter à la contrition parfaite? serait-ce considérer quelques-uns des motifs propres
à l'exciter? — Et pourriez-vous citer de ces motifs?

c) Et ensuite, que feriez-vous? — Récitez un acte de
contrition parfaite?

d) Que doit faire celui qui est sur le point de mourir
n'ayant point de prêtre pour se confesser? (1°? —
2°? — 3°?)

ARTICLE V.

§ I. *Quelles sont les qualités d'une bonne confession?* — Une bonne confession doit être humble, sincère et entière.

*Qu'entendez-vous en disant que la confession doit
être humble?* — En disant que la confession doit être
humble, j'entends qu'il faut déclarer ses péchés avec
une grande confusion d'avoir offensé Dieu.

§ II. Disons : 1° ce qui rend la confession humble;
2° pourquoi la confession doit être humble.

§ III. 1° Le péché est laid de sa nature; c'est honteux à l'homme de le commettre, puisqu'il offense
Dieu. Si un pécheur est bien persuadé de ces vérités,
il y a, dans son air et ses manières, quelque chose
qui indique sa tristesse intérieure et il ne fait pas
connaître ses péchés comme une histoire quelconque.
Et ainsi, sa confession est humble. — 2° Le bien
amène la joie, le mal engendre la tristesse. Si donc
le péché est l'acte le plus triste et le plus honteux
dont l'homme soit capable, le récit qu'il en fait doit
être triste et rempli de confusion. Le bon sens tient
ce langage et indique ainsi pourquoi la confession
doit être humble.

§ IV. Tous ceux qui se confessent font-ils une bonne
confession?

* Combien la confession doit-elle avoir de qualités ? — Nommez-les ?

1° Celui qui serait joyeux ou qui même le paraîtrait en se confessant, ferait-il une bonne confession ? — Quelle qualité manquerait à sa confession ?

Et celui qui raconterait ses péchés comme il ferait le récit d'une promenade ? — Pourquoi non ?

* Quelle confession est humble ? = Qu'est-ce qui rend humble une confession ? = En quoi consiste l'humilité dans la confession ?

2° Le péché est-il beau, fait-il du bien à l'âme ?

* Pourquoi la confession doit-elle être humble ?

ARTICLE VI.

§ I. *Qu'entendez-vous en disant que la confession doit être sincère ?* — En disant que la confession doit être sincère, j'entends qu'il faut déclarer simplement chaque péché, tel qu'on le connaît, sans l'augmenter, ni le diminuer, ni l'excuser.

§ II. Montrons : 1° comment la confession est sincère; 2° pourquoi elle doit être sincère ?

§ III. 1° La sincérité consiste à parler comme on pense, et celui-là est sincère, en confession, qui déclare ses péchés comme il les connaît. Dès lors, augmenter une faute ou la faire paraître plus grave qu'on ne pense, la diminuer ou la faire paraître moins grave, l'excuser ou la rejeter sur les autres ou sur sa faiblesse personnelle, sont autant de manières de manquer de sincérité au saint tribunal. — 2° La confession doit être sincère, puisque le confesseur est juge de la conscience et que par là même il doit la connaître telle qu'elle est réellement.

§ IV. 1° Est-il permis, en confession, de dire qu'une faute n'est pas grave, si on la croit grave ? — de dire qu'elle est grave si on pense qu'elle ne l'est pas? — de dire qu'on n'est point coupable, que les autres le sont pour nous? — Quelle qualité manquerait à la confession?

* Qu'est-ce qu'augmenter une faute en confession? — Et la diminuer? — Et l'excuser?

* Quelle personne est sincère en confession? = En quoi consiste la sincérité de la confession?

2° Le confesseur doit-il connaître l'état de l'âme de celui qu'il confesse? Pourquoi oui? — Le pourrait-il si la confession n'était point sincère?

* Pourquoi la confession doit-elle être sincère?

ARTICLE VII.

§ I. *Qu'entendez-vous en disant que la confession doit être entière?* — En disant que la confession doit être entière, j'entends qu'il faut dire le nombre, au moins, de tous les péchés mortels, les circonstances qui en changent l'espèce ou qui les aggravent notablement.

§ II. Disons : 1° comment la confession est entière; 2° pourquoi elle doit être entière.

§ III. 1° Pour faire une confession *entière*, il faut au moins faire connaître, *a*) le *nombre*, et *b*) les *circonstances* de tous ses péchés mortels.

Or, *a*) pour faire connaître le nombre de ses péchés, il faut indiquer l'*espèce* du péché que l'on a commis et dire aussi *combien de fois* on l'a commis. Ainsi, il ne suffit pas de dire, par exemple, j'ai péché gravement contre l'espérance, contre la charité envers mon prochain; il faut dire, dans le premier cas, si c'est par désespoir ou par présomption; dans le second, si c'est par médisance, calomnie ou de toute autre manière. Et ainsi, l'on fait connaître l'espèce du péché commis. — Pour en faire connaître le nombre il faut, de plus, indiquer combien de fois chaque péché a souillé notre âme, par exemple, si l'on a fait une, trois, dix calomnies.

b) Pour faire une confession entière, il faut nécessairement faire connaître les *circonstances* qui changent l'espèce du péché et aussi, sans doute, les circonstances qui l'aggravent notablement. Or, on appelle *circonstances* d'un péché, certaines particularités que n'a pas toujours ce péché. Ainsi, par exemple, les vols n'ont pas toujours lieu dans une église. Dès lors, si un vol est commis dans ce saint lieu, c'est une circonstance. La connaissance des circonstances d'un péché se tire de la condition de la personne qui a péché, du lieu ou elle a péché, du but qu'elle s'est proposé, des moyens qu'elle a employés, etc.....

Les circonstances qui *changent l'espèce* d'un péché sont celles qui donnent à un même péché la malice de plusieurs autres. Ainsi, le vol d'un calice, par exemple, renferme la malice du vol, péché opposé au septième commandement, et la malice du sacrilége, péché opposé au premier commandement. — Les circonstances qui *aggravent* notablement un péché sont celles qui donnent à un péché un plus grand degré de malice. Ainsi, une personne vole mille francs, cette circonstance de la quantité volée aggrave notablement son péché. — 2° La confession doit être entière par la même raison qui fait qu'elle doit être sincère. Le confesseur doit connaître parfaitement l'état de la conscience du pénitent. Or, il ne le peut si la confession n'est pas entière dans le sens que nous avons expliqué.

§ IV. 1°-*a*) Une personne, qui a fait un faux témoignage, se confesserait-elle suffisamment en disant : J'ai péché contre le huitième commandement? — Que devrait-elle faire connaître? Ne serait-ce pas *l'espèce* du péché opposé au huitième commandement?

Une autre, qui a blasphémé dix fois, se confesserait-elle bien en disant : J'ai blasphémé? — Devrait-elle faire connaître aussi le *nombre* de fois qu'elle a commis cet incroyable péché?

* Ainsi, d'abord, quand la confession est-elle entière? (1°? — 2°?)

b) Mais la confession est-elle toujours entière par cela même qu'on fait connaître l'espèce du péché et le nombre de fois qu'on l'a commis?

Ainsi un enfant, qui a frappé sa mère, se confesserait-il suffisamment en disant : Je m'accuse d'avoir frappé une personne? — Devrait-il faire connaître la personne qu'il a frappée? — Pourquoi? Serait-ce parce que la circonstance de la personne frappée a changé l'espèce de son péché? — Oui sans doute, parce que cette circonstance donne à son péché la malice d'un péché contre le quatrième commandement de Dieu, et ainsi son péché se trouve avoir la malice d'un péché contre le cinquième commandement et la malice d'un péché contre le quatrième, n'est-ce pas?

De même, une personne qui a volé dix mille francs se confesserait-elle suffisamment en disant : Je m'accuse d'avoir volé? — Pourquoi non? — Que devrait-elle ajouter?

c) * Ainsi, outre l'espèce du péché et le nombre de fois qu'on l'a commis, que faut-il déclarer en confession?

* Qu'appelle-t-on circonstances d'un péché? — D'où se tire la connaissance des circonstances d'un péché?

d) * Distingue-t-on plusieurs sortes de circonstances de péché?

* Qu'appelle-t-on circonstance changeant l'espèce du péché?

* Qu'appelle-t-on circonstance aggravant un péché? Donnez l'exemple d'une circonstance qui change l'espèce d'un péché; — qui aggrave un péché.

e) * Quand la confession est-elle entière? = Que faut-il déclarer pour faire une confession entière? (1°? — 2°? — 3°? — 4°?)

2° Le confesseur doit-il connaître l'état de la conscience du pénitent? — Pourquoi oui?

* Pourquoi la confession doit-elle être entière?

ARTICLE VIII.

§ I. *Est-ce un grand mal de cacher volontairement un péché mortel en confession?* — Oui, c'est un trèsgrand mal; car celui qui cache volontairement un péché mortel commet un sacrilége, s'il reçoit l'absolution; et ses péchés ne lui sont pas remis.

Si on oublie involontairement un péché mortel, la confession est-elle sacrilége? — Non; les péchés oubliés involontairement, après un examen sérieux, ne rendent pas la confession sacrilége; mais on doit, si on s'en souvient, les accuser dans la prochaine confession.

§ II. 1° Philibert s'est enivré dix fois, etc..... de plus il a commis un blasphème. Il s'accuse en confession de tous ses péchés à l'exception d'un seul, volontairement, par honte ou autre motif, il ne déclare pas son blasphème qui est un péché mortel, il reçoit l'absolution. Son blasphème est-il pardonné? — Et ses autres péchés? — Et même n'a-t-il pas sur la conscience un péché de plus qu'il n'avait avant de recevoir l'absolution? Comment appelez-vous ce péché? — Pourquoi un sacrilége?

2º Mais si Philibert avait oublié ce péché involontairement, sans le faire exprès, n'y ayant point pensé après un examen sérieux, ce péché ne serait-il pas remis? — Et ses autres péchés? — Philibert aurait-il commis un sacrilége? — Pourtant que devrait-il faire, d'après votre catéchisme, s'il venait à se souvenir qu'il a oublié ce péché?

* Que doit faire celui qui, involontairement, oublie quelque péché mortel en confession?

ARTICLE IX.

§ I. *Que doit faire celui qui a eu le malheur de cacher des péchés ou de manquer de contrition dans les confessions précédentes?* — Pour réparer ce malheur, il doit faire au plus tôt une revue ou une confession générale, et recevoir de nouveau l'absolution.

§ II. 1º Disons quand il faut faire une confession générale ou une revue, et 2º faisons connaître les confessions qu'on appelle de ces deux noms.

§ III. 1º On manque de contrition si l'on ne regrette pas ses péchés ou si l'on n'a pas le bon propos, en d'autres termes, si la contrition n'est pas ce que nous avons dit qu'elle doit être. La confession est sacrilége, le plus ordinairement du moins, parce qu'elle n'est pas entière, et plus particulièrement parce qu'on cache volontairement des péchés. Ce sont là d'ailleurs les deux causes ordinaires qui empêchent de recevoir le sacrement de pénitence en de bonnes dispositions. — Le chrétien, qui a eu le malheur de manquer de contrition ou de cacher des péchés en confession, doit faire, au plus tôt, une confession générale ou une revue. — 2° On appelle revue la confession des fautes commises pendant une partie de la vie, par exemple, un an, cinq ans, dix ans. — La *confession générale* est la confession des fautes commises pendant la vie entière. C'est au confesseur qu'il appartient de décider quelle sorte de confession il est bon de faire.

§ IV. 1° Qu'est-ce que la contrition? — Combien contient-elle de parties? — Quelles qualités doit-elle avoir?

Un homme ne regrette pas ses péchés du fond du cœur, son regret est sur ses lèvres seulement. Cet homme a-t-il la contrition? — Pourquoi non?

Un autre a commis dix péchés mortels, il en déteste huit, mais il est encore content d'avoir commis les deux autres. Cet homme a-t-il la contrition véritable? — Pourquoi non? — Quelle qualité manque à sa contrition?

Un autre n'éprouve pas plus de peine d'avoir péché que d'avoir perdu dix francs, sa contrition est-elle bonne? — Quelle qualité lui manque?

Un quatrième croit pouvoir se repentir de ses péchés sans le secours du bon Dieu, a-t-il la contrition? — Pourquoi non?

Celui-ci regrette d'avoir péché, mais, c'est parce qu'il a été mis en prison, a-t-il la véritable contrition? — Pourquoi non?

Cet autre se confesse de tous ses péchés, il croit les détester, mais il est encore bien déterminé à les commettre, sa contrition est-elle véritable?

*Ainsi, indiquez comment on peut manquer de contrition? (1°? — 2°?..... — 6°?

2° Quelles sont les qualités de la confession? — Dès

lors, en combien de manières pourrait-on faire une mauvaise confession?

* Cependant, ordinairement du moins, pourquoi les confessions sont-elles sacriléges?

3° Si vous aviez fait une mauvaise confession ou manqué de contrition, que feriez-vous?

4° - * *a*) Qu'est-ce que faire une revue? = En parlant de la confession qu'appelle-t-on revue?

* Qu'est-ce qu'une confession générale.

b) D'après ce que nous avons dit, quelles personnes doivent faire une revue ou une confession générale?

* Quand doivent-elles la faire?

NEUVIÈME LEÇON.

De l'examen de conscience.

ARTICLE Ier.

I. *Que faut-il faire avant de se confesser?* — Il faut examiner sa conscience.

Qu'est-ce que l'examen de conscience? — C'est une recherche exacte des péchés qu'on a commis.

Cet examen est-il nécessaire? — Oui, parce qu'on ne peut avoir regret de ses péchés ni les confesser entièrement, si l'on ne s'est appliqué à les connaître.

§ II. Disons 1° ce que c'est qu'examiner sa conscience; 2° pourquoi l'examen de conscience est nécessaire avant la confession.

§ III. 1° Examiner sa conscience c'est rechercher, voir en son esprit toutes les fautes que l'on a commises, c'est repasser attentivement en sa mémoire les fautes dont on s'est rendu coupable. — 2° L'examen de conscience est nécessaire avant la confession. Car, pour confesser une faute, il faut se la rappeler, et, pour se la rappeler, il faut réfléchir sur l'état de son âme ou s'examiner... Cet examen de conscience n'est pas moins nécessaire pour avoir la contrition. Comment, en effet, regretter une faute à laquelle on ne pense point?

§ IV. 1° Y a-t-il quelque chose à faire avant la confession? — Que faut-il faire? — Qu'est-ce qu'examiner sa conscience? — En quoi consiste l'examen de conscience?

2° Est-ce qu'on ne pourrait pas avoir la contrition de ses péchés, si on ne s'était examiné? — Pourquoi non?

Ne pourrait-on pas non plus les confesser? — Pourquoi non?

* Pourquoi faut-il examiner sa conscience avant de s'exciter à la Contrition?

* Pourquoi l'examen de conscience doit-il précéder la confession?

ARTICLE II.

§ I. *Comment devons-nous faire cet examen?* — Nous devons : 1° demander à Dieu les lumières pour connaître nos fautes, et la grâce de les détester; 2° rechercher les péchés que nous avons commis, par pensées, par paroles, par actions et par omissions, contre les commandements de Dieu et de l'Eglise et contre les devoirs de notre état.

§ II. 1° Prier Dieu de nous faire connaître nos fautes; 2° tâcher de voir les péchés que nous avons commis, c'est là faire notre examen de conscience.

§ III. 1° Pour bien faire son examen de conscience, il faut demander à Dieu la grâce de le bien faire, ou le prier de nous faire ressouvenir de nos fautes. Il est bon même, dès en commençant cet examen, de lui demander la grâce de la contrition qui nous est si nécessaire. — 2° Pour bien réussir dans l'examen de conscience il faut, en se rappelant qu'on peut commettre le péché actuel par pensées, paroles, actions et omissions, prendre un à un chaque commandement de Dieu et se dire en premier lieu : Qu'ordonne ce commandement ? — l'ai-je fait ? — combien de fois ne l'ai-je pas fait? Puis : Que défend ce même commandement? — ne l'ai-je point fait? — combien de fois ai-je ainsi fait ce que Dieu me défendait par ce commandement? — Après qu'on a ainsi parcouru les dix commandements de Dieu, il faut passer en revue les commandements de l'Eglise en se posant les mêmes questions. Ensuite, il faut passer aux péchés capitaux et terminer son examen en se demandant : Que dois-je faire à cause de mon état, de ma situation au milieu des hommes, comme écolier, par exemple, soldat, domestique, père de famille...... l'ai-je fait? — combien de fois ne l'ai-je pas fait? — Pareillement n'ai-je pas fait quelque chose que je ne devais pas faire comme écolier, etc.; — combien de fois l'ai-je fait?— Ainsi se fait facilement l'examen de conscience. — Il sera bon de suivre dans sa confession le même ordre qu'on a suivi dans son examen.

§ IV. 1° Avant de se mettre à faire la recherche de ses fautes, pour faire son examen de conscience, est-il bon de prier Dieu? — Et que faut-il lui demander?

*Comment faut-il commencer son examen de conscience?

2° - *a*) Pour arriver à connaître ses fautes n'est-il pas utile de se rappeler ce que le catéchisme enseigne sur le péché actuel? — Qu'est-ce que le péché actuel? — En combien de manières peut-on le commettre?

Quand pèche-t-on par pensée? — par parole? — par action?

Comment pèche-t-on par omission?

b) Après cela, faut-il se demander, par exemple : Ai-je menti? — blasphémé? — volé? ou bien faut-il suivre un certain ordre?

* Quel ordre faut-il suivre en faisant son examen de conscience?

c) * Que faut-il se demander en pensant à chaque commandement? (*Ordre, défense*).

Que faut-il se demander, après qu'on a vu ce qu'ordonne un commandement? — Et, si l'on n'a pas fait ce qu'il ordonne, faut-il se demander aussi le nombre de fois qu'on ne l'a pas fait?

Après qu'on a vu combien de fois on n'a pas fait ce qu'ordonne un commandement, faut-il encore s'examiner sur ce commandement?

Et que faut-il se demander après qu'on a vu ce que défend un commandement? — Et, si l'on a fait ce qu'il défend, faut-il se demander aussi le nombre de fois qu'on l'a fait?

d) Faites ainsi votre examen de conscience, par exemple, sur le deuxième commandement de Dieu :

Qu'ordonne le second commandement de Dieu? (Respect lorsqu'on parle de Dieu... accomplissement des vœux, etc...) — Avez-vous toujours parlé de Dieu avec respect? — Combien de fois avez-vous prononcé, sans respect, ce nom infiniment respectable?

Que défend ce même commandement? (blasphème, imprécation). — Avez-vous blasphémé? — Combien de fois?.....

e) * Ainsi quelles questions faut-il se poser sur chaque

commandement? — Et quelle question faut-il se poser après qu'on a vu chaque ordre porté par un commandement? (1°? — 2°?) — Et après qu'on a vu chaque défense? (1°? — 2°?)

f) Pour faire complètement son examen, faut-il seulement parcourir les commandements de Dieu? — ceux de l'Eglise? — les péchés capitaux? — Quel est votre état?

★Que devez-vous faire par la raison que vous êtes écolier, enfant du catéchisme? — Que devez-vous ne pas faire?

ARTICLE III.

§ I. *Quel est le moyen de se rappeler tous ses péchés?* — C'est de penser aux occupations les plus ordinaires de la journée, aux lieux et aux personnes qu'on a fréquentés, et aux habitudes que l'on a contractées.

§ II. Penser : 1° à ses occupations ordinaires; 2° à ses mauvaises habitudes; 3° aux lieux que l'on a fréquentés; 4° aux personnes avec lesquelles on s'est trouvé, sont autant de moyens pour se rappeler ses péchés dans son examen.

§ III. Pour bien faire son examen, en parcourant les points divers sur lesquels nous pouvons offenser Dieu, 1° il faut penser à ses occupations, à ce que l'on fait le plus ordinairement, il faut se demander comment on le fait. — 2° Il faut voir quelles sont nos mauvaises habitudes et se rappeler si elles ne nous ont point porté au mal. — 3° Il faut se rappeler les endroits où l'on est allé, voir ce qu'on a fait, ce qu'on a dit, comment on s'est tenu, etc... — 4° Il faut penser aux personnes avec lesquelles on s'est trouvé, se rappeler les paroles qu'on leur a dites et celles qu'elles ont dites elles-mêmes.

§ IV. Que ferez-vous pour vous ressouvenir des fautes que vous avez commises contre les commandements de Dieu, ceux de l'Eglise, etc...

1° Qu'appelez-vous occupation?

Que vous demanderez-vous en pensant à vos mauvaises habitudes?

3° * Que vous demanderez-vous en pensant aux lieux que vous avez fréquentés?

4° * Que vous demanderez-vous en pensant aux personnes avec lesquelles vous avez eu des rapports?

ARTICLE IV.

§ I. *Que faut-il faire après qu'on a examiné sa conscience?* — Il faut demander pardon à Dieu, et prendre la résolution de ne plus l'offenser.

§ II. Lorsque vous aurez vu vos péchés dans votre examen de conscience, que ferez-vous?

* Qu'est-ce que demander pardon à Dieu, sinon le prier de ne plus se souvenir de nos péchés et lui assurer qu'on les regrette?

Qu'est-ce que prendre la résolution de ne plus l'offenser à l'avenir? — Qu'est-ce que le bon propos?

N'y a-t-il pas un acte où l'on dise à Dieu qu'on regrette de l'avoir offensé dans le passé et qu'on ne veut plus l'offenser à l'avenir?

Par quel acte faut-il terminer son examen de conscience? — Faites un acte de contrition.

DIXIÈME LEÇON.

De la manière de se confesser.

ARTICLE Ier.

§ I. *Comment faut-il se confesser?* — Il faut se mettre à genoux, faire le signe de la croix, et dire au prêtre : *Bénissez-moi, mon Père, parce que j'ai péché;* réciter le *Confiteor* jusqu'à *mea culpa,* ou, en français : *Je confesse à Dieu,* jusqu'à *par ma faute.*

§ II. - *a)* Quand vous allez à confesse, que faites-vous, une fois entré dans le confessionnal?

b) Que faites-vous quand vous vous êtes mis à genoux?

c) Que dites-vous après avoir fait le signe de la croix?

A qui parlez-vous en disant ces paroles : *Bénissez-moi...?*

Comment faut-il appeler le prêtre, son confesseur, pendant le cours de la confession?

d) Quelle prière récitez-vous après avoir demandé la bénédiction du prêtre?

Récitez la confession des péchés en français? — En latin?

Récitez la confession des péchés jusqu'à l'endroit où il faut d'abord la réciter en se confessant?

ARTICLE II.

§ I. *Que faut-il faire ensuite?* — Il faut dire combien il y a de temps qu'on ne s'est confessé, si l'on a reçu l'absolution, et si l'on a fait sa pénitence; déclarer ensuite tous ses péchés simplement, sans y mêler des choses étrangères et inutiles, et répondre avec sincérité aux questions du confesseur.

Doit-on éviter de faire connaître les personnes avec

lesquels on a péché? — Oui, on doit l'éviter avec soin, autant que cela est possible.

Quand on a fini de s'accuser de ses péchés, que faut-il faire? — Il faut dire : « Je m'accuse encore généralement de tous les péchés dont je ne me souviens pas et de tous ceux de ma vie passée; j'en demande pardon à Dieu, et je vous prie, mon Père, de me donner pénitence et l'absolution ou la bénédiction, selon que vous m'en jugerez digne. On achève ensuite le *Confiteor.*

§ II. 1° - *a)* Lorsque vous avez récité la première partie de la confession des péchés, que dites-vous à votre confesseur?

S'il y avait deux mois que vous n'auriez été à confesse, comment le diriez-vous à votre confesseur?

b) Faut-il parler de la pénitence imposée dans la confession précédente? — Que faut-il dire de l'absolution?

c) * Ainsi, quelles sont les trois choses qu'il faut faire connaître au confesseur avant de lui déclarer ses péchés? (1°? — 2°? — 3°?)

2° - *a)* Après avoir dit au confesseur si on a fait sa pénitence, de quoi faut-il parler? — Qu'est-ce que la confession?

* Qu'est-ce que déclarer ses péchés en confession? Serait-ce dire, par exemple : Mon père je m'accuse d'avoir fait telle chose; d'avoir omis.....

Quelles sont les qualités de la confession?

Qu'est-ce que se confesser humblement? — sincèrement?

Combien de péchés faut-il déclarer en confession?

Quand une confession est-elle entière?

b) Si le confesseur interroge, comment faut-il répondre aux questions qu'il nous fait? — Quand parle-t-on avec sincérité?

3° * Que doit-on éviter en se confessant?

c) Dès lors, si, par exemple, vous aviez volé avec Pierre, diriez-vous : Mon père je m'accuse d'avoir volé avec Pierre? — Pourtant, si vous aviez commis certains vilains péchés avec votre frère ou votre sœur, vous pourriez, et vous devriez même, le faire connaître à votre confesseur?

b) * Que faut-il encore éviter, d'après votre catéchisme?

Qu'est-ce à dire qu'il ne faut pas mêler à la confession des choses étrangères et inutiles? sans doute qu'il ne faut rien dire qui n'ait rapport à la confession, qui ne puisse servir à faire connaître sa conscience, n'est-ce pas?

4° - *a)* Lorsqu'on s'est accusé de tous les péchés dont on se souvient, que faut-il ajouter?

Enfin, après s'être accusé de toutes ses fautes en général, que faut-il demander au confesseur?

b) Qu'est-ce que l'absolution?

* Y a-t-il de la différence entre recevoir l'absolution et recevoir la bénédiction? — Le pénitent qui reçoit, même bien préparé, la bénédiction en confession, reçoit-il le sacrement de pénitence? — Et celui qui, également dans de bonnes dispositions, reçoit l'absolution?

c) Qui doit juger, de vous ou de votre confesseur, si vous méritez l'absolution?

Achevez la confession des péchés en français. — En latin.

ARTICLE III.

§ I. *Que faut-il faire après avoir achevé le* Confiteor? — Après avoir achevé le *Confiteor*, il faut écouter respectueusement les avis du confesseur qui tient la place de Jésus-Christ et accepter humblement la pénitence qu'il impose.

Que faut-il faire pendant qu'on reçoit l'absolution? — Il faut s'incliner profondément, s'exciter de nouveau et plus vivement à la contrition, et en faire un acte.

Que faut-il faire après l'absolution? — Il faut se retirer à l'écart, remercier Dieu de la grâce qu'on vient de recevoir et se fortifier dans la résolution de ne plus pécher.

II. 1° Lorsque le pénitent a fait sa confession, le confesseur lui fait connaître la gravité de ses fautes, lui donne quelques conseils pour les éviter à l'avenir. Que faut-il faire tandis que le confesseur nous parle? serait-ce convenable d'être distrait, de penser à autre chose qu'à ce qu'il nous dit?

* Comment faut-il écouter les avis du confesseur?

* Pourquoi faut-il écouter avec respect les avis du confesseur?

2° Que faut-il dire, au moins intérieurement, lorsque le confesseur donne la pénitence?

Celui qui se dirait en recevant sa pénitence : Je ne veux pas la faire, serait-il bien disposé pour recevoir le sacrement de pénitence?

3° Que faut-il faire tandis que le prêtre nous donne l'absolution? — Inclinez-vous profondément.

Qu'est-ce que s'exciter à la contrition? — Faites un acte de contrition.

4° Lorsqu'on a reçu l'absolution ou la bénédiction faut-il rester dans le confessionnal?

* Qu'est-ce à dire qu'il faut se retirer à l'écart? Sans doute, n'est-ce pas, qu'il faut s'éloigner du confessionnal?

Et ensuite, serait-il convenable de sortir immédiate-

ment de l'église? — N'est-il pas mieux d'y rester?
5° Mais pourquoi faire rester à l'église après sa confession? (1°? — 2°?)
Quelle grâce Dieu a-t-il accordé à celui qui a reçu
l'absolution? — De quelle grâce doit remercier.
Dieu celui qui a reçu le sacrement de pénitence?
* Qu'est-ce à dire qu'il faut se fortifier dans la résolution de ne plus offenser Dieu? — Serait-ce qu'il faut
demander de nouveau à Dieu sa grâce et bien
se déterminer à exécuter les résolutions qu'on a
prises?

ONZIÈME LEÇON.

De la satisfaction.

ARTICLE Ier.

§ I. *Qu'est-ce que la Satisfaction?* — La Satisfaction est la réparation de l'injure que nos péchés ont
faite à Dieu et des torts qu'ils ont faits au prochain.

§ II. La Satisfaction est toujours : 1° la réparation
de l'injure faite à Dieu, et parfois, 2° la réparation
des torts faits au prochain.

§ III. La Satisfaction, avons-nous vu, fait partie du
sacrement de pénitence, et dès lors, comme nous le
dirons plus tard, celui qui n'aurait pas, au moins,
l'intention de satisfaire pour ses péchés, au moment
où il reçoit l'absolution, commettrait un sacrilége.
Or, 1° la Satisfaction est avant tout et toujours la
réparation de l'injure faite à Dieu par notre péché.
Tout péché est une injure faite à Dieu, car, lorsque
nous péchons, nous désobéissons à Dieu, et désobéir
à quelqu'un, qui a le droit de nous commander, est

très-certainement lui faire injure, puisqu'en méprisant ses ordres on méprise sa personne elle-même. Or, tout ce que nous faisons pour réparer l'injure faite à Dieu par nos péchés, tout ce que nous nous imposons pour faire oublier nos péchés à ce bon Maître s'appelle *Satisfaction*. La première satisfaction que Dieu exige de nous, après notre péché, c'est le repentir, et si ce repentir est sincère, il doit nous conduire à la réception du sacrement de pénitence. — Entre les différentes sortes de satisfactions on distingue la pénitence sacramentelle, dont nous allons prochainement dire un mot. — 2° Lorsque notre péché, tout en faisant injure à Dieu, a également offensé le prochain, nous devons non-seulement satisfaire à Dieu, mais encore réparer le tort fait au prochain, c'est-à-dire faire en sorte que rien ne subsiste du mal que nous lui avons causé. — Tout ce que nous faisons pour réparer le mal fait au prochain s'appelle aussi Satisfaction.

§ IV. Qu'est-ce que le sacrement de pénitence ?

Qu'est-ce qui le forme ? — Du côté du confesseur ? — Du côté du pénitent ?

De quelles parties du sacrement avons nous parlé jusqu'ici ?

De quelle partie devons-nous encore nous entretenir ?

Qu'appelle-t-on Satisfaction ?

1° Qu'est-ce que satisfaire à Dieu ?

* Faut-il toujours satisfaire à Dieu pour un péché ? — Pourquoi oui ? — Qu'est-ce qu'un péché ?

Quelle première satisfaction Dieu exige-t-il de nous ? — En connaissez-vous d'autres ?

2° * N'y a-t-il pas des péchés qui exigent deux sortes de Satisfactions ? — Quels sont ces péchés ?

Comment satisfait-on au prochain ?

ARTICLE II.

§ I. *Pourquoi faut-il satisfaire à Dieu, même après qu'on a reçu le pardon de ses péchés?* — Il faut satisfaire à Dieu, même après qu'on a reçu le pardon de ses péchés, parce que la peine éternelle qu'on avait méritée est changée ordinairement en une peine temporelle qu'on doit subir en ce monde ou en l'autre.

§ II. Montrons pourquoi il faut satisfaire à Dieu après le pardon des ses péchés par le sacrement de pénitence.

§ III. Trois choses sont, pour le pécheur, suites de son péché. La première est une tache dont le péché a souillé son âme; la seconde, appelée *coulpe*, est une manière d'être toujours méprisable aux yeux de Dieu, si le péché est mortel, ou moins aimable; si le péché n'est que véniel; la troisième est une dette contractée envers la justice divine: si la faute est mortelle, le pécheur doit subir les souffrances éternelles de l'enfer; si elle n'est que véniclle, il doit subir une peine temporelle en cette vie ou en l'autre. — Or, le sacrement de pénitence efface entièrement la tache imprimée dans l'âme par le péché; de plus, il rend à l'âme l'amitié de Dieu; ce sont là sos deux premiers effets. Son troisième est d'éteindre l'obligation ou était le pécheur de satisfaire à la justice divine par les peines de l'enfer : après avoir reçu l'absolution le pécheur ne peut plus, à cause de son péché, être condamné aux flammes de l'enfer. Cependant la peine éternelle qu'il devait subir n'est pas complètement remise, elle est ordinairement, d'après l'enseignement de l'E-glise, changée en une peine temporelle, c'est-à-dire que le pécheur qui devait souffrir la peine éternelle de l'enfer doit encore, ordinairement, après avoir reçu l'absolution, subir une peine temporelle. Notre catéchisme dit *ordinairement* pour nous faire comprendre qu'il peut se faire qu'un pécheur ait un si vif regret de ses fautes et un amour de Dieu si parfait, que Dieu lui remette entièrement la peine qu'il avait méritée. — Ainsi donc on appelle *peine temporelle* la punition que Dieu nous réserve après nous avoir pardonné nos péchés. Elle est appelée temporelle parce qu'elle ne doit durer qu'un temps sur la terre ou dans le purgatoire.

§ IV. - *a*) *Quelle est la punition méritée par un péché mortel?

Dieu exige-t-il que tous ceux qui ont commis une faute mortelle subissent les peines de l'enfer?

Quel sacrement décharge le pécheur de l'obligation où il était de subir les peines de l'enfer?

Mais Dieu, en faisant grâce des peines de l'enfer, n'exige-t-il pas ordinairement qu'on subisse quelque peine? — Comment appelez-vous cette peine?

*Qu'appelez-vous peine temporelle?

Pourquoi appelez-vous peine temporelle la punition que Dieu réserve au pécheur après avoir pardonné son péché?

b) Où devons-nous subir cette peine temporelle?

Et si nous ne la subissons pas en cette vie, où la subirons-nous? — Qu'est-ce que le purgatoire?

c) Ne peut-il pas arriver cependant que Dieu pardonne un péché mortel sans réserver des peines temporelles à celui qui l'a commis? — Quand cela arrive-t-il?

*Pourquoi notre catéchisme dit-il qu'*ordinairement* la peine éternelle est changée en une peine temporelle?

ARTICLE III.

§ I. *Ferait-on une bonne confession, si on n'avait pas l'intention de satisfaire à Dieu?* — Non, on ne ferait pas une bonne confession, et, si on recevait l'absolution, on commettrait un sacrilége.

Comment satisfait-on à Dieu? — On satisfait à Dieu principalement en accomplissant avec dévotion la pénitence imposée par le confesseur.

Il y a donc une obligation d'accomplir la pénitence imposée par le confesseur? — Oui, il y a une obligation rigoureuse de l'accomplir de la manière qu'elle a été prescrite.

§ II. Pour satisfaire à Dieu il faut au moins : 1° avoir l'intention de lui satisfaire, lorsqu'on reçoit l'absolution; 2° il faut, plus tard, accomplir la pénitence imposée par le confesseur et cela avec dévotion et de la manière prescrite.

§ III. 1° Tout homme, qui a péché, doit nécessairement satisfaire à Dieu pour ses péchés. Mais la satisfaction doit-elle précéder la réception du sacrement de Pénitence? — Non; lorsqu'on reçoit l'absolution, il n'est pas nécessaire que la Satisfaction ait déjà eu lieu, il suffit qu'on ait l'intention de la faire dans l'avenir. Quant à cette intention elle est absolument requise, et celui qui recevrait le sacrement de Pénitence, ne l'ayant pas au fond du cœur, commettrait un sacrilége. — 2° Entre toutes les satisfactions qui doivent suivre, sinon précéder l'absolution, on distingue les prières ou les bonnes œuvres imposées par le confesseur au pénitent, pour réparer l'injure faite à Dieu par le péché et expier la peine temporelle. Ce genre de Satisfaction s'appelle simplement *pénitence*, ou mieux, *pénitence sacramentelle*, parce qu'elle fait

en quelque sorte partie du sacrement de pénitence.
Il y a obligation rigoureuse de faire sa pénitence,
c'est-à-dire que l'on ferait un péché si on ne l'accom-
plissait pas. Et il faut l'accomplir avec dévotion,
pour plaire à Dieu. Il faut l'accomplir de la manière
qu'elle a été prescrite, faire absolument tout ce que
le confesseur a ordonné.

§ IV. Qu'est-ce que la Satisfaction? — Est-elle nécessaire? — Pourquoi oui?

Connaissez-vous quelques choses que Dieu puisse
accepter comme satisfaction. Nommez-en quelques-unes?

1° Mais est-ce qu'il est nécessaire d'avoir jeûné, prié,
pour satisfaire à Dieu, avant de recevoir l'absolution?

* Que faut-il, comme satisfaction, lorsqu'on reçoit
l'absolution?

Quel péché commettrait celui qui, n'ayant pas l'intention de satisfaire à Dieu, recevrait le sacrement
de pénitence?

2° - a) Entre toutes les satisfactions, y en a-t-il une
qui porte un nom particulier? — Quelle est cette
satisfaction?

* Qu'appelle-t-on pénitence sacramentelle ou simplement pénitence?

b) Est-il nécessaire de faire sa pénitence?

* Que comprenez-vous en disant qu'il y a obligation
d'accomplir la pénitence imposée par le confesseur?

c) Comment faut-il faire sa pénitence? (1°? — 2°?)

* Qu'est-ce à dire qu'il faut accomplir sa pénitence
avec dévotion? — Qu'il faut l'accomplir de la manière prescrite?

ARTICLE IV.

§ I. *N'y a-t-il pas encore d'autres moyens de satisfaire à Dieu?* — Oui, nous pouvons encore satisfaire à Dieu, en nous imposant des pénitences volontaires, telles que la prière, le jeûne et l'aumône, et en supportant avec patience et résignation les travaux et les peines de la vie.

§ II. - *a)* Ne pouvons-nous satisfaire à Dieu qu'en accomplissant la pénitence imposée par notre confesseur? — Connaissez-vous d'autres manières de satisfaire à Dieu? — Quelles sont ces manières?

b) *Quand une pénitence est-elle volontaire? Serait-ce quand nous la faisons de nous-mêmes, sans ordre, sans y être obligés par un commandement?

c) Quelles choses pouvons-nous nous imposer comme pénitences volontaires? — Qu'est-ce que la prière? — Qu'est-ce l'aumône? — En quoi consiste le jeûne?

Citez quelques peines de la vie? — Quelques travaux?

*Comment faut-il faire son travail pour faire pénitence de ses péchés? — Comment faut-il souffrir?

*Que fait une personne qui souffre avec patience? murmure-t-elle contre la douleur? — Et celle qui souffre avec résignation, se révolte-t-elle contre la volonté de Dieu qui lui impose ses souffrances?

*Qu'est-ce que supporter avec patience les peines de la vie? — Et les travaux?

d) En combien de manières pouvons-nous satisfaire à Dieu pour la peine temporelle due à nos péchés? (1°? — 2°?)

ARTICLE V.

§ I. *Comment rendons-nous nos satisfactions utiles pour l'expiation de nos péchés?* — Nous rendons nos satisfactions utiles pour l'expiation de nos péchés, en les unissant aux mérites de Jésus-Christ, d'où elles tirent toute leur valeur.

§ II. Unissons nos satisfactions aux mérites de Jésus-Christ si nous voulons qu'elles expient nos péchés.

§ III. De nous-mêmes nous ne pouvons rien pour le bien de nos âmes dans l'autre vie; ce que nous pouvons, nous ne le pouvons qu'avec Jésus-Christ. Dès lors, si nous voulons que nos œuvres satisfactoires nous déchargent de l'obligation de subir la peine temporelle due à nos péchés, unissons-les aux souffrances de Jésus-Christ. Disons souvent : Mon Dieu, je vous offre cette peine, ce travail... pour l'expiation de mes péchés, en union avec les souffrances et la mort de Jésus-Christ, mon Sauveur.

§ IV - *a*) Pouvons-nous de nous-mêmes faire quelque chose qui nous rapproche du ciel? — Qui peut nous aider? — Qui nous a mérité la grâce? — Qui est Jésus-Christ?

b) Que faut-il pour que nos pénitences ou nos œuvres satisfactoires réparent l'injure faite à Dieu par nos péchés?

* Que devons-nous dire à Dieu, par exemple, en travaillant, si nous voulons que notre travail expie nos péchés?

ARTICLE VI.

§ I. *Nos satisfactions n'ont-elles point d'autres avantages que d'expier nos péchés ?* — Elles servent encore à détruire nos habitudes vicieuses et à nous rendre semblables à Jésus-Christ souffrant.

§ II. 1° Nos satisfactions servent à détruire nos mauvaises habitudes; 2° elles nous rendent semblables à Jésus-Christ souffrant.

§ III. 1° Nous fuyons naturellement ce qui nous gêne; par là même nous fuyons la pénitence. Si donc le péché a pour effet de nous valoir une pénitence, nous le fuirons, sinon parce qu'il est péché, du moins parce qu'il nous vaut la souffrance d'une pénitence, et ainsi nous nous corrigerons. — 2° Jésus-Christ nous a rachetés par la croix; il est l'homme de douleur et plus nous souffrirons, plus nous lui ressemblerons. D'ailleurs, que nous le voulions ou ne le voulions pas, il nous faudra souffrir. Souffrons donc, mais de la bonne manière, avec patience et résignation, en unissant nos souffrances à celles de Jésus-Christ.

§ IV. A quoi servent d'abord nos satisfactions? De plus, quels biens nous procurent-elles?

1° *Comment nos satisfactions servent-elles à détruire nos mauvaises habitudes?

2° *Comment nos satisfactions nous rendent-elles semblables à Jésus-Christ souffrant?

ARTICLE VII.

§ I. *Comment satisfait-on au prochain?* — On satisfait au prochain, en réparant exactement tout le tort qu'on lui a fait dans sa personne, dans sa réputation ou dans ses biens.

§ II. Les torts faits au prochain peuvent s'adresser : 1° à sa personne; 2° à sa réputation; 3° à ses biens. — Ces torts, quels qu'ils soient, doivent être réparés.

§ III. Nous avons vu, en expliquant les commandements de Dieu, qu'on peut faire tort au prochain de plusieurs manières. Ainsi, 1° on peut blesser l'âme du prochain par le scandale; on peut faire souffrir son corps par des coups, des mauvais traitements. On peut faire de la peine au prochain par des paroles outrageantes, etc. — 2° On peut ternir la réputation du prochain, lui faire perdre la considération, l'estime des autres hommes par la médisance, la calomnie, etc... — 3° Le vol, la détention injuste du bien d'autrui,.... font tort au prochain dans ses biens. — Ces torts, quelle que soit leur nature, doivent être réparés : il faut, autant que possible, que la situation, faite au prochain par notre satisfaction, ne lui laisse rien à regretter des torts que nous lui avons faits.

§ IV. - *a*) Suffit-il toujours de satisfaire à Dieu?

* Quand faut-il de plus satisfaire au prochain?

b) Et peut-on faire tort au prochain de plusieurs manières? — D'après votre catéchisme, quelles sont ces trois manières?

1° * Comment peut-on faire tort au prochain dans sa personne? — (Scandales, coups, blessures, etc...)

Et comment faut-il satisfaire au prochain quand on lui a fait tort dans sa personne? = A quoi est-on tenu quand on a offensé ou scandalisé le prochain (1)?

2° Comment peut-on faire tort au prochain dans sa réputation? (Médisance, calomnie, etc...)

Et comment faut-il satisfaire au prochain quand on lui a fait tort par une calomnie? — par une médisance? = A quoi est obligé celui qui a calomnié le prochain, etc... (2)?

3° Comment peut-on faire tort au prochain dans ses biens? (Vol, dommage, etc...)

Et comment faut-il satisfaire au prochain quand on lui a fait tort dans ses biens? = Lorsqu'on a pris le bien d'autrui ou qu'on lui a fait tort d'une manière quelconque, suffit-il de s'en confesser (3)? — Que faut-il de plus? — Qu'est-ce que restituer?

____

(1) (2) (3) *Voir les leçons 3e, 5e et 6e de la seconde section de la seconde partie.*

DOUZIÈME LEÇON.

Des indulgences.

———

ARTICLE 1er.

§ I. L'Eglise peut-elle suppléer à une partie de la satisfaction que nous devons à Dieu pour nos péchés? — Oui, elle le peut au moyen des indulgences, en vertu du pouvoir qu'elle a reçu de Jésus-Christ.

Qu'est-ce que les indulgences? — Les indulgences sont une remise des peines temporelles dues au péché déjà pardonné.

Sur quoi sont fondées les indulgences? — Les indulgences sont fondées sur les satisfactions de Jésus-Christ et sur les mérites surabondants de la Sainte Vierge et des saints.

§ II. 1° L'Eglise accorde des indulgences; 2° L'Eglise peut accorder des indulgences; 3° les indulgences sont fondées sur les satisfactions de Jésus-Christ et sur les mérites surabondants de la sainte Vierge et des saints.

§ III. Nous avons vu, en parlant du mystère de la Rédemption, que Notre-Seigneur Jésus-Christ a satisfait, d'une manière surabondante, pour les péchés du monde entier, c'est-à-dire, que la réparation qu'il a faite à Dieu pour nos péchés est bien plus grande que l'offense faite à Dieu par ces mêmes péchés. — Pareillement, un bon nombre de saints ont offert à Dieu des satisfactions bien supérieures à celles que méritaient leurs péchés; ainsi, la Sainte Vierge, qui n'a jamais péché, saint Joseph, etc... Comme nous l'avons vu, en parlant de la communion des saints, ces satisfactions et ces mérites surabondants appartiennent à l'Eglise, et l'Eglise peut en disposer. De fait, l'Eglise en dispose, et c'est en accordant les indulgences. Un chrétien désire-t-il n'avoir point à subir les peines temporelles dues à Dieu pour ses péchés? S'il a recours à l'Eglise pour se décharger de cette obligation, et s'il consent à faire ce que l'Eglise lui prescrit, cette bonne Mère prend une partie des satisfactions que renferme son trésor spirituel et l'offre à Dieu comme paiement des satisfactions dues par ce chrétien. Dieu accepte l'échange et, ainsi, remise est faite à ce chrétien de sa dette de peines temporelles. De même une mère paie les dettes de son malheureux fils avec l'argent de la famille. Donc, en moins de mots : 1° l'Eglise accorde des indulgences, supplée à une partie de la satisfaction que nous devons à Dieu, fait remise de la peine temporelle due à Dieu pour nos péchés, c'est-à-dire que l'Eglise nous décharge de l'obligation où nous sommes de subir la peine temporelle due à nos péchés déjà pardonnés. Il est à remarquer, en effet, que l'indulgence n'est point la remise, le pardon du péché, mais bien la remise de la peine temporelle due au péché déjà pardonné. Il faut, pour gagner une indulgence, que le pécheur ne soit plus coupable de son péché, et que la tache dont ce péché avait souillé son âme ait disparu. 2° L'Eglise a-t-elle le pouvoir d'accorder des indulgences? On ne saurait en douter, car, à toutes les époques de son existence, l'Eglise en a usé. Ce pouvoir est d'ailleurs fondé sur les paroles de Jésus-Christ : « Tout ce que vous délierez sur la terre sera délié dans le ciel », a dit ce divin Maître. L'obligation de subir une peine temporelle est assurément un lien qui retient loin du ciel. Donc, l'Eglise peut le briser. Donc, elle peut accorder des indulgences. — 3° Les indulgences sont fondées sur les satisfactions de Jésus-Christ et sur les mérites surabondants de la Sainte Vierge et des saints ; cela veut dire, comme nous l'avons expliqué, que ce sont les satisfactions de Jésus-Christ et les mérites des saints qui remplacent nos satisfactions personnelles.

§ IV. 1° Qu'appelle-t-on peine temporelle due au péché ?

Sommes-nous nécessairement obligés de subir, nous-mêmes, la peine temporelle due à nos péchés ?

Qui peut nous décharger de l'obligation de subir la peine temporelle due à nos péchés ? — Comment l'Eglise peut-elle nous décharger de cette obligation ?

L'Eglise remet-elle le péché même ? efface-t-elle les souillures de l'âme en accordant des indulgences ?

* Que remet l'Eglise en accordant des indulgences ?

Mais, est-ce la peine temporelle, due au péché qu'on a encore sur la conscience, que l'Eglise remet ?

* Pour quels péchés l'Eglise accorde-t-elle des indulgences ?

* Que comprenez-vous en disant que l'Eglise accorde des indulgences ? = supplée aux satisfactions dues à Dieu pour nos péchés ?

* Qu'est-ce à dire que les indulgences sont la remise de la peine temporelle ?

2° Mais, l'Eglise peut-elle décharger le chrétien de la dette contractée par son péché ?

Comment prouveriez-vous que l'Eglise a le pouvoir d'accorder des indulgences ? — L'obligation de subir une peine temporelle due au péché est-elle un lien qui retient loin du ciel ? — L'Eglise peut-elle briser ce lien ? — Qui vous l'a dit ?

3° Mais, lorsque l'Eglise fait la remise de la peine

temporelle due aux péchés, les péchés dont la peine est ainsi remise, restent-ils sans satisfactions? — Quelles satisfactions remplacent les nôtres?

* Qu'entendez-vous en disant que les indulgences sont fondées sur les satisfactions surabondantes de Jésus-Christ et des saints?

ARTICLE II.

§ I. *Combien y a-t-il de sortes d'indulgences?* — Il y a deux sortes d'indulgences : l'indulgence plénière et l'indulgence partielle.

Qu'est-ce que l'indulgence plénière? — L'indulgence plénière est celle qui remet toute la peine due au péché.

Qu'est-ce que l'indulgence partielle? — L'indulgence partielle est celle qui ne remet qu'une partie de la peine temporelle due au péché.

§ II. Parlons 1° de l'indulgence plénière; 2° de l'indulgence partielle.

§ III. 1° l'indulgence plénière est la remise de toute la peine temporelle due au péché : celui qui la gagne devient aussi pur qu'il était au sortir des eaux du baptême; le paiement de satisfactions, fait en son nom, est aussi considérable que s'il avait enduré toutes les peines temporelles dues à ses péchés. Mais il est bien rare de gagner une indulgence plénière, parce qu'il est bien rare qu'on ait les dispositions requises. Pour les âmes qui n'ont pas les dispositions requises et qui, cependant, ont l'essentiel pour gagner les indulgences, l'indulgence plénière devient indulgence partielle, et produit accidentellement les mêmes effets. — 2° L'indulgence partielle ne remet qu'une partie de la peine temporelle due au péché : celui qui la gagne ne paie à Dieu, par elle, qu'une partie de sa dette de peines temporelles. Si l'indulgence plénière peut devenir, et devient le plus ordinairement, indulgence partielle, celle-ci peut, accidentellement, produire les mêmes effets que l'indulgence plénière. C'est quand celui qui la gagne, ayant déjà obtenu, par d'autres indulgences ou par des satisfactions personnelles, la remise d'une certaine partie de sa dette de peines temporelles, achève de satisfaire à Dieu par cette indulgence partielle.

Quant aux indulgences partielles, énoncées sous le nom d'un certain nombre de jours ou d'années, il ne faut pas croire que celui qui les gagne aura tant de jours ou d'années de moins à souffrir en purgatoire. Non, il faut comprendre que celui qui les gagne obtient la rémission d'une peine temporelle aussi considérable que s'il avait fait pénitence, d'après les anciennes lois de l'Eglise, le même nombre de jours ou d'années. Autrefois, en effet, l'Eglise imposait de très-fortes pénitences aux pécheurs coupables des fautes les plus graves. Ainsi, pour tel péché, il fallait jeûner au pain et à l'eau pendant plusieurs jours; pour tel autre, il fallait rester à la porte de l'Eglise pendant les offices d'une ou de plusieurs années. Les diverses indulgences partielles sont connues d'après ces anciennes lois de l'Eglise; c'est ainsi qu'on dit une indulgence de 40 jours, une indulgence de sept ans, etc... Or, gagner une indulgence de 40 jours, par exemple, c'est obtenir une rémission de peines temporelles aussi considérable qu'on aurait obtenue en faisant, d'après les anciennes lois de l'Eglise, 40 jours de pénitence.

§ IV. 1° — 2° Connaissez-vous plusieurs sortes d'indulgences? — Quelles sont ces deux sortes?

Quelle indulgence remet toute la peine temporelle
due aux péchés ?

Quelle indulgence ne remet qu'une partie de la peine
temporelle due aux péchés ?

Quelle différence y a-t-il entre une indulgence partielle et une indulgence plénière ?

Où irait l'âme d'une personne qui mourrait immédiatement après avoir gagné une indulgence plénière ? — Et l'âme d'une personne qui n'aurait
gagné qu'une indulgence partielle ?

3° Celui qui gagne une indulgence de sept ans, souf-
frira-t-il sept années de moins en purgatoire ?

Qu'est-ce donc qu'une indulgence de sept ans, de
100 jours, etc. ?

ARTICLE III.

§ I. *Quels sont ceux qui ont, dans l'Eglise, le pouvoir d'accorder des indulgences ?* — Ce sont : 1° le
pape dans toute l'Eglise; 2° les évêques dans leurs
diocèses, mais avec les limitations posées par l'E-
glise.

§ II. 1° Le pape, 2° les évêques peuvent seuls accorder des indulgences.

§ III. 1° Le Souverain Pontife peut accorder toutes
sortes d'indulgences à tous les fidèles du monde entier. — 2° Quant aux évêques, ils peuvent accorder
des indulgences dans leurs diocèses, et, hors de leurs
diocèses, à leurs diocésains sur lesquels ils conti-
nuent d'avoir autorité. Et même, dans ces conditions,
ils ne peuvent accorder des indulgences que dans les
limitations posées par l'Eglise, c'est-à-dire qu'ils ne
peuvent accorder que certaines indulgences déter-
minées par l'Eglise.

§ IV: Qui peut accorder des indulgences ? — Qu'est-ce que le pape ? — Qu'est-ce qu'un évêque ?

1° * A quelles personnes le pape peut-il accorder des indulgences ?

* Quelles sortes d'indulgences le pape peut-il accorder ?

2° Les évêques peuvent-ils, eux aussi, accorder des indulgences à des fidèles quelconques ? — A quelles personnes les évêques peuvent-ils accorder des indulgences ?

Et même, dans leurs diocèses, et à leurs diocésains, les évêques peuvent-ils accorder une indulgence quelconque ?

* Qu'est-ce à dire que les évêques ne peuvent accorder des indulgences que dans les limitations posées par l'Eglise ?

ARTICLE IV.

§ I. *Que faut-il faire pour gagner les indulgences ?* — Il faut être en état de grâce et accomplir fidèlement les conditions prescrites par celui qui les accorde.

§ II. Pour gagner les indulgences, il faut : 1° être en état de grâce ; 2° accomplir fidèlement toutes les conditions prescrites par celui qui les accorde.

§ III. Entre toutes les conditions requises pour gagner les indulgences, il en est deux sur lesquelles notre catéchisme appelle plus particulièrement notre attention. 1° Il faut être en état de grâce. L'Eglise, en effet, ne peut user d'indulgence envers celui de ses enfants qui vit en ennemi de Dieu. D'ailleurs, il faut que le péché soit pardonné, pour que la peine temporelle en soit remise. — 2° Il faut remplir toutes les conditions prescrites par celui qui accorde l'indulgence : il faut faire absolument tout ce qu'il a ordonné, et de la manière qu'il l'a ordonné; ainsi, par exemple, jeûner *tel jour*, prier *à genoux*..... L'omission même involontaire d'une de ces conditions prive de la faveur accordée.

§ IV. 1° - *a*) Tout homme peut-il gagner des indulgences? — Les infidèles le peuvent-ils? — Tous les chrétiens, même tous les fidèles, le peuvent-ils? — Pourquoi non?

b) En quel état doit être la conscience de ceux qui veulent gagner une indulgence? — Qu'est-ce que l'état de grâce?

c) La peine due à un péché peut-elle être remise, si le péché n'est point pardonné?

* Pourquoi faut-il être en état de grâce, pour gagner une indulgence?

2° Outre l'état de grâce, que faut-il encore, d'après votre catéchisme, pour gagner les indulgences?

Mais, si l'on n'omettait qu'une petite condition? — Si on l'omettait sans le vouloir, involontairement?

ARTICLE V.

§ I. *Les indulgences dispensent-elles de l'obligation de faire pénitence?* — Non; l'intention de l'Eglise, en nous accordant des indulgences, est, seulement, de nous aider à satisfaire à Dieu pour nos péchés.

§ II. Celui qui gagne des indulgences n'a pas besoin de faire pénitence, n'est-ce pas?

Quoiqu'on gagne des indulgences, faut-il soi-même satisfaire à Dieu? — Pourquoi oui?

Que veut l'Eglise, en nous accordant des indulgences?

Celui qui aide à faire une chose ne la fait pas seul.

Ainsi, l'Eglise nous aide à payer nos dettes; — mais elle ne fait et ne veut pas faire toute la pénitence due à nos péchés, car la pénitence est commandée à tous les hommes et tous doivent porter la croix. En cette matière, comme toujours : Aide-toi, le ciel t'aidera, ou, pour parler plus chrétiennement : Le Ciel agit pour toi, ne t'oublie pas toi-même.

ARTICLE VI.

§ I. *Peut-on appliquer les indulgences aux âmes du Purgatoire?* — Oui, quand le Souverain Pontife a déclaré qu'elles leur sont applicables.

§ II. Deux mots sur cette réponse : 1° il y a des indulgences applicables aux âmes du purgatoire; d'autres ne le sont pas; 2° le pape seul a le pouvoir d'accorder des indulgences applicables aux âmes du purgatoire.

§ III. 1° Certaines indulgences sont applicables, profitables, utiles, aux âmes du purgatoire. Car, appliquer une indulgence aux âmes du purgatoire, c'est gagner une indulgence pour ces âmes, c'est obtenir, en tout ou en partie, la remise de la peine temporelle due à leurs péchés et, ainsi, obtenir que ces âmes souffrent moins ou cessent de souffrir, en entrant plus vite au ciel. — 2° Les évêques ne peuvent pas accorder d'indulgences applicables aux âmes du purgatoire, le pape seul a ce pouvoir; mais toutes les indulgences accordées par le pape ne sont pas, par cela même, applicables à ces âmes souffrantes; il faut que le pape ait positivement déclaré qu'elles le sont.

§ IV. Qu'est-ce que le purgatoire? — Quelles âmes vont en purgatoire?

1° Peut-on soulager les âmes du purgatoire en gagnant pour elles des indulgences?

* Qu'est-ce qu'appliquer une indulgence aux âmes du purgatoire?

** MAUD. — CATÉCH.   — 36

2⁰ Qui peut accorder des indulgences applicables aux âmes du purgatoire?

Mais toute indulgence accordée par le pape est-elle applicable aux âmes du purgatoire?

Quelle indulgence accordée par le pape est applicable aux âmes du purgatoire?

TREIZIÈME LEÇON.

De l'Eucharistie.

ARTICLE Iᵉʳ.

§ I. *Quel est le plus grand et le plus digne de tous les sacrements?* — C'est l'Eucharistie.

Qu'est-ce que l'Eucharistie? — L'Eucharistie est un sacrement qui contient réellement et substantiellement le Corps, le Sang, l'Ame et la Divinité de Notre-Seigneur Jésus-Christ, sous les espèces ou apparences du pain et du vin.

§ II. 1⁰ L'Eucharistie est un sacrement; 2⁰ l'Eucharistie contient Jésus-Christ tout entier; 3⁰ elle le contient réellement et substantiellement; 4⁰ elle le contient sous les espèces du pain et du vin.

§ III. 1⁰ L'Eucharistie est un sacrement. Elle réunit, en effet, tout ce qui fait le sacrement : elle est signe sensible : on peut voir, on peut toucher en elle certaines choses qui, avec certaines paroles prononcées par le prêtre, font connaître ce qu'elle est réellement. — C'est Jésus-Christ lui-même qui l'a instituée, comme nous allons le voir. — Ce signe sacré est bien institué pour nous sanctifier. Quelle grâce, en effet, peut mieux sanctifier que Jésus-Christ, l'auteur de la grâce? — 2⁰ Eh bien! Jésus-Christ est dans l'Eucharistie. Il s'y trouve avec son Corps, son Ame et sa Divinité. La sainte Eucharistie contient le même Dieu-Homme qui est né de la Sainte Vierge, qui a marché sur la terre et qui est mort sur la croix. — 3° L'Eucharistie contient Jésus-Christ *réellement :* ce n'est pas simplement la foi qui nous l'y montre ; il n'y est pas d'une manière spirituelle, mais bien en réalité. L'Eucharistie contient Jésus-Christ *substantiellement :* ce n'est pas seulement sa grâce et sa vertu, mais bien sa personne. — Ces deux mots, dans la langue de l'Eglise, sont, plus particulièrement, dirigés contre les hérétiques qui ont osé attaquer la présence réelle de Notre-Seigneur dans son divin sacrement. — 4° L'Eucharistie contient Jésus-Christ sous les espèces du pain et du vin : ainsi que nous allons l'expliquer plus tard, ce qui paraît aux sens, dans la sainte Eucharistie, semble du pain et du vin. Que si on considère ce bon Maître dans cet adorable sacrement, si on le touche, on croit voir, on croit toucher du pain et du vin.

§ IV. De tous les sacrements, lequel est le plus saint, le plus adorable ?

1° Mais l'Eucharistie est-elle vraiment un signe sensible, institué par Notre-Seigneur Jésus-Christ pour nous sanctifier ?

* Pourquoi dites-vous que l'Eucharistie est un sacrement ?

2° - *a*) Qui est Jésus-Christ ?

Combien y a-t-il de natures en Jésus-Christ ?

b) Qu'appelle-t-on nature divine ?

Pourquoi dites-vous que Jésus-Christ possède la divinité ?

c) Qu'appelle-t-on humanité ? — Qu'est-ce qui forme la nature humaine ?

Pourquoi dites-vous que Jésus-Christ possède la nature humaine?

d) Y a-t-il un sacrement qui contient la Divinité et l'Humanité de Jésus-Christ? — Quel est ce sacrement?

* Que contient la sainte Eucharistie? (1°? — 2°? — 3°?)

3° C'est la foi qui nous fait croire que Jésus-Christ est dans la sainte Eucharistie; mais il n'y est point, sinon d'une manière spirituelle, n'est-ce pas?

Jésus-Christ produit les mêmes effets dans la sainte Eucharistie que s'il y était; mais il n'y est point pour cela, n'est-ce pas?

* Qu'est-ce à dire que Jésus-Christ est *réellement* présent dans la sainte Eucharistie? — Qu'il y est *substantiellement?*

4° Que voit celui qui considère Jésus-Christ dans l'Eucharistie? — Et le prêtre qui le touche, que tient-il en ses mains?

* Qu'est-ce à dire que la sainte Eucharistie contient Jésus-Christ sous les espèces du pain et du vin?

ARTICLE II.

§ I. *Quel jour Jésus-Christ a-t-il institué l'Eucharistie?* — Jésus-Christ a institué l'Eucharistie, le Jeudi-Saint, veille de sa mort.

Comment Notre-Seigneur institua-t-il l'Eucharistie? — Pour instituer le sacrement de l'Eucharistie, Notre-Seigneur prit du pain, le bénit, et le donna à ses Apôtres, en disant. « Prenez et mangez; ceci est mon Corps. » Il prit ensuite le calice, où il y avait du vin, et dit : « Prenez et buvez; ceci est mon Sang. Faites ceci en mémoire de moi. »

Quel miracle Jésus-Christ fit-il par ces paroles : Ceci est mon Corps, ceci est mon Sang? — Par ces paroles, Jésus-Christ fit le plus grand de tous les miracles ; car il changea le pain en son Corps et le vin en son Sang.

§ II. Voyons rapidement : 1° dans quelles circonstances Notre-Seigneur institua la divine Eucharistie ; 2° ce qu'il fit pour l'instituer.

§ III. 1° Jésus-Christ allait mourir. Il était à Jérusalem depuis quelques jours ; le jeudi soir, veille de sa mort, l'avant-veille du samedi de Pâque, fête très-solennelle des Juifs, il rassemble ses apôtres, prend avec eux un dernier repas, et ensuite leur lave les pieds. Tels furent les préparatifs du grand miracle, et il faut avouer que le Cœur du divin Maître s'y montre tout entier, ainsi que la nécessité de la pureté de conscience pour s'approcher de la sainte Eucharistie. — 2° Voici comment fut institué ce divin Sacrement : Jésus-Christ prit du pain, un mélange cuit d'eau et de farine de froment, il le bénit et le donna à ses apôtres, en disant : « Prenez et mangez, ceci est mon Corps. » Il prit ensuite un calice, un vase dans lequel on buvait, dans ce calice il y avait du vin, du jus de la vigne, et, présentant ce vin dans le calice : « Prenez et buvez, dit-il à ses apôtres, ceci est mon sang. » Telles sont les paroles qui ont institué la sainte Eucharistie, et qui la donnent encore tous les jours aux chrétiens. Elles sont très-claires : Notre-Seigneur dit à ses apôtres : « Ce que je tiens à la main, ceci, est mon corps ; ce que contient ce calice, ceci, est mon Sang. » Donc, les apôtres mangèrent le Corps de Jésus-Christ ; donc, ils burent son Sang précieux, puisque Notre-Seigneur est Dieu, et qu'il ne peut dire ce qui n'est pas. Mais les apôtres ne virent sans doute aucun changement dans le pain ni dans le vin. Qu'est-ce que cela prouve ? Un changement pouvait être opéré, et de fait était opéré, sans que leurs yeux le vissent. D'ailleurs les apôtres, préparés qu'ils étaient à ce langage par les discours précédents du divin Maître, ne s'y trompèrent pas; ils reconnurent que ce n'était pas du pain qu'ils mangeaient, mais le Corps de Jésus-Christ; que ce n'était point du vin qu'ils buvaient, mais le Sang de Jésus-Christ. Ils l'ont cru et l'Eglise avec eux.

§ IV. 1° Qui a institué le sacrement de l'Eucharistie?

Quand Notre-Seigneur institua-t-il cet adorable sacrement?

De quel miracle célèbre-t-on la mémoire le Jeudi-Saint? — Quel jour Notre-Seigneur est-il mort?

2° - *a)* Que fit Notre-Seigneur pour instituer la Sainte Eucharistie?

Qu'appelez-vous pain?

Que fit Jésus-Christ après avoir pris du pain? — Et après l'avoir béni?

Que dit Jésus-Christ en donnant le pain à ses apôtres?

Avant de prononcer ces paroles : *Ceci est mon Corps,* que tenait Notre-Seigneur à la main?

Et lorsqu'il eut prononcé ces mêmes paroles, tenait-il encore du pain? — Que tenait-il donc?

En quoi le pain avait-il été changé? = Que prirent et que mangèrent les Apôtres?

Qui avait changé le pain au Corps de Notre-Seigneur?

b) Après avoir donné son Corps à manger à ses apôtres, que prit Notre-Seigneur? — Qu'est-ce qu'un calice?

Et que mit Notre-Seigneur dans le calice?

Qu'appelle-t-on vin?

Que dit Notre-Seigneur, en présentant le calice à ses apôtres?

Avant que Notre-Seigneur eût dit ces paroles : *Ceci est mon sang,* qu'y avait-il dans le calice?

Et lorsqu'il eut prononcé ces mêmes paroles, y avait-il encore du vin dans le calice? — Qu'y avait-il donc?

En quoi le vin que contenait le calice avait-il été changé? = Que burent les apôtres en buvant ce que contenait le calice présenté par Notre-Seigneur?

Qui avait changé le vin au sang de Jésus-Christ?

3° * Dites en deux mots ce que fit Notre-Seigneur pour instituer la sainte Eucharistie.

ARTICLE III.

§ I. *Pourquoi Notre-Seigneur ajouta-t-il ces paroles : Faites ceci en mémoire de moi?* — Notre-Seigneur ajouta ces paroles pour donner aux apôtres, aux évêques et aux prêtres le pouvoir de changer, comme lui, le pain en son Corps et le vin en son Sang.

§ II. Montrons comment Jésus-Christ, en disant aux apôtres : *Faites ceci en mémoire de moi,* leur donna le pouvoir de faire la sainte Eucharistie.

§ III. 1° Notre-Seigneur, après avoir changé le pain en son Corps et le vin en son Sang, ordonne à ses apôtres d'en faire autant, c'est-à-dire, apparemment, de changer le pain en son Corps et le vin en son Sang. Mais, pour faire ce double miracle, il fallait en avoir le pouvoir. Si donc Jésus-Christ ordonne à ses apôtres de le faire, il faut qu'en même temps il leur en donne le pouvoir, autrement il leur eût ordonné de faire ce qu'ils n'auraient pu. — Donc, 2° les apôtres, en cette circonstance, reçurent le pouvoir de consacrer la sainte Eucharistie. Donc les évêques et les prêtres, représentés alors, suivant l'enseignement de l'Eglise, par les apôtres, reçurent aussi ce même pouvoir, et le possèdent.

§ IV. 1° Que dit Notre-Seigneur à ses apôtres, après avoir changé le pain en son Corps et le vin en son Sang? — Et que venait-il de faire?

Dès lors, qu'ordonnait Notre-Seigneur à ses apôtres en leur disant : *Faites ceci en mémoire de moi?*

Mais, pour faire ce double changement, il fallait en avoir le pouvoir, n'est-ce pas? — Et puisque Notre-Seigneur ordonnait à ses apôtres de le faire, ne devait-il pas leur en donner en même temps le pouvoir?

Dès lors, que dit Notre-Seigneur à ses apôtres, lorsqu'il leur *donna le pouvoir* de changer le pain en son Corps et le vin en son Sang?

2° Lorsque Notre-Seigneur, après avoir institué le sacrement de l'Eucharistie, eut dit à ses apôtres : *Faites ceci* en mémoire de moi, qui pouvait changer le pain au Corps de Jésus-Christ et le vin en son Sang? — Qui étaient les apôtres? — Vivent-ils encore?

Y a-t-il maintenant sur terre, des hommes qui peuvent changer le pain au Corps de Jésus-Christ, et le vin en son Sang? — Quels sont-ils?

* Quel est le ministre du sacrement de l'Eucharistie?

3° * Quelles paroles prononça Notre-Seigneur pour instituer la sainte Eucharistie?

* Quelles paroles prononça-t-il pour donner aux apôtres le pouvoir de faire ce divin sacrement?

ARTICLE IV.

§ I. *Quand se fait le changement du pain et du vin au Corps et au Sang de Jésus-Christ?* — Le chan-

gement du pain et du vin au Corps et au Sang de
Jésus-Christ se fait au saint sacrifice de la Messe,
lorsque, au moment de la Consécration, le prêtre
prononce les paroles mêmes de Jésus-Christ : « Ceci
est mon Corps, ceci est mon Sang. »

Comment appelle-t-on ce changement? — Ce changement s'appelle transubstantiation, c'est-à-dire,
changement d'une substance en une autre substance.

§ II. 1° Par la consécration, le pain devient le Corps
de Jésus-Christ, le vin devient son Sang; 2° après la
consécration, il n'y a plus ni pain, ni vin, car il y a
eu transubstantiation.

§ III. 1° Plus tard, nous allons parler longuement
de la sainte Messe; pour le moment, il nous suffit de
savoir que c'est à cet office, auquel nous assistons
fréquemment, que se fait le changement du pain au
Corps de Jésus-Christ et le changement du vin au
Sang de ce divin Maître : c'est à la Messe que le pain
et le vin sont consacrés. Par là même, consacrer le
pain, c'est le changer au Corps de Jésus-Christ. *Ceci
est mon Corps,* prononcé sur du pain par un prêtre,
sont les paroles de la consécration du pain. Et consacrer du vin, c'est le changer au Sang de Notre-
Seigneur. *Ceci est mon Sang,* prononcé sur du vin
par un prêtre, sont les paroles de la consécration du
vin. — 2° Ainsi que nous l'avons déjà dit, la substance d'une chose est ce qui fait le fond de cette
chose. Dès lors la substance du pain est ce qui fait
le fond du pain, ce qui fait que du pain est du pain.
La substance du Corps de Notre-Seigneur est ce qui
fait que ce Corps adorable est le Corps du Fils de Dieu
fait homme. Après la consécration du pain, la substance du pain a disparu, c'est la substance du Corps
de Jésus-Christ qui est entre les mains du prêtre.

Après la consécration du vin, la substance du Sang de Notre-Seigneur prend la place, dans le calice, de la substance du vin ; il y a une seconde fois transubstantiation, changement d'une substance en une autre substance.

§ IV. 1° - *a*) Vous avez assisté à la messe, n'est-ce pas ? — Qui la disait ?

Qui peut dire la messe ? — Le pouvez-vous, vous-même ? — Et votre mère ?

Avez-vous remarqué que le prêtre, après avoir dit certaines prières, place sur l'autel quelque chose de blanc ? — C'est un petit morceau de pain qui est rond, plat, et d'une grande blancheur, n'est-ce pas ? — Avez-vous remarqué aussi ce que le prêtre met dans le calice qu'il a apporté sur l'autel ? — Que verse-t-il ainsi ?

b) Quelques minutes se passent. On sonne la clochette, vous vous agenouillez. Bientôt le prêtre prend entre ses mains le petit morceau de pain dont nous avons parlé, et, en regardant ce pain, il prononce quelques mots. Les connaissez-vous ? quels sont-ils ?

Eh bien ! quand le prêtre a prononcé sur le pain : *Ceci est mon Corps*, qu'est-il arrivé ?

Que tenait le prêtre entre ses doigts avant de dire : *Ceci est mon Corps ?* — Et après, que tient-il — En quoi le pain que tenait le prêtre a-t-il été changé ?

Comment appelez-vous cela changer du pain au Corps de Jésus-Christ ?

Qu'est-ce que consacrer le pain ?

Qu'appelle-t-on consécration du pain ?

Quelles sont les paroles de la consécration du pain ?

Qu'y a-t-il sur l'autel avant la consécration du pain ? — Et après ?

c) **Après** que le prêtre a reposé le Corps de Notre-Seigneur sur l'autel, il prend le calice dont nous avons parlé, regarde le vin qu'il contient, et prononce en même temps ces simples paroles : *Ceci est mon Sang;* qu'arrive-t-il alors?

Qu'y avait-il dans le calice avant que le prêtre eût prononcé : *Ceci est mon Sang?* Et après, qu'y a-t-il?

En quoi le vin que contenait le calice a-t-il été changé? — Qu'adorez-vous en vous inclinant, lorsque le prêtre élève le calice?

* Qu'est-ce que consacrer le vin?

Qu'appelle-t-on consécration du vin?

* Quelles sont les paroles de la consécration du vin?

2° Qu'appelle-t-on substance d'une chose? par exemple, substance du pain? substance du Corps de Jésus-Christ?

Quelle substance est sur l'autel : 1° avant la consécration du pain? — Et après? 2° Avant la consécration du vin? — Et après?

En quelle substance la substance du pain est-elle changée par la consécration? — Et la substance du vin?

* Quel changement de substance opèrent ces paroles : *Ceci est mon Corps?* — Et celles-ci : *Ceci est mon sang?*

ARTICLE V.

§ I. *Après la consécration, il ne reste donc plus ni pain, ni vin sur l'autel?* — Non, après la Consécration, il ne reste plus sur l'autel ni pain, ni vin; il n'en reste que les espèces ou apparences.

Qu'appelez-vous espèces ou apparences du pain et du vin? — J'appelle espèces ou apparences du pain et du vin, ce qui paraît à nos sens, comme la couleur, la forme, le goût du pain et du vin.

§ II. Disons un mot seulement des saintes Espèces et faisons connaître ce qu'on appelle sainte Hostie.

III. Les saintes Espèces, dans l'adorable Eucharistie, sont ce qui frappe nos sens comme le goût, la couleur du pain ou du vin. Les Espèces du pain sont ce qui paraît du pain après la consécration; les espèces du vin sont ce qui paraît du vin après la consécration. — On appelle Hostie, ou plus respectueusement, sainte Hostie, mot qui signifie victime immolée, un peu de pain consacré, changé au Corps de Jésus-Christ.

§ IV. 1° - *a*) Lorsque le prêtre a consacré le pain, reste-t-il encore du pain sur l'autel?

Mais, est-ce que la forme du pain n'est pas la même avant et après la consécration? — Quelle est cette forme? — Le pain n'a-t-il pas aussi la même couleur?

Pareillement, celui qui mangerait ce que le prêtre tient entre ses doigts après la première consécration, quel goût trouverait-il?

Pourtant, ce qui a ce goût de pain, cette couleur, cette forme, est-ce du pain? — Qu'est-ce donc?

b) A ce sujet, vous avez vu le prêtre donner la sainte Communion. Eh bien! savez-vous ce qu'il met dans la bouche de ceux qui communient?

Quel goût, quelle forme, quelle apparence en un mot, a Notre-Seigneur lorsqu'il se donne à nous dans la sainte Communion?

* Qu'appelle-t-on sainte Hostie?

2° Lorsque le prêtre a prononcé ces paroles : Ceci est mon Sang, qu'est-il resté dans le calice?

Mais ce qui reste ainsi n'a-t-il plus la couleur du vin; et le prêtre, qui, plus tard, boit ce que contient le calice, n'y trouve-t-il plus le goût du vin?

Et pourtant ce qui a cette couleur, ce goût de vin, est-ce du vin?

Qui a la couleur, le goût du vin après la consécration?

3° Rappelez-nous ce qu'on appelle sens de l'homme?

Dans l'Eucharistie, qu'est-ce qui frappe nos sens? par exemple, qu'est-ce qui apparaît à nos yeux?

Quel goût trouve celui qui mange la chair de Notre-Seigneur? — Et celui qui boit son sang précieux?

Qu'appelle-t-on apparence du pain? — Apparence du vin? — Qu'appelle-t-on espèces du pain? — espèces du vin?

ARTICLE VI.

§ I. *Jésus-Christ est-il tout entier sous chacune des deux espèces?* — Oui, Jésus-Christ est tout entier sous l'espèce du pain, et tout entier sous l'espèce du vin; la plus petite partie des saintes espèces le contient tout entier aussi bien que la plus grande.

§ II. - *a)* Qui est Jésus-Christ? — Combien y a-t-il de natures en Jésus-Christ?

Qu'est-ce qui forme Jésus-Christ tout entier?

2° Qu'appelle-t-on apparence du pain? — Apparence du vin?

Que contient l'apparence du pain? est-ce le Corps de Jésus-Christ seulement?

Que cache l'espèce du vin?

Sous quelle apparence se trouve la Divinité de Jésus-Christ? — Et son Ame?

3° Vous avez vu le vase sacré qui est renfermé dans le tabernacle et qu'on appelle saint *ciboire*. Dedans sont de saintes Hosties. S'il en contient, par exemple, une centaine, laquelle est Notre-Seigneur? — Laquelle est son Corps?

Et le Sang de Notre-Seigneur, est-il dans le saint

ciboire? — Et son Ame, où est-elle? — Et sa Divinité?

4° A la sainte messe, le prêtre rompt en trois parties l'espèce du pain ; laquelle de ces trois parties contient Notre-Seigneur? — Et s'il l'avait rompue en dix?

Si une goutte de l'espèce du vin restait dans le calice, que contiendrait cette goutte?

ARTICLE VII.

§ I. *Jésus-Christ quitte-t-il le ciel pour venir dans l'Eucharistie?* — Non, Jésus-Christ est dans le ciel et en même temps dans l'Eucharistie, par un miracle de sa toute-puissance.

§ II. Un mot des diverses manières dont Jésus-Christ est ou peut être présent dans un lieu.

§ III. Notre-Seigneur Jésus-Christ, comme Dieu, est présent partout ainsi que le Père et le Saint-Esprit. — Comme homme il est seulement au ciel, où il réside dans sa gloire, depuis son Ascension, et dans tous les endroits du monde où se trouve du pain ou du vin consacrés.

§ IV. 1° Où est Dieu? — Qu'entendez-vous en disant que Dieu est partout?

Où est Jésus-Christ? — Pourquoi Jésus-Christ est-il partout?

2° Mais le Corps et l'Ame de Jésus-Christ, sont-ils aussi partout? — Où sont l'Ame et le Corps de Jésus-Christ?

Depuis quand le Corps et l'Ame de Jésus-Christ sont-ils au ciel?

Le Corps et l'Ame de Jésus-Christ sont-ils au ciel seulement? — Où sont-ils donc encore?

Mais lorsque Jésus-Christ vient dans la sainte Eucharistie, son Ame et son Corps cessent-ils d'habiter le ciel?

Comprenez-vous que Jésus-Christ puisse être en même temps au ciel et dans toutes les Hosties du monde? — Comprenez-vous qu'il ne le puisse pas? — Pourquoi non?

3° *Reprenons encore* : La Divinité de Jésus-Christ est-elle dans votre maison? — Et son Corps et son Ame?

Et si un prêtre portait une Hostie dans votre maison, la Divinité de Jésus-Christ s'y trouverait-elle encore? — Et son Corps et son Ame?

Ainsi, où se trouve la Divinité de Jésus-Christ. — Et son Humanité?

Jésus-Christ est-il vivant au ciel? — Et dans le saint Tabernacle?

Jésus-Christ dans la sainte Hostie voit-il? entend-il?

Oh! mes chers enfants, de quel respect devons-nous être saisis dans l'Eglise, puisque Jésus-Christ nous y voit, nous y entend! et cela comme homme.

ARTICLE VIII.

§ I. *Devons-nous adorer le Corps et le Sang de Notre-Seigneur dans l'Eucharistie?* — Oui, nous devons adorer le Corps et le Sang de Notre-Seigneur dans l'Eucharistie, parce que son Corps et son Sang sont inséparablement unis à sa Divinité.

§ II. Expliquons pourquoi nous devons adorer la sainte Eucharistie.

§ III. L'adoration, avons-nous dit, n'est due qu'à Dieu, et ce serait une idolâtrie que de l'offrir à tout autre être qu'à ce Créateur et souverain Maître de toutes choses. Mais Notre-Seigneur Jésus-Christ est Dieu et toute sa personne est divine; son Ame est divine; son Corps est divin, il est, et sera toujours le Corps du Fils de Dieu; son Sang est et sera toujours le Sang qui a coulé pour nous sur la croix, ou, comme le dit notre catéchisme, l'un et l'autre sont inséparablement unis à sa Divinité.

§ IV. - *a*) Qui devons-nous adorer? = A qui l'adoration est-elle due?

Devons-nous adorer Dieu le Père? — Pourquoi oui? Dieu le Fils? — Pourquoi oui?

Devons-nous adorer Jésus-Christ? — Pourquoi oui?

Que contient l'Eucharistie? — Devons-nous l'adorer?

Pourquoi devons-nous adorer la sainte Eucharistie?

b) *Même vérité.* Le Corps de Notre-Seigneur est-il toujours le Corps du Fils de Dieu? et son Sang, est-il toujours le Sang de Jésus-Christ? — Peuvent-ils cesser de l'être?

* Qu'est-ce à dire que le Corps et le Sang de Jésus-Christ sont inséparablement unis à sa Divinité?

c) Prouvez que nous devons adorer le Corps et le Sang de Jésus-Christ dans l'Eucharistie.

ARTICLE IX.

§ I. *Pourquoi Notre-Seigneur a-t-il institué la sainte Eucharistie?* — Notre-Seigneur a institué la sainte Eucharistie pour s'offrir en sacrifice à Dieu son Père, et pour servir de nourriture à nos âmes dans la sainte Communion.

§ II. Montrons le double but que s'est proposé Notre-Seigneur Jésus-Christ en instituant la sainte Eucharistie.

§ III. Tous les sacrements ont pour fin la sanctification de nos âmes et chacun y contribue en déversant sur elles telle ou telle grâce plus particulière.

Pour la sainte Eucharistie, elle nous sanctifie de deux manières : d'abord en sollicitant les grâces du divin Maître par l'adoration la plus humble et la prière la plus puissante. Cette adoration, cette prière est le saint sacrifice de la messe. En second lieu, la sainte Eucharistie nous sanctifie en donnant, comme nourriture à nos âmes, le Fils de Dieu, Jésus-Christ tout entier dans la sainte Communion. En deux mots, Jésus-Christ a institué la sainte Eucharistie pour s'offrir en sacrifice à Dieu son Père : afin qu'on pût dire la sainte messe; pour servir de nourriture à nos âmes : afin que les fidèles pussent communier, recevoir en eux le Corps, le Sang, l'Ame et la Divinité de Jésus-Christ.

§ IV. Qui a institué la sainte Eucharistie?

Combien de raisons ont porté Jésus-Christ à instituer la sainte Eucharistie? (1°? — 2°?)

a) Comment Jésus-Christ, dans la sainte Eucharistie, s'offre-t-il à Dieu son Père?

★ Qu'entendez-vous en disant que Jésus-Christ a institué la sainte Eucharistie afin de s'offrir en sacrifice à Dieu son Père?

b) Quand Jésus-Christ se donne-t-il en nourriture à nos âmes?

★ Qu'est-ce à dire que Jésus-Christ a institué la sainte Eucharistie pour servir de nourriture à nos âmes?

QUATORZIÈME LEÇON.

Du saint sacrifice de la Messe.

ARTICLE Ier.

§ I. *Qu'est-ce que la Messe?* — La Messe est le sacrifice du Corps et du Sang de Jésus-Christ offert sur l'autel, sous les apparences du pain et du vin, pour représenter et continuer le sacrifice de la croix.

§ II. 1° La Messe est un sacrifice, et ce sacrifice est celui du Corps et du Sang de Jésus-Christ offert sur l'autel; 2° la Messe est un sacrifice offert sous les apparences du pain et du vin; 3° la Messe est un sacrifice offert pour représenter et continuer le sacrifice de la croix.

§ III. 1° Un sacrifice est une offrande qu'un ministre légitime fait à Dieu d'une chose sensible qu'il détruit ou qu'il change, d'une manière quelconque, pour reconnaître et honorer en Dieu le Maître absolu de toutes les créatures. Si la chose sensible, offerte ainsi à Dieu en sacrifice, est un être animé, cet être s'appelle *victime*, et sa destruction en l'honneur de la Divinité s'appelle *immolation*. Or, la sainte Messe est bien un sacrifice : la victime est Jésus-Christ, le ministre de l'immolation est Jésus-Christ représenté par un homme qu'il s'est choisi; cet homme est le prêtre. La victime est offerte à Dieu, nous allons le voir; elle est offerte pour la fin que nous avons indiquée; cette divine victime semble immolée : sa Chair et son Sang semblent séparés, puisque les saintes espèces, ce qui paraît du pain, ce qui paraît du vin, sont effectivement séparées; et ainsi, le sacrifice de la Messe est plus particulièrement le sacrifice du Corps et du Sang de Jésus-Christ. — On offre le sacrifice de la Messe sur un autel. On appelle communément de ce nom, une sorte de table, destinée à cet usage, qu'on voit dans nos églises. — 2° Le sacrifice de la Messe est offert sous les apparences du pain et du vin : lorsqu'on offre le saint sacrifice, le Corps et le Sang de Jésus-Christ n'apparaissent pas; on ne voit que les apparences du pain et du vin qui cachent Jésus-Christ. — 3° La Messe est offerte pour représenter le sacrifice de la Croix : les espèces du pain et du vin sont en effet séparées sur l'autel, absolument comme, sur la Croix, la chair et le sang de Jésus-Christ furent séparés. — Elle est offerte pour continuer le même sacrifice. Nous allons voir à l'instant que la victime et le prêtre du sacrifice de la Croix sont précisément la victime et le prêtre du sacrifice de la Messe.

§ IV. 1°-*a*) Vous dites que la Messe est un sacrifice; mais avez-vous une idée du sacrifice; — Qu'est-ce d'abord? — Qu'est-ce qu'une offrande?

La chose offerte en sacrifice peut-elle être vue? — A qui l'offre-t-on? — Qui doit l'offrir? etc...

* Qu'appelle-t-on sacrifice?

Si la chose offerte est une chose qui ait vie, par exemple, un agneau, comment appelez-vous cette chose?

* Qu'appelle-t-on victime? — Qu'est-ce qu'immoler une victime?

b) Dans le sacrifice de la Messe, quelle est la victime? — A qui cette victime est-elle offerte? — Par qui est-elle offerte?

Pour quelles fins l'Eglise offre-t-elle le sacrifice de la Messe?

* *c*) Prouvez que la Messe est un sacrifice.

d) A qui offre-t-on le saint sacrifice de la Messe?

* Qu'est-ce qu'un autel?

2° Mais est-ce qu'on voit Notre-Seigneur Jésus-Christ mourir sur l'autel? — est-ce qu'on le voit répandre son sang?

Comment le sacrifice de la Croix est-il offert?

* Que comprenez-vous en disant que le sacrifice de la Messe est offert sous les apparences du pain et du vin?

3° Le sacrifice de la Messe a-t-il du rapport avec un autre sacrifice bien mémorable? Quel est ce sacrifice? — En quoi ces sacrifices ont-ils du rapport? (1°? — 2°?)

Comment le sacrifice de la Messe représente-t-il le sacrifice de la Croix?

Comment la Messe continue-t-elle le sacrifice de la Croix?

ARTICLE II.

§ I. *Comment le sacrifice de la Messe représente-t-il le sacrifice de la Croix?* — Le sacrifice de la Messe représente le sacrifice de la Croix, parce que, par la séparation des saintes espèces, le Corps de Notre-Seigneur semble être séparé de son Sang.

§ II. La Messe est la représentation du sacrifice de la Croix.

§ III. A la mort de Jésus-Christ, son sang précieux fut séparé de sa chair; il s'écoula par les plaies larges et nombreuses dont son Corps était couvert et rougit la terre où eut lieu la passion du bon Maître. De même, à l'autel, les espèces du pain et du vin, qui voilent la chair et le sang de Notre-Seigneur, sont séparées et nous rappellent ainsi, parfaitement, comment, à la mort de Jésus-Christ, ses veines étaient vides de leur sang.

§ IV. - *a*) Qu'est-ce qu'un sacrifice?

Connaissez-vous le sacrifice de la Croix? — Quelle fut alors la victime offerte à Dieu? — Par qui fut-elle offerte?

b) Comment Notre-Seigneur s'offrit-il alors à son Père?

En versant son sang précieux! Et qu'y a-t-il de semblable lorsque le prêtre dit la messe? — Est-ce que le Corps et le Sang de Notre-Seigneur sont séparés? = Notre-Seigneur est-il tout entier sous chacune des espèces sacramentelles?

Au moins le Corps et le Sang de Jésus-Christ ne semblent-ils pas séparés? — Comment cela?

Pourquoi le sacrifice de la Messe représente-t-il le sacrifice de la Croix?

ARTICLE III.

§ I. *Comment la Messe continue-t-elle le sacrifice de la Croix?* — La messe continue le sacrifice de la Croix, parce que c'est le même prêtre, la même victime et la même immolation : c'est-à-dire que Jésus-Christ continue sur l'autel l'offrande et l'immolation qu'il a faite de lui-même sur la Croix.

§ II. La sainte Messe est la continuation du sacrifice de la Croix.

§ III. Sur la Croix, Notre-Seigneur fut lui-même la victime : ce fut lui qui fut immolé à Dieu son Père. De même, la victime du sacrifice de l'autel est Jésus-Christ. — Le prêtre, qui immola la victime de la Croix, fut Jésus-Christ lui-même; il s'offrit parce qu'il le voulut bien, disent nos saints livres, et les bourreaux ne furent que les instruments dont il se servit. De même, à l'autel, le véritable sacrificateur est Jésus-Christ. Le prêtre est alors Jésus-Christ : aussi ne parle-t-il pas en son nom; mais bien au nom de Jésus-Christ : Ceci est *mon* Corps; ceci est *mon* Sang, dit-il, le Corps et le Sang de Jésus-Christ.

§ IV. - *a*) Qui fut offert à Dieu sur la Croix?

Qui est offert à Dieu sur l'autel? = Qu'offre à Dieu le prêtre qui dit la Messe?

Quelle fut la victime du sacrifice de la Croix? = Quelle est la victime du sacrifice de la Messe?

Quelle immolation eut lieu sur la Croix? = Quelle immolation a lieu sur l'autel?

b) Qui fit mourir Jésus-Christ sur la Croix?

Qui offrit Jésus-Christ à Dieu sur le Calvaire?

Et sur l'autel, est-ce que ce n'est pas le prêtre, qui, dans ses mains tremblantes, offre Jésus-Christ?

* Quel est le véritable prêtre du sacrifice de l'autel?

— Prouvez-le par des paroles prononcées alors?

Pourquoi dites-vous que le sacrifice de la Messe continue le sacrifice de la Croix?

ARTICLE IV.

§ I. *N'y a-t-il aucune différence entre ces deux sacrifices?* — Toute la différence consiste en ce que, sur la Croix, Jésus-Christ s'est offert lui-même en répandant son Sang, au lieu qu'à la Messe, il s'offre par le ministère des prêtres, sans répandre son Sang.

§ II. *a)* Qui offrit Jésus-Christ à Dieu sur la Croix? fut-ce un prêtre?

Par quelles mains, = par le ministère de qui Jésus-Christ est-il offert sur l'autel?

Qui voyez-vous offrir Jésus-Christ à Dieu lors du saint sacrifice de la Messe?

b) Sur la Croix, le Sang de Notre-Seigneur fut-il réellement séparé de sa chair? — Notre-Seigneur mourut-il?

A l'autel, le Sang de Notre-Seigneur s'échappe-t-il de ses veines? — Notre-Seigneur meurt-il de nouveau?

c) Quelle première différence y a-t-il entre le sacrifice de la Croix et le sacrifice de la Messe?

Quelle est la seconde?

ARTICLE V.

§ I. *A qui offre-t-on le sacrifice de la Messe?* — On offre le sacrifice de la Messe à Dieu seul, parce que le sacrifice est un acte d'adoration qui n'est dû qu'à Dieu.

Est-ce qu'on ne l'offre pas aussi à la Sainte Vierge, aux anges et aux saints? — Non, on n'offre pas ce divin sacrifice à la Sainte Vierge, aux anges et aux saints; mais on dit la Messe en leur honneur, pour remercier Dieu des grâces qu'il leur a faites, et pour obtenir leur intercession.

§ II. 1° On ne peut offrir le sacrifice de la Messe qu'à Dieu seul; 2° on peut l'offrir à Dieu en l'honneur des saints.

§ III. 1° L'adoration, nous l'avons vu, est due à Dieu et n'est due qu'à lui seul. Or, le sacrifice de la Messe est l'acte d'adoration par excellence. Si donc on l'offrait à une créature quelconque, ce serait de l'idolâtrie. — 2° Que si l'on dit la Messe en l'honneur d'un saint, on n'offre pas ce divin sacrifice à ce saint, mais à Dieu. On remercie ce Dieu de toute sainteté des grâces dont il favorisa ce saint ici-bas et du bonheur dont il le comble au ciel; on le conjure d'écouter les prières que ce saint lui adresse en notre faveur; mais rien de plus.

§ IV. 1° Qu'est-ce qu'adorer Dieu? — Qui a droit à notre adoration?
La sainte Messe est-elle un acte d'adoration?
Pourquoi devons-nous offrir à Dieu seul le saint sacrifice de la Messe?
Pourquoi ne peut-on point l'offrir aux saints?
2° Un prêtre qui dit la Messe de la Sainte Vierge, par exemple, offre-t-il la Messe à cette bonne Mère? — Que fait-il donc?
Et pourquoi offre-t-on le saint sacrifice de la messe en l'honneur des saints?
Connaissez-vous quelques grâces faites aux saints?

Qu'est-ce à dire que les saints intercèdent pour nous? Quelle intention peut avoir un prêtre en offrant le saint sacrifice en l'honneur d'un saint?

ARTICLE VI.

§ I. *Pour quelles fins l'Église offre-t-elle à Dieu le sacrifice de la Messe?* — L'Église offre à Dieu le sacrifice de la Messe : 1° pour l'adorer; 2° pour le remercier de ses bienfaits; 3° pour en obtenir le pardon de nos péchés; 4° pour lui demander ses grâces.

§ II. 1° Adoration; 2° action de grâces; 3° expiation; 4° impétration : telles sont les quatre fins du sacrifice de la Messe.

§ III. 1° Dieu est le Créateur et le Maître de toutes choses. Qui peut mieux reconnaître cette vérité et en rendre plus gloire à Dieu que son propre Fils, son égal en tout? — Cette gloire ne devient-elle pas infinie, par là même que c'est Jésus-Christ qui la rend, et Jésus-Christ anéanti, abaissé, jusqu'à ne plus paraître même un homme? — 2° Dieu nous comble de bienfaits : bienfaits dans le temps, bienfaits pour l'éternité. Et comment pourrions-nous mieux montrer à notre Créateur quelle est notre reconnaissance, qu'en le remerciant par son propre Fils, devenu victime sur l'autel? — 3° Nous offensons Dieu fréquemment; mais Jésus-Christ, immolé sur l'autel, demande pardon à Dieu pour nous : il sollicite notre grâce. De plus, il expie lui-même nos fautes et satisfait à Dieu pour nos péchés. Cette expiation, ce pardon à obtenir, ne furent-ils pas le premier but de son Incarnation et de sa Passion, dont la Messe est la continuation? — 4° Enfin si, à tous les moments, nous avons besoin de nouvelles grâces, Jésus-Christ les demande pour nous, et Dieu pourrait-il rester insensible en voyant son Fils *comme mort*, solliciter ses faveurs ? En d'autres termes, nous offrons la sainte Messe pour adorer Dieu, en sacrifice d'adoration ; pour le remercier, en sacrifice d'action de grâces ; pour le prier d'expier nos péchés et de les faire oublier à son père, en sacrifice d'expiation ; pour lui demander des grâces, en sacrifice d'impétration.

§ IV. 1º Notre-Seigneur Jésus-Christ s'occupe-t-il au saint autel de la gloire de son Père ? — Que fait-il pour cette gloire ? — Qu'est-ce qu'adorer Dieu ?

2º Lorsqu'un prêtre dit la Messe, Jésus-Christ, devenu victime, s'occupe-t-il de nous ? — En quoi ? — Connaissez-vous des bienfaits que Dieu nous ait accordés ?

3º De quoi votre âme a-t-elle besoin à cause de ses péchés ? — Qu'est-ce que la satisfaction ?

4º De quoi a-t-elle besoin pour faire le bien ? — pour éviter le mal ? — Qu'est-ce que la grâce ?

5º Que se propose l'Eglise en faisant offrir à ses prêtres le saint sacrifice de la Messe ? (1º ? — 2º ? 3º ? — 4º ?)

* Que devez-vous vous proposer, en assistant à la sainte Messe, pour avoir les mêmes intentions que l'Eglise ?

ARTICLE VII.

§ I. *Pour qui offre-t-on le sacrifice de la Messe ?* — Pour les vivants et pour les morts.

§ II. On peut offrir le saint sacrifice de la Messe pour les vivants, quels qu'ils soient, et pour les morts dont on ne connaît pas la fin dernière.

§ III. Le juste doit persévérer et avancer dans la vertu. Le pécheur doit se convertir. L'âme retenue en purgatoire désire et doit entrer au ciel. Pour le

bien de ces âmes qui n'ont point atteint leur fin dernière, on peut offrir le saint sacrifice de la Messe.
Que si l'on savait, d'une manière certaine, qu'une âme
est admise au ciel ou condamnée aux feux de l'enfer,
on ne pourrait l'offrir pour elle. Ce divin sacrifice lui
serait inutile.

§ IV. Peut-on dire la sainte Messe pour le bien des
   âmes ?

Et que demande Jésus-Christ à son Père, lorsqu'on
   dit la sainte Messe pour un homme qui vit encore
   ici-bas, s'il est juste ? — s'il est pécheur ?

Est-il aussi permis de dire la Messe pour les morts ?
   pour une âme, par exemple, qui est au ciel, pour
   un saint ?

Peut-on offrir le saint sacrifice de la Messe pour un
   damné ?

Quels sont donc les morts pour lesquels il est permis
   de dire la Messe ? — Et que demande Jésus-Christ
   à son Père, quand on dit la Messe pour une âme
   du purgatoire ?

ARTICLE VIII.

§ I. *Dans quels sentiments doit-on assister à la
Messe ?* — On doit assister à la Messe avec les sentiments que l'on aurait, si l'on voyait Jésus-Christ
souffrir les douleurs de sa Passion, et mourir encore
pour effacer nos péchés.

§ II. 1° Assistons à la sainte Messe avec amour et
respect ; 2° proposons-nous les fins de l'Eglise, dans
l'offrande de ce divin sacrifice.

§ III. 1° Si nous avions été témoins des souffrances
et de la mort de Jésus-Christ, de quel amour notre
cœur n'eût-il pas été enflammé pour ce bon Maître ?
Quel n'eût pas été notre respect pour sa sainte pré-

sence? Très-certainement, nous eussions pris garde de ne rien penser, de ne rien faire qui pût augmenter sa douleur. Puisque la sainte Messe est le sacrifice de la croix renouvelé, ayons, en y assistant, le même amour, le même respect intérieur et extérieur. Et 2° que les intentions de l'Eglise, dans l'offrande de ce divin sacrifice, soient aussi les nôtres. Et ainsi, nous assisterons bien à la Messe.

§ IV. *a*) Si vous aviez vu Jésus-Christ souffrant et mourant pour vous racheter, qui auriez-vous aimé? — A qui auriez-vous pensé? — Comment vous seriez-vous tenu?

Que représente, que continue le sacrifice de la Messe?

b) Dès lors, qui aimerez-vous? — A quoi penserez-vous? — Comment vous tiendrez-vous, en assistant à la sainte Messe?

c) Vous aussi, vous pouvez, avec le prêtre, offrir le saint sacrifice, et que vous proposerez-vous en l'offrant à Dieu? (1°? — 2°?...) — Pour quelles fins l'Eglise offre-t-elle à Dieu le saint sacrifice de la Messe?

QUINZIÈME LEÇON.

De la communion.

ARTICLE Iᵉʳ.

§ I. *Qu'est-ce que communier?* — Communier, c'est recevoir le corps, le sang, l'âme et la divinité de Jésus-Christ réellement présent dans le sacrement de l'Eucharistie.

Est-ce le vrai corps de Jésus-Christ qu'on reçoit dans la sainte Communion? — Oui, c'est le vrai rps de Jésus-Christ, le même qui a été formé dans le sein de la Sainte Vierge, qui a été attaché à la croix, et qui est maintenant dans le ciel.

§ II. 1° - *a*) Vous avez vu donner la sainte communion, n'est-ce pas? — Que met le prêtre dans la bouche de ceux qui communient? = Que reçoivent, que mangent les personnes qui font la sainte communion?

Mais est-ce que ce n'est pas un petit morceau de pain blanc? — Qu'est-ce donc?

C'est Jésus-Christ! c'est-à-dire son corps seulement, n'est-ce pas?

Est-ce que ceux qui communient reçoivent aussi le précieux sang de Jésus-Christ?

Mais, reçoivent-ils aussi son âme et sa divinité?

b) Quelles diverses parties forment Jésus-Christ?

Quelles parties de ce bon Maître reçoivent ceux qui communient?

2° - *a*) Mais est-ce bien Jésus-Christ, le même qui est né à Bethléem? — Jésus-Christ ayant le même corps qu'il avait lorsqu'il marchait dans les campagnes de la Judée, le même corps qui a mangé et bu comme nous sur la terre?

b) Oui! Est-ce que c'est le corps vivant de Jésus-Christ, le corps de Jésus-Christ ayant des yeux qui nous voient, des oreilles qui nous entendent?

Comment, vous mangez la chair vivante de Jésus-Christ avec ses os...? C'est trop fort!

Pourtant c'est vrai. Oui, c'est Jésus-Christ ayant son vrai corps, le même qu'il avait sur la terre et qu'il a maintenant au ciel. Et non pas son apparence, sa figure; et, c'est cela que notre catéchisme nous fait entendre, lorsqu'il dit que celui qui communie reçoit Jésus-Christ tout entier, réellement présent dans l'Eucharistie?

3° Quel sacrement reçoit la personne qui communie?
— Qu'est-ce que l'Eucharistie?

Que possède, sur son cœur, celui qui vient de communier?

Que comprenez-vous en disant que communier c'est recevoir réellement Jésus-Christ tout entier?

ARTICLE III.

§ I. *Le fidèle qui communie seulement sous l'espèce du pain, reçoit-il autant que le prêtre qui communie sous les deux espèces?* — Oui, le fidèle qui communie seulement sous l'espèce du pain reçoit autant que le prêtre qui communie sous les deux espèces, puisque chaque espèce contient Jésus-Christ tout entier.

§ II. Jésus-Christ est tout entier sous l'espèce du pain et tout entier sous l'espèce du vin.

§ III. Jésus-Christ ressuscité ne meurt plus; son âme ne peut plus être séparée de son corps, ni sa chair de son sang. Dès lors, là où est sa chair, là est son sang, là est son âme; et réciproquement, là où est son sang, là est sa chair, là est son âme, là est aussi sa divinité, qui ne fut séparée d'aucune partie de sa personne, même par la mort. Si donc on reçoit une partie de Jésus-Christ, on reçoit tout ce bon Maître. Il n'est plus divisible; l'espèce du pain le contient tout entier aussi bien que l'espèce du vin.

§ IV. - *a*) Dans l'Eucharistie, qu'appelle-t-on espèces du pain? — espèces du vin?

Vous avez vu communier le prêtre qui dit la sainte Messe, n'est-ce pas? — Vous l'avez vu aussi, bien souvent, donner à d'autres personnes la sainte communion?

Eh bien! que pensez-vous que prenne le prêtre pour

se communier ? = Sous quelles espèces communie
le prêtre qui dit la Messe?

Et que donne-t-il aux autres personnes qui se présentent pour communier? = Sous quelle espèce
communie le simple fidèle?

b) Que reçoit le prêtre qui communie sous l'espèce du
pain et du vin?

Et que reçoit le simple fidèle? — Mais comment
peut-il recevoir le sang de Jésus-Christ, par
exemple, puisqu'il ne reçoit point l'espèce du vin?

c) Voyez : Dans la sainte Eucharistie, que contient
l'espèce du pain seule? — Que contient l'espèce
du vin seule?

Qu'est-ce qui compose Jésus-Christ tout entier?

Sous quelle espèce Jésus-Christ est-il contenu tout
entier?

Prouvez que le fidèle qui communie sous l'espèce du
pain reçoit aussi bien Jésus-Christ tout entier que
le prêtre qui communie sous les deux espèces?

ARTICLE III.

§ I. *Est-on obligé de communier?* — Oui, on est
obligé de communier au moins une fois chaque année
dans le temps de Pâques, et quand on se trouve en
danger de mort.

Est-il bon de communier plus souvent? — Oui, il
est très-bon de communier plus souvent; l'Eglise
nous exhorte à le faire aux principales fêtes de
l'année; elle désirerait même que ses enfants vé-
cussent assez saintement pour communier tous les
jours, comme le faisaient les premiers chrétiens.

§ II. 1° Tout fidèle doit communier chaque année
dans le temps de Pâques et lorsqu'il est en danger
de mort; 2° l'Eglise nous exhorte à communier plus
souvent.

§ III. 1° L'Eglise, nous l'avons vu, ordonne à tout fidèle de communier au moins une fois chaque année. Elle ordonne pareillement que cette communion se fasse dans le temps de Pâques; mais le chrétien, qui ne l'aurait pas faite dans le temps prescrit, devrait se préparer à la faire le plus tôt possible. De plus, tout fidèle est pareillement tenu de communier, lorsqu'il est en danger de mort, c'est-à-dire, lorsque, par suite d'une maladie, ou d'une situation périlleuse quelconque, la mort est à craindre. — 2° L'Eglise ne prescrit point, sous peine de péché, d'approcher de la sainte table en d'autres circonstances; mais, sachant que la sainte communion est la nourriture et le soutien de nos âmes, elle nous conseille fortement de la recevoir aux principales fêtes de l'année. Et même son désir serait de nous voir communier tous les jours, comme le faisaient nos pères dans la foi, les premiers chrétiens, à condition, toutefois, que notre vie fût aussi chrétienne que la leur.

§ IV. 1° - *a*) Etes-vous obligé de recevoir le sacrement de l'Eucharistie?

Mais lorsque vous saurez bien votre catéchisme et que vous aurez fait votre première communion?

A partir de votre première communion, combien de fois, chaque année, *devrez*-vous communier?

*Connaissez-vous un commandement qui le prescrit? — Est-ce un commandement de Dieu ou de l'Eglise? — Quel est ce commandement de l'Eglise? — Récitez-le?

*Dans quel temps, pour obéir à ce commandement, faut-il communier?

b) Les chrétiens ne doivent-ils communier qu'à Pâques? — En quelle circonstance encore y sont-ils tenus?

Quand une personne est-elle en danger de mort? — Citez des circonstances où la mort soit à craindre?

c) * Quand, sous peine de péché, devons-nous faire la sainte communion? (1°? — 2°?)

2° - *a*) Mais, lorsque vous aurez une première fois reçu votre bon Maître, est-ce que vous ne communierez qu'à Pâques et lorsque vous serez gravement malade? — Quand communierez-vous encore? — Citez les principales fêtes de l'année?

En agissant ainsi, de qui suivrez-vous le conseil?

* Qu'est-ce à dire que l'Eglise nous exhorte à communier aux principales fêtes de l'année?

b) Et même, à propos de la réception de ce divin sacrement, savez-vous ce que l'Eglise désirerait?

Est-ce que les chrétiens ont jamais communié tous les jours? — A quelle époque depuis Jésus-Christ?

Quand devrions-nous nous approcher de la sainte table, si nous voulions imiter en cela les premiers chrétiens?

Comment faudrait-il vivre pour avoir ce bonheur?

ARTICLE IV.

§ I. *Quels effets produit en nous la sainte communion?* — La sainte communion nous unit intimement à Jésus-Christ; elle augmente en nous la vie de la grâce; elle affaiblit nos passions, et nous est un gage de la résurrection glorieuse et de la vie éternelle.

§ II. 1° La sainte communion nous unit intimement à Jésus-Christ; 2° elle augmente en nous la vie de la grâce; 3° elle affaiblit nos passions; 4° elle nous est un gage de la résurrection glorieuse et de la vie éternelle.

§ III. Produire un effet, avons-nous dit, c'est faire une chose, en être la cause. Or, la sainte communion produit en nous d'admirables effets : 1° elle nous unit intimement avec Jésus-Christ : par elle, nous ne formons qu'un avec Lui; Il ne forme plus qu'un avec nous : son corps devient notre corps; son sang, notre sang; ses pensées, nos pensées; tout devient commun entre ce bon Maître et sa créature, et le mot communion, *union commune*, est justifié. — 2° La sainte Eucharistie est un sacrement des vivants; lorsque nous le recevons, nous devons posséder la vie de la grâce. Mais sa venue en nos cœurs donne plus de force à cette vie, rend notre union avec Dieu plus intime, elle nous rend plus agréables à ses yeux : la sainte communion augmente en nous la vie de la grâce. — 3° On appelle ici *passion*, l'inclination, la pente que nous avons à pécher; que cette pente vienne du péché d'Adam ou de nos mauvaises habitudes. Or, la sainte communion affaiblit nos passions : si nous la recevons, nous sommes moins portés au mal, nous tombons moins fréquemment, et, si nous tombons, nous nous relevons plus facilement et plus promptement. — 4° Un gage est ce qu'on donne à autrui pour prouver qu'on tiendra parole. Or, la sainte communion nous est un gage de la résurrection glorieuse et de la vie éternelle : par elle Jésus-Christ nous promet que nos corps ressusciteront, comme le sien, doués d'impassibilité, de clarté, d'agilité et de subtilité; par elle nous sommes certains que le ciel sera notre partage : « Celui qui mange ma chair et boit mon sang, a dit Jésus-Christ dans l'Evangile, a la vie éternelle et je le ressusciterai au dernier jour. »

§ IV. Qu'appelle-t-on effet de la sainte communion? Combien en comptez-vous, d'après votre catéchisme? 1° Lorsque nous possédons Jésus-Christ par la sainte communion, vit-il en nous? — Vivons-nous en lui

* Que comprenez-vous en disant que la sainte communion nous unit intimement à Jésus-Christ?

2° Lorsqu'on reçoit la sainte communion, faut-il être en état de grâce? — Pourquoi oui?

Mais la sainte communion n'ajoute-t-elle rien à l'état de grâce dans lequel nous sommes? — Ne nous rend-elle pas plus agréables à Dieu?

* Qu'est-ce à dire que la communion augmente en nous la vie de la grâce?

3° * Ici qu'appelle-t-on passion?

Que fait la sainte communion reçue par une personne qui a des passions?

Dès lors, celui qui communie, est-il, par exemple, moins colère, moins désobéissant, plus pieux?

* Qu'entendez-vous en disant que la sainte communion affaiblit nos passions?

4° - *a*) Qu'est-ce que ressusciter?

Au dernier jour, combien y aura-t-il de sortes de résurrections? — Quelles seront les qualités des corps qui ressusciteront pour la gloire?

b) Qu'appelle-t-on vie éternelle? — Combien y en a-t-il de sortes?

c) La sainte communion nous assure-t-elle, nous fait-elle espérer que nous ressusciterons avec des corps glorieux? — Nous promet-elle la vie du ciel?

* Que comprenez-vous en disant que la sainte communion nous est un gage de la résurrection glorieuse? — un gage de la vie éternelle?

ARTICLE V.

§ I. *L'Eucharistie produit-elle ces effets dans tous ceux qui la reçoivent?* — Non, la sainte Eucharistie ne produit ces heureux effets que dans ceux qui la reçoivent avec de bonnes dispositions.

§ II. Quels sont les effets de la sainte communion dans les âmes?

La sainte communion augmente-t-elle, par exemple, la vie de la grâce en tous ceux qui communient? affaiblit-elle toujours les passions?

Mais, est-ce que Notre-Seigneur n'est pas toujours le même, dans l'Eucharistie, avec ses grâces, sa bonté, etc... quelle que soit la personne qui communie?

D'où vient, dès lors, qu'il ne produit pas toujours les mêmes effets?

Des dispositions! Combien y en a-t-il de sortes?

Quelles sont les dispositions pour communier dignement? = pour recevoir les grâces dont nous avons parlé?

SEIZIÈME LEÇON.

Des dispositions à la sainte communion.

ARTICLE Ier.

§ I. *Quelles sont les dispositions nécessaires pour communier dignement?* — Il y a deux sortes de dispositions nécessaires pour communier dignement : les unes regardent l'âme, les autres regardent le corps.

§ II. Pour communier dignement, il faut certaines dispositions de l'âme et certaines dispositions du corps.

§ III. L'Eucharistie est le plus saint et le plus adorable des sacrements. Aussi sa réception demande-t-elle une préparation à laquelle le corps et l'âme doivent participer : chacune de ces parties de notre être doit se disposer à l'avance pour recevoir notre

Sauveur et notre Dieu. Si l'une et l'autre sont bien préparées, la communion sera bonne et portera les heureux fruits dont nous avons parlé. Si, au contraire, le corps ou l'âme manque des dispositions requises, la communion sera mauvaise ou indigne, et portera des fruits de mort.

§ IV. Quest-ce que communier?
Tout homme peut-il se présenter pour communier? Pourquoi non? — Quel sacrement faut-il avoir reçu avant de faire sa communion?
Tout chrétien même, à tout moment, le peut-il? — Pourquoi non?
Y a-t-il plusieurs sortes de préparations? — Quelles sont ces deux sortes?
Dès lors, celui qui n'aurait pas son âme dans les dispositions requises communierait-il dignement?
Et celui dont le corps ne serait pas bien préparé?
* Qu'est-ce qu'une bonne communion? — Et une communion indigne?
* Qu'est-ce que communier dignement? — communier indignement?

ARTICLE II.

§ I. *Quelle est la principale disposition de l'âme?* — La principale disposition de l'âme, c'est d'être en état de grâce, c'est-à-dire, de n'être coupable d'aucun péché mortel.

Que doit faire, avant la communion, celui qui se sent coupable de quelque péché mortel? — Il doit se confesser et recevoir l'absolution.

§ II. Pour communier, 1°, il faut être en état de grâce; par là-même, 2°, celui qui se sent coupable de quelque péché mortel, doit recevoir le sacrement de pénitence.

§ III. 1° La sainte Eucharistie est un sacrement des vivants. Par là même celui qui le reçoit doit avoir la conscience exempte de tout péché mortel. Dès lors, 2°, si un chrétien avait eu le malheur d'offenser Dieu mortellement, il devrait, avant de s'approcher de la sainte table, se confesser et recevoir le sacrement de Pénitence dans de bonnes dispositions.

§ IV. 1° Qu'est-ce qu'un sacrement des morts?—Un sacrement des vivants?

L'Eucharistie est-elle un sacrement des morts ou un sacrement des vivants?

*En quel état, dès lors, doit être l'âme de celui qui communie? — Quand une âme est-elle en état de grâce?

Pourquoi faut-il être en état de grâce pour communier dignement?

2° L'homme, qui est coupable de quelque péché mortel, peut-il, après une certaine préparation, recevoir la sainte Eucharistie?—En quoi consiste cette préparation?

Suffit-il de se confesser lorsqu'on a commis quelque péché mortel? — Qu'est-ce que l'absolution?

*Quelles personnes doivent nécessairement aller à confesse et recevoir l'absolution avant de communier?

ARTICLE III.

§ I. *Est-ce un grand péché de communier sans être en état de grâce?* — Oui, c'est le péché de Judas; c'est un horrible sacrilége.

Ceux qui communient, sans être en état de grâce, reçoivent-ils véritablement Jésus-Christ? — Oui, ils le reçoivent véritablement; mais, en le recevant, ils mangent et boivent leur propre condamnation?

§ II. 1° Celui qui communie en état de péché mortel commet un sacrilége; 2° il mange et boit sa condamnation.

§ III. Judas, le traître, livra Jésus, son Maître, à ses ennemis. De même, le chrétien perfide, qui ose communier sans avoir purifié sa conscience, livre son Sauveur au démon, son plus grand ennemi. Aussi commet-il le plus affreux sacrilége. Le sacrilége, en effet, est la profanation d'une chose sainte; et qu'y a-t-il de plus saint que Jésus-Christ, le Dieu de toute sainteté? — 2° Le malheureux commet un crime abominable; mais il mange et boit sa condamnation, c'est-à-dire que la communion qu'il fait lui est un gage effrayant, elle le rend digne des feux de l'enfer pour l'éternité.

§ IV. 1° Qu'est-ce qu'une communion indigne?
Comment appelle-t-on le péché de celui qui communie indignement? — Qu'est-ce qu'un sacrilége? — Pourquoi la communion indigne est-elle un sacrilége?
Pourquoi appelez-vous péché de Judas le péché de celui qui communie indignement? — Qu'était Judas?
2° Est-ce que Jésus-Christ ne quitte pas la sainte Hostie lorsqu'il voit que celui qui se présente n'est pas bien préparé?
Que mange et que boit celui qui communie indignement?
Mais le corps et le sang de Jésus-Christ ne sont-ils pas pour lui le gage de la résurrection glorieuse, et de la vie éternellement heureuse?
* Que comprenez-vous en disant que celui qui communie indignement mange et boit sa propre condamnation?

ARTICLE IV.

§ I. *Quelles sont les autres dispositions de l'âme pour communier dignement?* — C'est d'être suffisamment instruit des principaux mystères de la religion, et surtout de ce qui concerne la sainte Eucharistie.

§ II. 1° Un enfant de trois ans, baptisé, peut-il communier? — Pourquoi non? il est certainement en état de grâce, il peut être à jeun..... Que lui manque-t-il donc?

2° Que faut-il connaître pour communier dignement? — Quels sont les principaux mystères de la religion? — Dites ce que vous savez, par exemple, sur le mystère de la Sainte-Trinité?

3° De quel sacrement faut-il être plus particulièrement instruit pour communier?

4° *Ainsi, que doit étudier avec un soin particulier l'enfant qui se prépare à faire sa première communion (1°? — 2°?)

ARTICLE V.

§ I. *Quelles sont les dispositions du corps pour communier?* — Les dispositions du corps pour communier, sont : 1° d'être à jeun, c'est-à-dire, de n'avoir ni bu, ni mangé, depuis minuit; 2° d'avoir un extérieur modeste et recueilli.

§ II. Pour faire la sainte communion, il faut : 1° être à jeun; 2° avoir un extérieur modeste et recueilli.

§ III. 1° Par respect pour la sainte Eucharistie, celui qui s'approche de la sainte Table, doit n'avoir absolument rien pris depuis minuit, ni comme nourriture, ni comme remède. Tout ce qui est boisson ou aliment, en si petite quantité que ce soit, romprait le jeûne *eucharistique,* ou le jeûne prescrit pour

communier. Ainsi ce jeûne est beaucoup plus rigou-
reux que celui des jours de pénitence. — 2° Le chrétien qui se dispose à communier doit avoir un extérieur modeste, c'est-à-dire qu'il doit être habillé et
se tenir avec une grande décence. Il doit aussi avoir
un extérieur recueilli : ne point tourner la tête ou les
yeux de côté et d'autre, mais montrer, par son air et
ses manières, qu'il pense à la grande action qu'il va
faire.

§ IV. Est-ce assez d'avoir l'âme en de bonnes dispositions pour communier dignement? — Que faut-il
de plus?

1° Qu'entendez-vous en disant qu'il faut être à jeun
pour communier?

Celui qui prendrait, par exemple, un demi-verre
d'eau après minuit, pourrait-il communier? —
Pourquoi non?

* En quoi consiste le jeûne eucharistique? — Diffère-
t-il, par exemple, du jeûne du carême? — En quoi?

2° Comment une personne doit-elle être habillée pour
avoir un extérieur modeste? — Comment doit-elle
se tenir?

Et que doit-elle faire, par exemple, de ses yeux.....
pour avoir un extérieur recueilli?

* Qu'entendez-vous en disant que, pour communier,
il faut avoir un extérieur modeste? — un extérieur
recueilli?

3° Combien y a-t-il de sortes de dispositions nécessaires pour communier?

Quelles sont les dispositions de l'âme? (1°? — 2°?)

Quelles sont les dispositions du corps?

ARTICLE VI.

§ I. *N'est-il pas permis de communier sans être à
jeun?* — Non, il n'est pas permis de communier sans

être à jeun, à moins qu'on ne reçoive la sainte communion en viatique, dans une maladie grave.

§ II. Deux mots sur la sainte communion admi-ministrée en viatique.

§ III. Nous avons dit que tout fidèle doit, sous peine de péché grave, faire la sainte communion, s'il le peut, aux approches de la mort. Cette céleste nourriture soutient l'âme, en effet, dans le passage du temps à l'éternité. La communion, donnée alors à un chrétien, s'appelle *viatique*, ou mieux, *saint viatique*, mot qui signifie *provision de voyage*. Les dispositions doivent être les mêmes que celles que nous avons indiquées pour la communion faite dans les autres circonstances de la vie, à part une seule : il n'est pas nécessaire que la personne qui communie soit à jeun.

§ IV. - *a*) Vous avez vu, sans doute, porter le bon Dieu à un malade? Que porte ainsi le prêtre sur sa poitrine? — Qu'y a-t-il dans ce ciboire?

b) Si le malade, auquel on porte ainsi la sainte Eucharistie, avait bu ou mangé depuis minuit, pourrait-il la recevoir cependant?

* Dans quelles circonstances est-il permis de communier sans être à jeun?

c) * Qu'appelle-t-on saint *viatique?*

Qu'est-ce que communier en viatique?

Quelles personnes peuvent communier en viatique?

* Quelles doivent être les dispositions des personnes qui communient en viatique? — quant à l'âme? — quant au corps?

DIX-SEPTIÈME LEÇON.

De la manière de communier.

ARTICLE Ier.

§ I. *Est-il absolument nécessaire d'entendre la Messe avant de recevoir la communion?* — Non, cela n'est pas absolument nécessaire; mais il ne faut pas s'en dispenser sans des motifs graves.

§ II. Il faut, autant que possible, assister à la sainte Messe et communier ensuite.

§ III. Celui qui a l'intention de faire la sainte communion, doit assister à la sainte Messe et s'approcher de la sainte Table, après la communion du prêtre ou après la Messe. Pourtant, il est des circonstances qui dispensent de cette obligation. Ainsi, par exemple, une Messe, unique dans une paroisse, se dit à une heure avancée. Une personne ne peut, à cause de sa mauvaise santé, passer à jeun la matinée; elle peut communier cependant sans avoir entendu la messe.

§ IV. Qu'est-ce que communier?
A quel office faut-il communier? — Qu'est-ce que la
    Messe?
Mais est-ce qu'il n'est jamais permis de communier
    sans avoir entendu la Messe?
* Citez quelques motifs qui dispensent de l'obligation
    d'entendre la Messe avant de communier?

ARTICLE II.

§ I. *Que faut-il faire dans les moments qui précèdent la communion?* — Il faut faire des actes de Foi, d'Adoration, d'Humilité, de Contrition, d'Espérance, d'Amour et de Désir.

§ II. Ainsi la préparation prochaine à la sainte communion exige sept actes principaux : 1° un acte de foi; 2° un acte d'adoration; 3°.....

§ III. 1° Un acte de foi : Oui, mon Dieu, je crois que vous êtes présent dans la Sainte Eucharistie; je crois que c'est vous que je vais avoir le bonheur de recevoir. — 2° Un acte d'adoration : C'est Dieu, le créateur et le souverain maître de toutes choses, que je vais recevoir; je le reconnais avec bonheur, ô mon Dieu. — 3° Acte d'humilité : Et, pour recevoir mon Dieu, qui suis-je? — néant, péché. — 4° Ce Dieu, si grand et si bon, je l'ai outragé en péchant. Oh! pardon, ô mon Dieu, pardon, je m'en repens : Contrition. — 5° Je vous ai offensé, il est vrai, mais je ne perds pas courage, j'espère bien que, par la grâce de cette communion, je vous servirai mieux à l'avenir : Confiance. — 6° Mon Dieu, c'est par amour pour moi que vous avez institué ce divin sacrement. Et je ne vous aimerais pas! Acte d'amour. — 7° Mon Dieu veut s'unir à moi, et moi je veux m'unir à lui : O Jésus, venez en moi! Acte de désir.

§ IV. Lorsque, plus tard, vous aurez le bonheur de faire la sainte communion, comment occuperez-vous votre esprit pendant le temps qui précédera cet heureux instant?

1° Vous ferez des actes de Foi, d'Adoration, etc.....!
Et alors que croirez-vous plus particulièrement?
Qu'adorerez-vous? — Où adorerez-vous Jésus-Christ?
De quoi aurez-vous la contrition? — Pourquoi détesterez-vous alors vos péchés?
Qu'aimerez-vous alors? — Pourquoi aimerez-vous Jésus-Christ? — Que désirerez-vous?
2° - a) Et, non-seulement vous ferez tous ces actes de Foi, d'Amour, etc..., mais, de plus, vous direz à

Jésus-Eucharistie que vous n'êtes pas digne de le recevoir, Lui, le Dieu trois fois saint, vous, grand pécheur… et ainsi, quel acte ferez-vous?

Comment, à l'approche de la communion, ferez-vous un acte d'Humilité?

b) Et, lorsque vous direz à Jésus-Christ que, à cause de cette communion, vous espérez bien le posséder au ciel, quel acte ferez-vous?

Que faut-il dire à Jésus-Christ avant de communier pour faire un acte d'Espérance?

3° * Faites, comme vous le ferez avant la communion, mais plus brièvement, un acte d'Adoration. — Un acte de Foi. — Un acte d'Humilité. — Un acte de Contrition. — Un acte de Désir. — Un acte d'Amour. — Un acte d'Espérance.

ARTICLE III.

§ I. *Que faut-il faire quand le moment de la communion est venu?* — Il faut s'approcher de la sainte table avec respect, se mettre à genoux, et tenir la nappe de communion étendue sur ses mains.

Comment doit-on se tenir au moment où le prêtre présente la sainte Hostie? — Lorsque le prêtre présente la sainte Hostie, on doit se tenir la tête droite, les yeux baissés, ouvrir médiocrement la bouche, et avancer un peu la langue sur la lèvre inférieure.

Quand on a reçu la sainte Hostie, peut-on la laisser fondre dans sa bouche? — Non; on doit avaler la sainte Hostie aussitôt qu'on le peut; autrement on s'exposerait à ne pas communier.

§ II. Pour communier, il faut : 1° s'approcher avec respect de la sainte table; 2° se mettre à genoux, étendre sur ses mains la nappe de communion, etc…; 3° avaler le plus tôt possible la sainte hostie.

§ III. 1° On doit s'approcher de la sainte table avec

respect ; c'est-à-dire dans une tenue propre et modeste. Par là-même, il ne faut pas imiter ces chrétiens qui vont communier dans un négligé vraiment honteux, ni ces personnes dont les habits indécents annoncent plutôt une fête toute mondaine que l'acte le plus auguste de la religion. Les mains doivent être jointes ; le maintien doit être grave et recueilli ; tout l'extérieur doit montrer les sentiments religieux intérieurs. — Dans les communions nombreuses, il faut se prêter à tout ordre ayant pour but d'éviter le trouble et la confusion. On doit prendre sa place et son rang sans se presser et en continuant à produire les actes préparatoires à la communion. — 2° Arrivé à la sainte table, il faut se mettre à genoux, prendre la nappe de communion et la tenir étendue sur ses mains, de sorte que, en cas d'accident, la sainte Hostie ne tombe pas à terre ; la tête doit être droite ; les yeux, baissés. On doit tenir la bouche médiocrement ouverte et laisser apercevoir la langue un peu avancée sur la lèvre inférieure. — 3° Sitôt que la sainte Hostie est déposée sur la langue, il faut l'avaler, puisque, si elle fondait dans la bouche, on s'exposerait à ne pas communier. Que si elle s'attachait au palais, il faudrait, sans se troubler, la détacher avec la langue et ne pas y porter les doigts.

§ IV. 1° - *a*) Quels habits faut-il mettre pour aller communier ? — ceux des jours de travail ? — ceux….. ?

b) Le prêtre vient de communier ; c'est à votre tour. Vous allez vers l'endroit où se donne la sainte communion. Que faites-vous de vos yeux ? — de vos mains ? — S'il y a beaucoup de monde à communier, faut-il aller vers la sainte table comme si on était seul ? Que faut-il observer ?

c) Ainsi, quelles personnes approchent respectueusement de la sainte table?

2° Arrivé à la sainte table, quelle posture prenez-vous? — Et ensuite, que faites-vous?

Pourquoi étendez-vous sur vos mains la nappe de communion?

3° Que faites-vous, sitôt que le prêtre a déposé la sainte hostie sur votre langue? — Pourquoi ne la laissez-vous pas fondre dans votre bouche?

Si la sainte hostie s'attachait aux gencives ou bien au palais que feriez-vous?

ARTICLE IV.

§ I. *Que faut-il faire après la communion?* — Il faut adorer Jésus-Christ, le remercier et lui demander de nouvelles grâces.

Que faut-il faire avant de terminer l'action de grâces? — Il faut prendre la résolution de se corriger des défauts auxquels on est le plus sujet, et faire à Jésus-Christ le sacrifice de tous les attachements qui nous empêchent de le bien servir.

Comment faut-il passer le jour où l'on a eu le bonheur de communier? — Le jour où l'on a eu le bonheur de communier, il faut éviter la dissipation et se rappeler souvent, avec reconnaissance, la grâce que l'on a reçue.

§ II. 1° Parlons de l'action de grâces après la communion, et, 2°, indiquons comment il faut passer le jour où l'on a eu le bonheur de communier.

§ III. 1° Lorsque Jésus-Christ est descendu en nous, il faut se retirer pieusement à sa place, et là, dans un profond recueillement, faire son *action de grâces.* On appelle de ce nom l'ensemble des prières que fait le fidèle après la sainte communion. D'abord il faut adorer Jésus-Christ : lui dire, avec amour et bonheur, qu'on le reconnaît pour l'unique Dieu du ciel et de la terre. — Ensuite il faut remercier ce bon Maître : lui dire qu'on l'aime à cause du bienfait de la sainte communion qu'il vient de nous accorder. — Il faut aussi le prier de nous accorder de nouvelles faveurs à nous-mêmes et lui demander des grâces pour toutes les personnes qui nous sont chères. C'est dans ces heureux moments qu'il est bon de se raffermir de nouveau dans la résolution de ne plus tomber dans le péché, surtout dans celui que l'on commet le plus fréquemment. — Que si quelque chose nous coûtait plus particulièrement dans notre conversion, c'est le moment de demander à Dieu ses grâces pour faire ce sacrifice, et de lui promettre que, avec son secours, on fera tout ce qu'exige une vie véritablement chrétienne. — Il est à retenir que l'ensemble de ces actes doit se faire avec une grande effusion d'amour : O Jésus, ô mon Dieu, mon Sauveur, oui je vous aime, je me donne tout entier à vous, faut-il dire, même au milieu des autres actes qui composent l'action de grâces. — 2° Toute la journée doit se ressentir du bonheur que l'on a goûté le matin, et être comme embaumée par le souvenir des heureux instants que l'on a passés. Pour en arriver là, l'on évitera la dissipation, c'est-à-dire, les jeux trop bruyants, les conversations trop légères, et tout ce qui fait perdre le recueillement et la présence de Dieu; on pensera fréquemment à la sainte Eucharistie, à Jésus-Christ qui s'est donné à nous, on lui renouvellera des actes d'amour, de remerciement, d'offrande, etc..... et ainsi la journée sera ce qu'elle doit être, l'action de grâces *continuée*.

§ IV. Comment appelle-t-on l'ensemble de prières que fait une personne après avoir communié?

* Qu'appelle-t-on *action de grâces* après la communion?

1° - *a*) Par quel acte faut-il commencer son action de
grâces? — Qu'est-ce qu'adorer Jésus-Christ?

*Faites un acte d'adoration comme vous le ferez
après avoir communié?

b) Que faut-il faire après avoir adoré Jésus-Christ? —
Qu'est-ce que remercier quelqu'un?

* Remerciez Notre-Seigneur comme vous le ferez
après une communion?

c) Que faut-il faire ensuite? — Pour quelles personnes
solliciterez-vous des grâces de Jésus-Christ?

*Quelles grâces demanderez-vous pour vous? — si
vous aviez de mauvaises habitudes? — si telle personne vous faisait tomber dans le péché...?

Pour quelles personnes prierez-vous encore?

* Quelles grâces demanderez-vous pour votre père?
— pour votre mère? — pour moi? — pour votre
grand'mère qui est morte?

d) Mais n'est-il pas une vertu dont vous ferez surtout
des actes pendant l'action de grâces? — Qu'est-ce
que la charité?

*Faites un acte d'amour de Jésus-Christ comme vous
pourrez le faire pendant votre action de grâces?

2° Et la journée que vous aurez communié, la pas-
serez-vous comme de coutume? — Qu'éviterez-
vous plus particulièrement?

Et comment faire pour éviter la dissipation? faut-il
s'amuser beaucoup, causer longuement d'affaires
inutiles.....?

*Quelles pensées doivent occuper notre esprit et
notre cœur le jour que nous avons fait la sainte
communion? — Ont-elles beaucoup de rapport
avec celles que nous avons eues le matin?

* Que doit être, pour être bien passée, la journée où l'on a eu le bonheur de faire la sainte communion?

DIX-HUITIÈME LEÇON.

De l'Extrême-Onction.

ARTICLE Ier.

§ 1. *Qu'est-ce que l'Extrême-Onction?* — L'Extrême-Onction est un sacrement institué par Notre-Seigneur Jésus-Christ pour le soulagement spirituel et corporel des malades.

§ II. 1° L'Extrême-Onction est un sacrement; 2° l'Extrême-Onction a été instituée pour le soulagement spirituel et corporel des malades.

§ III. Extrême-Onction veut dire *onction dernière*, onction reçue après les autres. Le chrétien, en effet, reçoit plusieurs onctions pendant le cours de sa vie, par exemple, à son baptême, à sa confirmation; mais il ne reçoit l'Extrême-Onction qu'aux approches de la mort, et voilà pourquoi l'Extrême-Onction est appelée de ce nom. 1° L'Extrême-Onction est un sacrement. C'est un signe sensible : l'onction faite avec l'huile bénite et les paroles, que prononce le ministre de ce sacrement en l'administrant, indiquent bien les effets qu'il produit. D'ailleurs, comme tous les sacrements de la religion chrétienne, il a été institué par Jésus-Christ pour nous sanctifier, nous aider à opérer notre salut. — 2° Ce sacrement a été institué pour le soulagement spirituel et corporel des malades. Pour le soulagement spirituel : pour faire du bien à leur âme, leur accorder des grâces particulières; pour leur soulagement corporel : pour faire du bien à leur corps. Plus tard, nous allons voir quels sont ces soulagements. Pour le moment, qu'il nous suffise de savoir que l'Extrême-Onction est le sacrement des malades et des malades exposés à la mort, par suite de leur maladie. Nulle autre personne ne peut le recevoir.

§ IV. Qu'est-ce qu'un sacrement?

Y a-t-il un sacrement qu'on ne peut donner qu'aux malades? — Quel est ce sacrement?

Qu'appelez-vous Extrême-Onction? — Que veut dire *Extrême-Onction?*

* Pourquoi appelez-vous du nom d'Extrême-Onction le sacrement qu'on ne peut donner qu'aux malades?

1° L'Extrême-Onction est-elle un signe? — Un signe sensible? — Qui a institué l'Extrême-Onction? — Pour quoi faire Jésus-Christ a-t-il institué l'Extrême-Onction?

* Montrez que l'Extrême-Onction est un sacrement.

2° Dans quel but Jésus-Christ a-t-il institué l'Extrême-Onction? — Quel est le soulagement spirituel que procure l'Extrême-Onction? — Quel est le soulagement corporel?

* Qu'entendez-vous en disant que Jésus-Christ a institué l'Extrême-Onction pour le soulagement spirituel des malades? — pour leur soulagement corporel?

ARTICLE II.

§ I. *Quel est le soulagement spirituel que procure l'Extrême-Onction?* — L'Extrême-Onction efface les restes du péché, et même tous les péchés oubliés ou qu'il serait impossible de confesser; elle nous fortifie contre les attaques du démon, et nous aide à mourir saintement.

§ II. 1° L'Extrême-Onction efface les restes du

péché; 2° elle peut même effacer certains péchés; 3° elle nous fortifie contre les attaques du démon et nous aide à mourir saintement.

§ III. 1° L'Extrême-Onction efface les restes du péché. — On appelle ordinairement *restes* du péché, la pente, l'inclination au mal, la difficulté de se porter vers Dieu après s'être éloigné de ce bon Maître, les troubles de conscience et toutes les misères que laisse le péché dans l'âme après qu'elle a été lavée du péché même. — Parfois aussi on appelle reste du péché, la peine temporelle due au péché déjà pardonné, et l'Extrême-Onction peut en faire la remise, du moins en partie, à raison des dispositions plus ou moins parfaites de celui qui la reçoit. — 2° Non-seulement l'Extrême-Onction efface les restes du péché, mais elle peut effacer le péché même. Ainsi un chrétien oublie involontairement quelques fautes en confession; s'il reçoit l'Extrême-Onction, ces fautes lui sont remises absolument comme s'il les avait déclarées au saint tribunal. — Il y a plus : un chrétien est frappé d'un mal subit et ne peut recevoir le sacrement de Pénitence, si on lui administre le sacrement des malades, ses péchés, quelque graves qu'ils soient, lui sont pardonnés. — 3° Comme la destinée éternelle de l'homme dépend surtout du moment de la mort, le démon, à ce terrible moment, redouble ses efforts pour nous faire pécher. Or l'Extrême-Onction nous fortifie contre ses attaques, c'est-à-dire, nous donne des grâces pour vaincre ses tentations. — Enfin ce sacrement met le comble à toutes les grâces qui ont été déversées sur notre âme pendant le cours de notre vie : l'Extrême-Onction nous aide à mourir de la mort des saints.

§ IV. A quelle partie de l'homme l'Extrême-Onction

donne-t-elle d'abord soulagement ? — Qu'est-ce que l'âme ?

En combien de manières l'Extrême-Onction soùlage-t-elle l'âme des malades ?

1° A la mort, le souvenir de nos fautes peut-il jeter le trouble en nos âmes ? — ne peut-on pas aussi éprouver du dégoût pour revenir à Dieu ?

Qu'appelle-t-on peine temporelle due au péché ?

* Qu'appelle-t-on restes du péché ?

Que fait l'Extrême-Onction des restes du péché ? — — Elle les efface ! Qu'est-ce à dire en parlant, par exemple, des troubles de conscience ? — en parlant des peines temporelles dues aux péchés ?

2° Un homme oublie involontairement un péché mortel en confession. Avant de mourir, il reçoit l'Extrême-Onction. Où va son âme ? — Quel sacrement a effacé son péché mortel oublié ?

Une autre personne a également commis un péché mortel, elle tombe malade subitement, et, privée qu'elle est de la parole, elle ne peut se confesser ; on lui administre le sacrement d'Extrême-Onction et elle meurt. Où va son âme ? — Pourquoi pas en enfer ?

3° Lorsque le démon, à nos derniers moments, vient nous suggérer des tentations, que fait l'Extrême-Onction, si nous la recevons ?

* Qu'est-ce à dire que l'Extrême-Onction nous fortifie contre les attaques du démon ?

De quelle mort l'Extrême-Onction nous aide-t-elle à mourir ? — Qu'est-ce qu'un saint ?

ARTICLE III.

§ I. *Quel est le soulagement corporel que procure l'Extrême-Onction ?* — L'Extrême-Onction adoucit nos souffrances, et contribue à nous rendre la santé du corps, quand Dieu le juge utile pour sa gloire ou pour notre salut.

§ II. L'Extrême-Onction adoucit les souffrances du corps; 2° elle rend la santé si Dieu le juge utile.

§ III. L'Extrême-Onction a même pour le corps d'heureux résultats. Ainsi, 1° elle adoucit nos souffrances : les rend moins vives et plus supportables. Lorsque le chrétien a reçu l'Extrême-Onction, la douleur a sur lui moins de force, et, s'il souffre encore, c'est avec plus de patience et de résignation. — 2° L'Extrême-Onction peut nous guérir; Jésus-Christ l'a également instituée dans ce but. Mais, si la santé devait être préjudiciable au bien spirituel du malade, si la gloire de Dieu devait en souffrir, elle ne produirait pas ce résultat.

§ IV. Est-ce seulement à l'âme du malade que l'Extrême-Onction peut porter soulagement?

Et comment peut-elle faire du bien au corps lui-même? (1°? — 2°?)

1° ⋆ Que comprenez-vous en disant que l'Extrême-Onction adoucit les souffrances?

2° L'Extrême-Onction fait-elle mourir ceux qui la reçoivent? — Les fait-elle vivre?

⋆ Quand l'Extrême-Onction guérit-elle ceux qui la reçoivent? — Quand ne les guérit-elle pas?

3° ⋆ Quels sont les effets de l'Extrême-Onction par rapport à l'âme? (1°? — 2°? — 3°?)

⋆ Quels sont ou quels peuvent être ses effets par rapport au corps? (1°? — 2°?)

ARTICLE IV.

§ I. *Qui peut administrer l'Extrême-Onction?* — Les évêques et les prêtres ont seuls ce pouvoir.

Faut-il attendre qu'on soit à l'extrémité pour rece-

voir l'*Extrême-Onction?* — Non, il faut recourir à ce sacrement dès qu'on est dangereusement malade, afin de le recevoir avec plus de fruit, et de ne pas s'exposer à mourir sans l'avoir reçu.

§ II. 1° Les évêques et les prêtres peuvent seuls administrer l'Extrême-Onction; 2° il faut la demander lorsqu'on est dangereusement malade.

§ III. 1° Nul homme, s'il n'est évêque ou prêtre, ne peut donner à un malade le sacrement d'Extrême-Onction. Seuls les évêques ou les prêtres sont les ministres de ce sacrement. — 2° S'il ne faut pas recevoir le sacrement des malades pour une simple indisposition, il ne faut pas non plus hésiter à le demander dès qu'on est dangereusement malade, dès qu'on peut raisonnablement craindre que la maladie n'amène la mort. Agir autrement, ce serait s'exposer à se trouver surpris par la mort, ou du moins, à ne pas le recevoir avec autant de fruit; car, plus la maladie fait de progrès, plus les forces, même de l'âme, diminuent, moins, par là-même, le malade est capable de produire les actes du cœur, qui augmentent toujours les effets des sacrements.

§ IV. 1° Si votre père tombait dangereusement malade, pourriez-vous lui administrer l'Extrême-Onction? — Et votre mère le pourrait-elle?

Qui devriez-vous appeler?

Quel est le ministre du sacrement de l'Extrême-Onction?

2° - *a*) Nous avons vu que les malades, seuls, peuvent recevoir l'Extrême-Onction; mais faut-il la demander si l'on se sent légèrement indisposé, par exemple, pour un mal de dent?

Faut-il, au contraire, attendre que la mort soit proche?

*Quand faut-il demander et recevoir l'Extrême-Onction?

*Quand peut-on dire qu'une personne est dangereusement malade?

b) Pourquoi faut-il demander ce sacrement aussitôt qu'on se sent dangereusement malade?

*Pourquoi le reçoit-on avec plus de fruit à la première apparence du danger, que lorsqu'on est sur le point de mourir?

Qu'arrive-t-il souvent aux personnes qui remettent toujours au lendemain à recevoir le sacrement d'Extrême-Onction?

c) Quelles raisons font un devoir de demander l'Extrême-Onction, dès qu'on est en danger de mort?

ARTICLE V.

§ I. *Quelles dispositions faut-il apporter au sacrement de l'Extrême-Onction?* — Il faut se confesser, si on le peut; et, si on ne le peut pas, s'exciter de tout son cœur à la contrition et désirer l'absolution.

§ II. 1° Avant de recevoir l'Extrême-Onction, il faut se confesser; 2° si on ne le peut, il faut s'exciter à la contrition et désirer recevoir le sacrement de Pénitence.

§ III. 1° L'Extrême-Onction est un sacrement des vivants: donc celui qui le reçoit doit être en état de grâce; donc, s'il a commis quelque faute mortelle, il doit se confesser et recevoir en de bonnes dispositions le sacrement de Pénitence. — 2° Que si une personne était privée de la parole ou ne pouvait se confesser, elle devrait, avant de recevoir l'Extrême-Onction, s'exciter à la contrition, c'est-à-dire, comme nous l'avons vu, considérer ses péchés, les détester sincèrement, par les motifs surnaturels que nous avons fait connaître, et désirer l'absolution.

§ IV. 1° - *a*) Rappelez-nous ce qu'on appelle sacrement des morts? — sacrement des vivants?

De quelle sorte est l'Extrême-Onction?

* En quel état doit être la conscience de celui qui reçoit l'Extrême-Onction? — Pourquoi en état de grâce?

b) Dès lors, si on a quelque péché sur la conscience, que faut-il faire?

* Pourquoi celui qui est coupable de quelque péché mortel doit-il se confesser avant de recevoir l'Extrême-Onction?

2° - *a*) Mais est-il absolument nécessaire de se confesser avant de recevoir l'Extrême-Onction? Ainsi, un homme tombe subitement en danger de mort; il ne peut se confesser, parce qu'il est privé de la la parole, peut-on lui administrer le sacrement d'Extrême-Onction?

b) Si cet homme s'aperçoit qu'on lui donne ce sacrement, que doit-il faire en son cœur? — Qu'est-ce que la contrition? — Qu'est-ce que s'exciter à la contrition?

Que doit désirer cet homme? — Qu'est-ce que l'absolution?

ARTICLE VI.

§ I. *Que doit faire le malade pendant qu'on lui donne l'Extrême-Onction?* — Il doit demander pardon à Dieu, mettre toute sa confiance dans sa miséricorde, se résigner entièrement à sa volonté, et lui faire humblement le sacrifice de sa vie.

Que doit faire le malade après qu'il a reçu l'Extrême-Onction? — Il doit remercier Dieu de ses grâces, s'occuper de la mort et de l'éternité?

§ II. Disons comment on peut en ces circonstances : 1° mettre sa confiance en la miséricorde de Dieu; 2° se résigner à sa volonté; 3° lui faire le sacrifice de sa vie. — Pour les autres actes, quelques questions suffiront.

§ III. Le bon chrétien qui reçoit l'Extrême-Onction fait fréquemment des actes de contrition, et il demande pardon à Dieu : il prie ce Dieu Sauveur de ne pas se souvenir de ses fautes passées. 1° Jamais le désespoir ne vient troubler son âme, car il met toute sa confiance en la miséricorde de Dieu, en cette bonté infinie toujours prête à pardonner : Mon Dieu, dit-il, je n'attends plus rien des hommes, mais de vous, j'attends tout. J'espère que vous m'ouvrirez le Ciel, après m'avoir pardonné mes péchés. Vous m'avez promis cette double faveur, puis vous êtes si bon! — 2° Il se résigne à la volonté de Dieu, en lui disant qu'il accepte avec un cœur toujours content la santé ou les souffrances, la vie ou la mort, selon qu'il plaira à son adorable volonté. — 3° Quelquefois il fait le sacrifice de sa vie en disant : Mon Dieu, vous m'avez donné la vie et j'en ai usé pour vous offenser, aussi je ne la regrette pas. Si telle est votre volonté, reprenez-la; Seigneur, je vous l'offre.

§ IV. Désirez-vous recevoir l'Extrême-Onction dans votre dernière maladie? — Pourquoi oui?

Eh bien! alors, quelles pensées occuperont votre esprit?

1° * Qu'est-ce que demander pardon à Dieu? — Qu'est-ce que pardonner à quelqu'un?

2° * Qu'appelez-vous miséricorde divine?

* Qu'est-ce que mettre sa confiance en la miséricorde de Dieu?

3° Qu'est-ce que se résigner à la volonté de quelqu'un?

* Qu'est-ce que se résigner à la volonté divine quand il semble qu'on est sur le point de mourir?

4° Qui vous a donné la vie? — Qui peut vous la retirer?

* Comment feriez-vous bien à Dieu le sacrifice de votre vie?

5° Faites brièvement, comme vous le ferez lorsqu'on vous administrera le sacrement de l'Extrême-Onction, un acte de contrition. — Un acte de confiance en sa miséricorde. — Un acte de résignation. — Un acte d'offrande de votre vie.

6° Après avoir reçu l'Extrême-Onction, à quoi penserez-vous?

De quelles grâces plus particulièrement remercierez-vous Dieu? — Quels sont les effets du sacrement de l'Extrême-Onction par rapport à l'âme? — par rapport au corps?

De quoi vous occuperez-vous ensuite? Qu'est-ce que la mort? — Qu'est-ce que la vie éternelle?

ARTICLE VII.

§ I. *Que doivent faire ceux qui sont présents quand on administre l'Extrême-Onction?* — Ils doivent s'unir au prêtre, prier pour le malade, et penser qu'ils seront eux-mêmes, bientôt peut-être, dans l'état où il est.

§ II. Lorsque nous voyons administrer l'Extrême-Onction à un malade, 1° prions pour lui; 2° pensons à nous.

§ III. 1° Un pauvre malade étendu sur sa couche, affaibli par la maladie, épuisé par la souffrance, peut-être déjà agité par la lutte de l'agonie, troublé par ses fautes, en butte aux attaques les plus violentes du démon, a certainement besoin de grâces. Donnons-lui donc nos prières; unissons-nous au prêtre; demandons à Dieu qu'il veuille bien accorder au malade les grâces les plus abondantes du sacrement de l'Extrême-Onction. — 2° Un jour la mort attaque tout homme, et ce jour, pour qui que ce soit, n'est peut-être pas éloigné, puisque la maladie et la mort même frappent tous les jours à nos côtés les jeunes gens aussi bien que les vieillards. Que cette pensée occupe notre esprit à la vue d'un mourant, que fréquemment elle nous soit présente pendant le cours de la vie, et certainement elle nous portera à faire le bien et à éviter le mal.

§ IV. 1° Sans doute on ne vous administrera pas sitôt le sacrement d'Extrême-Onction; mais il pourrait arriver que bientôt vous fussiez présent lorsqu'on l'administrera à d'autres personnes; comment alors occuperiez-vous votre esprit?

Qu'est-ce que prier pour quelqu'un?

Quelles grâces demanderiez-vous alors pour le malade? — Quelles grâces produit l'Extrême-Onction? = quels sont ses effets?

2° Mais ne penseriez-vous nullement à vous-même? — Que vous diriez-vous?

Pourquoi vous diriez-vous que le jour qu'on vous administrera l'Extrême-Onction n'est peut-être pas éloigné?

ARTICLE VIII.

§ I. *Est-on obligé d'avertir les malades de recevoir les derniers sacrements?* — Oui, et c'est le plus grand service qu'on puisse leur rendre, puisque, faute de cet avertissement, on expose leur salut éternel.

§ II. 1° Il y a des sacrements appelés derniers sacrements; 2° il faut avertir les malades de les recevoir.

§ III. 1° Nous avons vu que tout chrétien est obligé de recevoir la sainte Eucharistie aux approches de la mort. Puisque Notre-Seigneur a institué l'Extrême-Onction spécialement pour les malades, tout chrétien dangereusement malade doit recevoir ce sacrement. Mais comme l'Eucharistie et l'Extrême-Onction sont des sacrements des vivants, si l'on a commis quelque péché grave, il faut nécessairement, avant de les recevoir, recevoir le sacrement de Pénitence. De sorte que les chrétiens doivent, aux approches de la mort, recevoir l'Eucharistie l'Extrême-Onction et même, la plupart du moins, le sacrement de Pénitence. C'est pour cette raison que ces trois sacrements s'appellent derniers sacrements. — 2° Ceux qui sont auprès d'une personne dangereusement malade ne doivent pas se laisser aveugler par une fausse tendresse, et négliger d'appeler le ministre des derniers sacrements, car de la réception de ces sacrements peut dépendre le salut éternel de cette personne. Et, dans ce doute, qui pourrait hésiter?

§ IV. 1° Qu'est-ce que l'Extrême-Onction? — Pourquoi l'appelle-t-on de ce nom?

Mais n'y a-t-il pas encore un autre sacrement qu'on doit recevoir aux approches de la mort? — Est-on obligé de communier? — Quand, d'après votre catéchisme? — Qu'est-ce que communier en viatique?

Mais ces deux sacrements, l'Eucharistie et l'Extrême-Onction, sont-ils sacrements des morts ou des vivants? — Quel est pour le chrétien le sacrement préparatoire à la réception des sacrements des vivants? — Qu'est-ce que la Pénitence?

* Qu'appelle-t-on derniers sacrements? — Quels sacrements doivent demander les personnes qui sont gravement malades?

2° Si vous vous trouviez auprès d'une personne gravement malade, par exemple, auprès de votre père, et s'il ne demandait pas un prêtre pour recevoir les derniers sacrements, que lui conseilleriez-vous?

En conseillant de recevoir ces sacrements et en faisant venir un prêtre pour les administrer, rendons-nous un grand service à une personne? — Pourquoi le plus grand service possible?

DIX-NEUVIÈME LEÇON.

De l'Ordre.

ARTICLE Ier.

§ I. *Qu'est-ce que l'Ordre?* — L'Ordre est un sacrement qui donne le pouvoir de remplir les fonctions ecclésiastiques, et la grâce pour les exercer saintement.

Quelles sont les fonctions ecclésiastiques? — Les principales fonctions ecclésiastiques sont : d'offrir le saint Sacrifice de la Messe, d'administrer les Sacrements et de prêcher la parole de Dieu.

§ II. 1° l'Ordre est un sacrement; 2° l'Ordre donne le pouvoir de remplir les fonctions ecclésiastiques; 3° L'Ordre donne la grâce pour exercer saintement ces fonctions.

§ III. 1° L'Ordre est un sacrement. C'est l'Eglise infaillible qui l'enseigne. D'ailleurs il renferme tout ce qui fait un sacrement : il est un signe, un signe sensible : l'évêque impose les mains ou fait certaines actions, il prononce des paroles qui indiquent bien les effets de ce sacrement. Sauver les hommes par le ministère de leurs frères, tel fut le but que se proposa Notre-Seigneur lorsqu'il institua le Sacrement de l'Ordre. — 2° Le sacrement de l'Ordre donne le pouvoir de remplir les fonctions ecclésiastiques : si un homme n'a pas reçu ce sacrement, il ne peut pas faire les actions qu'on appelle de ce nom; ces saintes fonctions exercées par lui ne produiraient aucun effet. — 3° Les fonctions ecclésiastiques sont l'œuvre de Dieu, puisque, toutes, elles doivent tourner au bien surnaturel des âmes. Aussi celui qui les remplit a-t-il besoin de grâces nombreuses et abondantes. Le sacrement de l'Ordre donne ces grâces : il fait que celui qui l'a reçu peut facilement remplir ces saintes fonctions d'une manière qui plaise à Dieu.

§ IV. 1° Les évêques et les prêtres ont-ils reçu un sacrement que ne reçoivent pas tous les hommes? — Comment l'appelez-vous? — Qu'appelle-t-on sacrement de l'Ordre?
* Pourquoi dites-vous que l'Ordre est un sacrement? — Qu'est-ce qu'un signe? — un signe sensible?
Qui a institué le sacrement de l'Ordre?
* Dans quel but Jésus-Christ a-t-il institué le sacrement de l'Ordre?
2° Vous avez vu des prêtres dire la Sainte Messe n'est-ce pas? — Comment, d'un nom général, appelez-vous cette sainte action?
Connaissez-vous d'autres fonctions ecclésiastiques? — Qu'est-ce qu'administrer un sacrement? — Qu'est-ce que prêcher?

Mais toute personne peut-elle faire ces saintes actions qu'on appelle fonctions ecclésiastiques? — Quels hommes le peuvent? Quel sacrement doivent-ils avoir reçu?

Ceux qui n'ont point reçu le sacrement de l'Ordre, peuvent-ils, par exemple, entendre les confessions, donner la sainte communion?

*Ainsi, que donne d'abord le sacrement de l'Ordre?

3° Le sacrement de l'Ordre donne-t-il seulement le *pouvoir* de remplir les fonctions ecclésiatiques? — Que donne-t-il de plus?

*Qu'est-ce à dire que l'Ordre donne les grâces nécessaires pour exercer les fonctions ecclésiastiques?

Quelles grâces particulières Dieu donne-t-il à ceux qui sont *ordonnés,* = qui ont reçu le sacrement de l'Ordre?

4° *Ainsi, que donne le sacrement de l'Ordre? (1°? — 2°?)

ARTICLE II.

§ I. *En combien de classes se divisent ceux qui sont chargés des fonctions ecclésiastiques?* — En trois classes : 1° le pape et les évêques; 2° les prêtres; 3° les ministres inférieurs. C'est ce qu'on appelle la hiérarchie ecclésiastique.

§ II. Faisons comprendre ce qu'on appelle hiérarchie ecclésiastique, et parlons de ses différentes classes.

§ III. Tous les hommes qui ont reçu le sacrement de l'Ordre ne sont pas égaux en pouvoir ni en dignité : les uns peuvent remplir certaines fonctions, les autres ne le peuvent pas ; les uns sont plus élevés en dignité, les autres moins. On peut classer tous ces hommes, quels que soient leur pouvoir et leur dignité, en trois divisions générales.

La *première* contient le pape et les évêques. Tous les évêques sont égaux de par leur ordination, ou quant au pouvoir conféré par le sacrement de l'Ordre. Ce pouvoir, en effet, fut donné à la fois et également à tous les apôtres dont les évêques sont les successeurs. Mais, à la tête des évêques, est le pape, qui a le pouvoir de leur commander : ce pouvoir, saint Pierre, chef des apôtres, l'a reçu pour lui et ses successeurs.

La *deuxième* classe comprend les prêtres, dont la principale fonction est de consacrer le corps et le sang de Notre-Seigneur.

La *troisième* classe comprend tous les *ministres inférieurs*. Or, on appelle de ce nom tous les hommes qui ont reçu un ordre quelconque, mais qui ne sont pas prêtres. Ils sont classés, eux-mêmes, en différentes divisions. A leur tête sont le diacre et le sous-diacre, qui, une fois engagés au service de Dieu et de l'Eglise, ne sont plus libres de le quitter. Viennent ensuite les minorés, classés eux-mêmes en quatre divisions : les acolytes, les exorcistes, les lecteurs et les portiers.

Tout homme, pour arriver dans une classe supérieure, doit passer par la classe qui lui est immédiatement inférieure, et aucun ministre d'une classe inférieure n'a les mêmes pouvoirs que les ministres de la classe supérieure. — L'ensemble de tous ces hommes ayant reçu le sacrement de l'Ordre, mais n'ayant pas les mêmes pouvoirs, ni la même dignité, forme ce qu'on appelle la *hiérarchie* ecclésiastique.

§ IV. Le sacrement de l'Ordre est-il donné à tous les chrétiens? — L'avez-vous reçu, vous-même? — Pouvez-vous le recevoir?

Connaissez-vous des hommes qui aient reçu le sacrement de l'Ordre? — Nommez-les?

1° Qu'est-ce que le pape?

Qu'est-ce qu'un évêque?

Quelle est la première classe des hommes chargés
des fonctions ecclésiastiques? — Qui peut les
commander?

2° Vous connaissez des prêtres, n'est-ce pas? —
Nommez des hommes qui soient prêtres?

Qu'est-ce qu'un curé? — Qu'est-ce qu'un vicaire?

Quelle est la principale fonction des prêtres?

3° Les prêtres sont-ils consacrés prêtres sans passer
par quelques classes inférieures à la prêtrise? —
Est-ce que vous n'avez pas vu des hommes, par
exemple, des séminaristes, qui portent l'habit du
prêtre et qui ne sont pas prêtres?

Comment appelle-t-on ces hommes qui ont reçu le
sacrement de l'Ordre, et qui ne sont pas prêtres?

Qu'appelle-t-on ministres inférieurs?

Citez quelques ministres inférieurs? — Qu'est-ce
qu'un diacre? — un sous-diacre? — Un mi-
noré, etc...

4° Tous ces hommes sont-ils égaux? Le sous-diacre,
par exemple, est-il l'égal du prêtre? Le prêtre a-t-il
les pouvoirs de l'évêque?

Combien de classes différentes forment tous ceux
qui ont reçu le sacrement de l'Ordre? — Qui sont
ceux qui appartiennent à la première? — à la seconde? — à la troisième?

Comment appelle-t-on, d'un nom général, les trois
classes d'hommes qui ont reçu l'Ordre?

Qu'appelle-t-on hiérarchie ecclésiastique?

<hr>

ARTICLE III.

§ I. *De qui vient le pouvoir d'exercer les fonctions ecclésiastiques?* — Ce pouvoir vient de Jésus-Christ, qui l'a donné aux apôtres, pour le transmettre aux évêques, qui le confèrent aux prêtres et aux ministres inférieurs.

§ II. 1° Le pouvoir d'exercer les fonctions ecclésiastiques vient de Jésus-Christ; 2° ce pouvoir a été donné aux évêques dans la personne des apôtres; 3° les évêques confèrent aux prêtres et aux ministres inférieurs les pouvoirs que ceux-ci peuvent exercer.

§ III. 1° C'est Notre-Seigneur Jésus-Christ qui a institué le sacrement de l'Ordre. Il est le principe et la source d'où tous les ministres de l'Eglise tirent leurs pouvoirs et les grâces pour les exercer. — 2° Les apôtres reçurent de Jésus-Christ le sacrement de l'Ordre; ils ordonnèrent les évêques, leurs successeurs, ceux-ci ordonnèrent leurs successeurs; et ainsi, jusqu'à nos jours, les évêques catholiques se sont transmis leurs pouvoirs et les grâces qui les accompagnent. — 3° Quant aux prêtres et aux ministres inférieurs, ils ne reçoivent pas de leurs égaux le sacrement de l'Ordre; ils le reçoivent des évêques : les évêques seuls sont les ministres de ce sacrement.

§ IV. 1° Qui a le premier exercé les fonctions ecclésiastiques, par exemple, consacré le corps de Notre-Seigneur? — Qui est Jésus-Christ?
Qui a institué le sacrement de l'Ordre? — Quel est le premier pape? — le premier évêque? — le premier prêtre?
2° De qui pensez-vous que Monseigneur notre évêque tienne le pouvoir de confirmer? — d'ordonner les prêtres? — Et l'évêque qui a ordonné Monsei-

gneur N... de qui tenait-il ses pouvoirs? — En re-
montant ainsi de siècle en siècle, arriverait-on à
quelqu'un que nous connaissons? — De qui les
apôtres tenaient-ils leurs pouvoirs? — Qui est
Jésus-Christ?

* Ainsi, de qui les évêques tiennent-ils leurs pouvoirs?

3° Qui a donné à Monsieur le curé de N... le pouvoir
de dire la Messe? — Est-ce Monsieur le curé de N...?

Et aux ministres inférieurs, qui leur donne le pouvoir de servir à l'autel?

Ainsi donc, de qui les prêtres et les ministres inférieurs tiennent-ils le pouvoir de remplir les fonctions ecclésiastiques?

* Quel est le ministre du sacrement de l'Ordre?

4° Montrez comment les pouvoirs de la première
classe de la hiérarchie ecclésiastique viennent de
Jésus-Christ? — comment les pouvoirs de la
deuxième et de la troisième classe viennent également de Jésus-Christ?

ARTICLE IV.

§ I. *En quelles dispositions faut-il être pour recevoir le sacrement de l'Ordre?* — Il faut : 1° être appelé de Dieu au ministère ecclésiastique; 2° n'avoir
en vue que la gloire du Seigneur et le salut du prochain; 3° être irréprochable dans ses mœurs; 4° être
en état de grâce.

§ II. Sont nécessaires pour recevoir le sacrement
de l'Ordre : 1° la vocation à l'état ecclésiastique;
2° l'intention pure; 3° des mœurs irréprochables;
4° l'état de grâce.

§ III. 1° La femme ne peut recevoir le sacrement
de l'Ordre; et nul homme ne peut penser à le recevoir, s'il n'y est appelé de Dieu, s'il n'a la vocation à

l'état ecclésiastique. Mais, comment savoir que Dieu appelle à ce saint état? Voici la réponse : l'attrait, le goût pour les fonctions ecclésiastiques, uni à l'amour de la prière et de la pureté absolue, chez un homme assez intelligent et qui n'a pas de difformités corporelles, peuvent prouver clairement que Dieu a créé cet homme pour recevoir les saints ordres. — 2° Celui qui se prépare à recevoir les saints ordres doit être animé d'une intention pure : il doit se proposer uniquement de faire connaître et aimer Dieu, et de sauver ses semblables. En d'autres termes, il doit n'avoir en vue que la gloire de Dieu et le salut des âmes. — 3° Quelqu'un est irréprochable dans ses mœurs, si sa conduite a toujours été bonne, si jamais les autres hommes ne purent rien lui reprocher de vraiment blâmable. — 4° Que l'état de grâce soit requis pour recevoir le sacrement de l'Ordre, c'est bien évident, puisque l'Ordre est un sacrement des vivants.

§ IV. Toute personne peut-elle recevoir le sacrement de l'Ordre?

* Tout *homme* même le peut-il? — Quelles conditions faut-il remplir, d'après votre catéchisme?

1° Celui qui n'aimerait point la vie, les fonctions du prêtre, par exemple, ne voudrait point s'occuper de l'autel, des choses de Dieu, voudrait faire du commerce, etc..., celui-là serait-il appelé de Dieu au ministère ecclésiastique? — pourrait-il recevoir le sacrement de l'Ordre? — Pourquoi non?

Et celui qui n'aimerait point la prière? — Et celui qui voudrait pécher contre le sixième commandement? — celui même qui voudrait se marier? — Et celui qui ne pourrait comprendre son catéchisme? — Et celui qui serait bossu? — Pourquoi non?

Ainsi donc, pour recevoir le sacrement de l'Ordre il

faut avoir du goût pour la vie du prêtre, il faut de plus etc...

* Quand un jeune homme est-il appelé de Dieu au ministère ecclésiastique? = Qu'appelle-t-on vocation à l'état ecclésiastique? — Quel homme a la vocation à l'état ecclésiastique?

2° Le jeune homme qui désirerait être prêtre pour être honoré? — pour être riche... serait-il dans de bonnes dispositions?

* Que doit désirer celui qui va se faire ordonner? = celui qui entre dans l'état ecclésiastique?

3° Un homme qui aurait mené une vie scandaleuse? par exemple, aurait volé..., aurait été condamné par les tribunaux, pourrait-il être prêtre? — Pourquoi non?

* Quel homme est irréprochable dans ses mœurs?

4° En quel état doit être la conscience de celui qui reçoit le sacrement de l'Ordre? — Qu'est-ce que l'état de grâce?

* Pourquoi faut-il être en état de grâce pour recevoir le sacrement de l'Ordre? — Qu'est-ce qu'un sacrement des vivants?

* 5° Quelles sont les dispositions nécessaires pour recevoir le sacrement de l'Ordre? (1°? — 2°? — 3°? — 4°?) — En quoi consiste la première? — la seconde, etc...?

ARTICLE V.

§ I. *Est-ce une grande gloire et un grand bonheur d'être appelé à l'état ecclésiastique?* — Oui, c'est une grande gloire et un grand bonheur d'être appelé à l'état ecclésiastique.

Pourquoi dites-vous que c'est une grande gloire? — C'est une grande gloire, parce que les prêtres sont les ministres de Jésus-Christ et les dispensateurs des mystères de Dieu, les pasteurs et les médecins des âmes, les docteurs des fidèles et la lumière du monde.

§ II. 1° Le prêtre est le ministre de Jésus-Christ; 2° le dispensateur des mystères de Dieu; 3°...; 4°...

§ III. 1° Le prêtre est le ministre de Jésus-Christ : il est chargé de remplir les fonctions de l'Homme-Dieu, il doit être son représentant au milieu des hommes. — 2° Le prêtre est le dispensateur des mystères de Dieu : c'est lui qui distribue aux chrétiens les bienfaits de Dieu; c'est lui qui leur confère les sacrements, mystères de grâce et d'amour. — 3° Le prêtre est le pasteur des âmes : il nourrit l'âme des fidèles et la soutient dans l'état de grâce par sa parole et les sacrements. Il en est le médecin : si le péché les rend malades, il les guérit, et même les ressuscite, si elles ont perdu l'état de grâce. — 4° Le prêtre est le pasteur des fidèles : c'est de sa bouche que le chrétien apprend à connaître sa religion. Il est la lumière du monde, c'est lui qui instruit les hommes, leur fait connaître les vérités qu'ils doivent croire et les devoirs qu'ils doivent pratiquer. — Or, combien ces fonctions, remplies de la part de Dieu et pour le bien surnaturel des hommes, ne sont-elles pas plus honorables que les fonctions, même les plus élevées, de la société civile, qui toutes ne visent que le bien temporel de l'homme.

§ IV. Est-ce bien beau, bien honorable, d'être prêtre? Combien de raisons nous font dire que la dignité du prêtre est une grande et honorable dignité (1°? — 2°?...)

1° — 4° - *a*) De qui le prêtre est-il le représentant au milieu de vous?

Que fait-il pour le bien de vos âmes d'abord? — Ensuite? — Ensuite?

b) *Que comprenez-vous en disant que le prêtre est le ministre de Jésus-Christ? — le dispensateur des mystères de Dieu? — le pasteur des âmes? — leur médecin? — le docteur des fidèles? — la lumière du monde?

Article VI.

§ I. *Pourquoi dites-vous que c'est un grand bonheur d'être appelé au sacerdoce?* — C'est un grand bonheur, parce que le prêtre, par l'effet de sa séparation du monde et de sa consécration à Dieu, est à l'abri de beaucoup de dangers, et qu'il reçoit, dans son union intime avec Jésus-Christ, des grâces plus abondantes.

§ II. 1° Le prêtre est séparé du monde, et, par là-même, il est à l'abri de beaucoup de dangers; 2° il est consacré à Dieu, et, par là-même, il reçoit beaucoup de grâces. — Deux raisons de son bonheur.

§ III. 1° Le prêtre est séparé du monde : il ne vit plus de la vie des autres hommes, il ne fait pas leurs travaux; il n'a pas les mêmes soins d'acquérir des richesses, de soutenir sa famille, de se faire un avenir, et, par là-même, les tentations, les occasions de pécher ne l'éprouvent pas comme les autres hommes : le prêtre est à l'abri de beaucoup de dangers. — 2° Le prêtre est consacré à Dieu : il ne s'appartient plus, il s'est dédié, donné à Dieu d'une manière spéciale. Aussi, ce Dieu, la bonté même, le comble-t-il de grâces et de faveurs particulières. La plus grande est assurément l'union intime du prêtre avec Jésus-Christ : le prêtre ne vit plus qu'avec Jésus-Christ : tous les jours il le reçoit sur son cœur, après l'avoir tenu de ses mains tremblantes. Il ne fait que l'œuvre de Jésus-Christ au milieu des peuples, et cette œuvre, il la fait par Jésus-Christ et en Jésus-Christ. — Et quel bonheur n'est-ce pas de vivre ainsi, loin du monde et de sa corruption, en rapport si intime avec le Dieu de toute sainteté? Oui, le prêtre est heureux.

§ IV. Vous dites que c'est un grand bonheur d'être appelé au sacerdoce, ou à l'état du prêtre; mais pourquoi le prêtre est-il heureux?—Serait-ce parce qu'il est riche, parce qu'il ne fait point de travaux pénibles, parce que tout le monde l'aime, etc.?

* Qu'est-ce qui fait le bonheur du prêtre? (1°? — 2°?)

1° Qu'est-ce à dire que le prêtre est à l'abri de beaucoup de dangers? — Nommez des dangers que courent les autres hommes?

Pourquoi le prêtre est-il à l'abri de tous ces dangers?

* Que comprenez-vous en disant que le prêtre est séparé du monde?

2° Le prêtre a moins d'occasion de pécher, est-ce pour cette raison seulement que le prêtre est heureux?

Que voulez-vous dire en répondant que le prêtre est intimement uni à Jésus-Christ?

Et pourquoi le prêtre est-il intimement uni à Jésus-Christ?

* Qu'entendez-vous en disant que le prêtre est consacré à Dieu?

VINGTIÈME LEÇON.

Du mariage.

ARTICLE Ier.

§ I. *Qu'est-ce que le mariage?*— Le mariage est un sacrement institué par Notre-Seigneur Jésus-Christ, pour sanctifier l'union légitime de l'homme et de la femme, et leur donner la grâce de vivre ensemble chrétiennement.

§ II. 1° Le mariage est un sacrement; 2° le sacrement de mariage a été institué pour sanctifier l'union légitime de l'homme et de la femme, et leur donner la grâce de vivre ensemble chrétiennement.

§ III. 1° Le mariage est un sacrement. D'abord il est un signe sensible : les paroles, que prononcent les personnes qui se marient, indiquent bien l'union qu'elles contractent. De plus, ce signe sensible a été institué par Jésus-Christ pour la sanctification des époux ou des personnes mariées : le mariage, en effet, n'a pas toujours été sacrement; c'est Notre-Seigneur qui l'a élevé à cette dignité. — 2° Pour qu'un mariage soit sacrement, il faut que l'union de l'homme et de la femme soit légitime, c'est-à-dire faite selon les lois de Dieu et de l'Eglise. Et alors le sacrement produit des effets tout particuliers. D'abord il sanctifie cette union : il la rend sainte, agréable à Dieu, et bien différente à ses yeux de l'union des infidèles. De plus, comme les personnes mariées sont exposées à commettre beaucoup de fautes, ce sacrement leur donne des grâces particulières, afin qu'elles puissent vivre en véritables chrétiens. Tel est le double but que s'est proposé Jésus-Christ en instituant le sacrement de mariage.

§ IV. 1° Votre père et votre mère ont-ils reçu ensemble un sacrement que ne reçoivent pas tous les chrétiens? — Quel est ce sacrement? — Qu'appelle-t-on sacrement de mariage?

* Qu'est-ce à dire que le mariage est un sacrement? — Qu'est-ce qu'un sacrement?

Qui a institué le sacrement de mariage?

Mais, est-ce qu'on ne se mariait pas avant Notre-Seigneur? — Qu'a institué Jésus-Christ?

2° Qu'appelle-t-on union légitime de l'homme et de la femme?

⁺ Que s'est proposé Notre-Seigneur en faisant du mariage un sacrement? (1°? — 2°?)

ARTICLE II.

§ I. *Le mariage est-il indissoluble?* — Oui, le mariage est indissoluble, et il ne peut être rompu que par la mort de l'un des époux.

§ II. Le mariage est indissoluble.

§ III. Lorsque deux personnes sont unies par le mariage, elles ne peuvent pas briser cette union. Le mariage est indissoluble : il ne peut être rompu que par la mort de l'un des époux : il y a mariage entre l'époux et l'épouse pendant tout le temps que l'un et l'autre vivent ici-bas. Que si l'un ou l'autre vient à mourir alors seulement leurs liens tombent.

§ IV. Lorsque deux personnes sont mariées, pour combien de temps le sont-elles? = Combien de temps doit durer leur union, leur mariage?

* Qu'entendez-vous en disant que le mariage est indissoluble? = Qu'il ne peut être rompu que par la mort de l'un des époux?

* En quoi consiste l'indissolubilité du mariage?

ARTICLE III.

§ I. *Quelles sont les dispositions requises pour bien recevoir ce sacrement?* — Pour bien recevoir ce sacrement, il faut s'y disposer par de bonnes œuvres, par la prière, par une bonne confession, et, s'il est possible, par une sainte communion.

§ II. La préparation au sacrement de mariage demande : 1° des prières et des bonnes œuvres; 2° une bonne confession; 3° une sainte communion.

§ III. 1° La vie qui précède le mariage ne se passe point sans péchés ; celle qui le suit est pleine de dangers. L'expiation du passé, le besoin de grâces pour l'avenir se réunissent donc pour engager les personnes qui se marient à prier beaucoup et à se rendre le ciel favorable par des jeûnes, des aumônes et toutes sortes de bonnes œuvres. — 2° Le mariage est un sacrement des vivants. Par là-même, les personnes qui ont péché mortellement doivent nécessairement, avant de le recevoir, purifier leurs consciences par le sacrement de pénitence. — 3° Il faut se préparer à recevoir le sacrement de mariage par la sainte communion. Sans doute, l'obligation n'est pas grave, comme pour le sacrement de pénitence ; mais un bon chrétien, connaissant sa faiblesse, voyant tant de mariages malheureux, tiendra certainement alors à s'approcher du Dieu des forts, du Dieu, source de toutes les bénédictions.

§ IV. Que doivent faire ceux qui sont sur le point de recevoir le sacrement de mariage?

1° Citez quelques bonnes œuvres que puissent faire les personnes qui sont sur le point de se marier?

* Que peuvent-elles demander à Dieu dans la prière?

2° De toutes les manières de se préparer à recevoir le sacrement de mariage, y en a-t-il une qu'on doit employer nécessairement, si on a péché mortellement? — Quelle est-elle?

* Pourquoi, avant le mariage, faut-il nécessairement se confesser, si on a offensé Dieu mortellement?

3° Quel sacrement reçoit encore le bon chrétien comme préparation à la réception du sacrement de mariage? — Qu'est-ce que la communion?

* Pourquoi le bon chrétien communie-t-il avant de recevoir le sacrement de mariage?

ARTICLE IV.

§ I. *Qu'entendez-vous par empêchements de mariage?* — J'entends tout ce qui s'oppose à ce qu'un mariage se fasse légitimement.

Combien y a-t-il de sortes d'empêchements? — Il y en a de deux sortes : les uns qui rendent le mariage nul, et les autres qui, sans le rendre nul, font qu'il est coupable.

Quels sont les principaux empêchements qui rendent le mariage nul? — Les principaux empêchements qui rendent le mariage nul, sont la parenté et l'alliance jusqu'au quatrième degré.

Quels sont les empêchements qui, sans rendre le mariage nul, font qu'il est coupable? — C'est, par exemple, de se marier sans publication de bans, ou dans le temps défendu par l'Eglise.

Peut-on obtenir quelquefois dispense des empêchements de mariage? — Oui, on peut quelquefois obtenir dispense des empêchements de mariage, en recourant au pape ou aux évêques.

§ II. 1° Il y a des empêchements de mariage; 2° il y a des empêchements qui rendent le mariage nul; 3° il y en a qui le rendent coupable; 4° on peut obtenir dispense de quelques empêchements de mariage.

§ III. 1° Tout homme et toute femme ne peuvent pas contracter mariage. Or, tout ce qui s'oppose à ce qu'un mariage se fasse légitimement, c'est-à-dire, selon les lois de Dieu et de l'Eglise, s'appelle *empêchement* de mariage. On en distingue de deux sortes : les empêchements qui rendent le mariage nul, et les empêchements qui le rendent coupable. — 2° Les empêchements qui rendent le mariage nul, appelés empêchements *dirimants*, font qu'il n'y a point mariage, quand bien même les cérémonies du mariage auraient lieu. Tels sont la parenté et l'alliance dont parle notre catéchisme. La parenté : si, par exemple, un homme épousait, sans dispense, sa cousine germaine. L'alliance : si un veuf épousait, sans dispense, la sœur de sa première femme. Ces personnes ne seraient point mariées en conscience, quand bien même tout ce qui fait le mariage dans les autres circonstances aurait eu lieu. — On compte plusieurs autres empêchements dirimants de mariage. — 3° Les autres empêchements, appelés *prohibitifs*, ne rendent point le mariage nul : ceux qui se marient avec ces empêchements sont vraiment mariés devant Dieu ; mais, en se mariant, ils commettent un péché : leur mariage est coupable. Tel serait le mariage des personnes qui ne feraient pas publier leurs bans, ou qui se marieraient sans dispense, dans le temps de l'Avent ou du Carême. — 4° Lorsque deux personnes ne peuvent contracter mariage à cause d'un empêchement, elles peuvent en obtenir dispense. — Il est à remarquer cependant qu'il y a des empêchements dont on ne peut jamais obtenir dispense. — Or, obtenir dispense d'un empêchement de mariage, c'est obtenir la permission de faire un mariage qui, sans cette permission, serait nul ou coupable. Les évêques peuvent accorder dispense de certains empêchements de mariage ; quant au pape, il peut accorder dispense de tous les empêchements dont l'Eglise peut dispenser.

§ IV. 1° - *a*) Un homme quelconque peut-il épouser une femme quelconque ? — Par exemple...

Comment appelez-vous ce qui s'oppose à ce qu'un mariage se fasse légitimement ?

Qu'appelle-t-on empêchements de mariage ?

b) Connaissez-vous des empêchements de mariage

de plusieurs sortes? — Quelles sont ces deux sortes?

2° Jules et sa sœur Antoinette, dans un pays où ils ne sont pas connus, se présentent à l'église pour se marier; toutes les cérémonies ont lieu et on pense qu'ils sont mariés, le croyez-vous vous-même? — Pourquoi ne sont-ils pas mariés?

Comment appelez-vous un empêchement qui rend nul un mariage?

* Qu'est-ce qu'un empêchement dirimant?

* Qu'entendez-vous en disant qu'un empêchement dirimant rend nul un mariage?

Nommez quelques empêchements dirimants de mariage?

3° Guillaume, disant qu'il a obtenu dispense de Monseigneur, parvient à tromper son curé, et il se marie en Carême. Croyez-vous que Guillaume soit véritablement marié, marié devant Dieu?

Oui! mais est-ce qu'il est permis de se marier en Carême?

Je le veux bien, Guillaume est véritablement marié; mais est-ce qu'il n'a pas commis un péché en se mariant ainsi en temps défendu?

Comment appelez-vous un empêchement qui, sans rendre nul un mariage, le rend coupable?

* Qu'appelez-vous empêchement prohibitif de mariage?

* Qu'entendez-vous en disant que les empêchements prohibitifs rendent coupable un mariage?

Indiquez quelques empêchements prohibitifs de mariage?

4° D'après ce que vous venez de dire, certaines personnes ne peuvent-elles jamais s'unir par le mariage?

Mais est-ce qu'une personne ne peut jamais épouser, par exemple, son beau-frère?

Est-ce qu'on ne peut jamais se marier en Carême?

Que faut-il donc faire pour qu'il n'y ait plus d'empêchement à un mariage?

Qu'est-ce qu'obtenir dispense d'un empêchement de mariage?

Qu'appelle-t-on dispense d'un empêchement de mariage?

* Qu'est-ce que dispenser d'un empêchement dirimant de mariage? — Et dispenser d'un empêchement prohibitif?

* A qui faut-il demander dispense d'un empêchement de mariage? = Qui peut accorder dispense des empêchements de mariage?

Peut-on obtenir dispense de tous les empêchements de mariage?

ARTICLE V.

§ I. *Pourquoi publie-t-on des bans avant le mariage?* — Pour avertir les fidèles du mariage qui va se faire, et pour découvrir les empêchements qui pourraient y mettre obstacle.

Ceux qui connaissent quelque empêchement à un mariage sont-ils obligés d'en avertir le curé? — Oui, ils y sont formellement obligés.

§ II. — *a*) Bien souvent, le dimanche, on annonce à la grand'messe qu'il y a promesse de mariage entre tel homme et telle femme?

Pourquoi annonce-t-on ainsi que ces personnes doivent se marier? = Combien de raisons votre catéchisme donne-t-il de cette publication de bans? — Quelle est la première? — Quelle est la seconde?

b) * Qu'est-ce que découvrir un empêchement de mariage?

Qui sont ceux qui doivent faire connaître les empêchements qui existent à un mariage annoncé comme devant se faire? Si vous en connaissiez vous-même, seriez-vous obligé de les faire connaître?

A qui, ceux qui connaissent des empêchements de mariage, doivent-ils les découvrir?

ARTICLE VI.

§ I. *Que doit-on penser des personnes qui ne sont unies que civilement?* — Leur union n'est point un mariage; elle est criminelle devant Dieu, parce qu'elle n'est pas faite selon les lois de l'Eglise.

Par qui le mariage doit-il être béni? — Par le curé de l'un des époux, ou par un autre prêtre avec sa permission, ou avec la permission de l'évêque du diocèse.

§ II. 1° Le mariage civil n'est point un mariage; 2° le mariage doit être béni par le curé de l'un des époux.

§ III. 1° En France, avant de recevoir le sacrement de mariage, les futurs, ou personnes qui doivent se marier, se présentent à la mairie de leur commune, et là, en présence du maire ou de son représentant, ils déclarent qu'ils se prennent l'un l'autre en mariage. C'est là ce qu'on appelle se marier ou s'unir civilement. Or, il y a des chrétiens qui, après cette sorte de mariage, ne se présentent pas à l'église et ne s'occupent pas de recevoir le sacrement de mariage. L'union de ces personnes est criminelle : devant Dieu ces personnes ne sont point mariées. Car, 2° le mariage des fidèles doit, entre autres conditions, être béni par le curé de l'un des époux, c'est-à-dire que ce ministre de l'Eglise, ou son délégué, doit assister à un mariage, pour qu'il y ait sacrement. — Il est bien évident que le pape, étant le chef de tous les catholiques, est, en première ligne, leur propre curé. On doit en dire autant de l'évêque par rapport aux habitants de son diocèse ou à ses diocésains.

§ IV. 1° Savez-vous ce que vont faire à la mairie les personnes qui désirent se marier?

* Qu'appelle-t-on mariage civil?

Quelles personnes sont mariées, unies civilement?

L'union des personnes, mariées civilement, plaît-elle au bon Dieu? — Ces personnes sont-elles vraiment mariées, mariées devant Dieu?

* Pourquoi dites-vous que l'union des personnes mariées civilement est criminelle?

2° * Que doivent faire les futurs après s'être mariés civilement?

* Qui a le droit de bénir leur mariage?

Et, si l'évêque ni le curé de l'un des époux ne le peuvent, quel prêtre le pourra?

LEÇON SUPPLÉMENTAIRE.

Des exercices du chrétien pendant la journée.

ARTICLE Ier.

§ I. *Quel est le moyen de sanctifier la journée?* — C'est de régler et d'accomplir toutes ses actions dans la vue de plaire à Dieu.

§ II 1° Sanctifions nos journées. Pour cela; 2° réglons nos actions et faisons-les dans la vue de plaire à Dieu.

§ III. 1° Sanctifions nos journées : donnons-les à

Dieu; qu'elles soient employées entièrement à le servir, à faire des actions qui lui soient agréables. Leur ensemble compose notre vie, qu'elles soient saintes et notre existence ici-bas sera celle d'un véritable disciple de Jésus-Christ. — 2° Réglons nos actions : faisons chaque chose avec ordre, c'est-à-dire dans le temps, dans le lieu, de la manière et par les motifs, que nous savons plaire à Dieu. Plus de facilité, plus de mérite, plus de bonheur : telles sont les suites d'une vie d'ordre. Prenons-en l'habitude dès notre jeunesse. Et dans l'action ne cherchons qu'à plaire à Dieu. Nous unir à ce bon Maître : telle est la fin de notre existence. Tendons sans cesse vers cette fin; ne cherchons pas à plaire aux hommes, c'est peine perdue; ne cherchons pas notre propre satisfaction. Allons droit vers Dieu.

§ IV. 1° Devez-vous passer vos journées d'une manière quelconque, sans penser à Dieu, faisant ou non ce qui lui plaît?

* Qu'est-ce que sanctifier une journée?

2° Et comment sanctifierez-vous vos journées? (1°? — 2°?)

a) Ainsi, vous mettrez-vous à faire une chose, puis une autre, puis une autre, commençant tout et ne finissant rien?

* Qu'est-ce qu'un homme d'ordre?

b) Ferez-vous les choses pour vous rendre les hommes favorables? — pour être content de vous-même?

* Que doit-on se proposer en agissant?

ARTICLE II.

§ I. *Que doit faire un chrétien à son réveil?* — Un chrétien, à son réveil, doit faire le signe de la croix et dire : « Mon Dieu, je vous adore, je vous aime tout mon cœur, et je ne veux rien faire aujourd'hui que pour votre amour. »

§ II. Sitôt que nous sommes éveillés, 1° faisons le signe de la Croix; 2° adorons Dieu; 3° aimons-le; 4° proposons-nous de le servir.

§ III. 1° Les premiers chrétiens commençaient toutes leurs actions par le signe de la croix; imitons-les, et surtout ne manquons pas de faire ce signe sacré dès notre réveil qui est au commencement de toutes les actions de la journée. — 2° Dieu est tout, nous ne sommes rien que péché. Ayons ces sentiments, adorons Dieu sitôt que notre esprit reprend possession de lui-même. — 3° Dieu regarde le cœur; dès notre réveil, donnons-lui le nôtre. Que ce cri : « Mon Dieu, je vous aime! » s'échappe alors de notre poitrine. — 4° Nous sommes bien faibles, nous péchons bien facilement; mais, avec la grâce, nous pouvons éviter le péché. Disons à Dieu que nous en avons le désir, protestons-lui que nous ne l'offenserons point pendant le cours de la journée qui commence : faisons un acte de bon propos.

§ IV. 1° Quelle doit être la première action de la journée? — Qu'est-ce que le signe de la Croix?
2° - 4° Quelles pensées doivent occuper votre esprit sitôt que vous êtes éveillé? — Qu'est-ce qu'adorer Dieu? — Qu'est-ce que l'aimer? — Qu'est-ce que le bon propos?
*Pourquoi faut-il faire, dès notre réveil, un acte de bon propos? — un acte d'amour? — un acte d'adoration?

ARTICLE III.

§ I. *Comment faut-il se lever?* — Il faut se lever avec promptitude et s'habiller avec modestie.

Que faut-il faire lorsqu'on est habillé? — Lorsqu'on est habillé, il faut se mettre à genoux et faire la prière du matin.

§ II. Il faut : 1° se lever avec promptitude; 2° s'habiller avec modestie; 3° faire la prière du matin.

§ III. 1° Il ne faut pas s'habituer à dormir beaucoup : sept à huit heures de sommeil suffisent pour l'ordinaire. Il faut se lever matin : « C'est bon pour la santé et la sainteté, » dit un aimable saint. Il est bon d'avoir une heure fixe pour se lever; sitôt que cette heure est arrivée, il faut quitter sa couche et éviter avec scrupule de rester au lit par paresse; la raison en est que le démon tend alors les piéges les plus dangereux à nos âmes. — 2° Il faut s'habiller avec modestie : respectons le regard de Dieu, la présence de notre ange gardien; craignons nos propres regards, ceux des personnes qui pourraient se trouver dans le même appartement. La modestie, en prenant et tirant ses habits, est le propre d'une âme pure. — 3° Que notre première occupation soit de faire notre prière du matin. Ne nous mettons jamais au travail sans avoir rempli ce devoir. Faisons notre prière à genoux, devant un crucifix ou quelque pieuse image, et non pas dans une posture nonchalante, et non pas en nous habillant, ou en travaillant. Il n'est pas un homme si occupé qui ne puisse trouver quelques minutes pour faire une prière vive, fervente et bien pensée. Que de personnes qui ne pensent pas en priant, ou du moins qui ne pensent pas à Dieu. Rappelons-nous fréquemment les qualités de la prière.

§ IV. 1° * Faut-il dormir beaucoup? — Combien de temps? — A quelle heure un enfant doit-il se lever?

* Que dites-vous d'un enfant qui reste au lit lorsque l'heure de se lever est arrivée?

2° Quelle vertu faut-il craindre de violer en s'habillant?

* Qu'est-ce que s'habiller avec modestie? — Quelles pensées doivent nous porter à nous habiller avec modestie?

3° Quelle doit être la première occupation de la journée?

* Dans quelle posture faut-il faire sa prière du matin?

* Comment = dans quelles dispositions intérieures faut-il faire sa prière du matin. — Quelles sont les qualités de la prière.

Article IV.

§ I. *Que faut-il faire après la prière du matin?* — Il faut s'appliquer au travail, selon son état et sa condition, et ne jamais rester oisif.

§ II. 1° Il ne faut jamais rester oisif; 2° il faut travailler.

§ III. 1° Nous ne devons jamais rester oisifs; nous devons être occupés à quelque chose d'utile et de raisonnable. L'oisiveté est la mère de tous les vices; si nous ne la fuyons, l'esprit malin et notre propre nature nous porteront infailliblement au péché; fuyons-la donc; fuyons-la, même si nous voulons être heureux ici-bas, car le défaut d'occupation sérieuse amène nécessairement l'ennui, le plus triste de tous les maux. — 2° La loi du travail oblige tous les hommes, riches et pauvres, jeunes et vieux, puisque tous ont péché, au moins en Adam, leur premier père. D'ailleurs le travail est pour l'homme un moyen de sanctification et d'expiation, comme nous allons bientôt le dire; il lui est aussi une source de bonheur. Travaillons donc, mais sanctifions notre travail, le commençant et le terminant par une courte prière; sanctifions-le, en le faisant, par de fréquentes oraisons jaculatoires, petits traits d'amour lancés vers Dieu.

§ IV. 1° Faut-il jamais faire des riens ou rester sans rien faire?
* Qu'est-ce que rester oisif? = En quoi consiste l'oisiveté?
* Pourquoi ne faut-il jamais rester oisif?
2° Quelle est la vertu opposée à l'oisiveté? — Mais faut-il travailler d'une manière quelconque?
* Qu'est-ce que sanctifier son travail?

ARTICLE V.

§ I. *Dans quel esprit doit-on s'appliquer au travail?* — Il faut s'appliquer au travail dans un esprit de pénitence et de soumission à la volonté de Dieu.

S'il nous arrive quelque peine de corps ou d'esprit dans la journée, que faut-il faire? — Il faut accepter cette peine avec résignation et l'offrir à Dieu en esprit de pénitence.

§ II. Il faut travailler et souffrir 1° en esprit de pénitence, 2° en esprit de soumission et de résignation à la volonté de Dieu.

§ III. 1° Appliquons-nous au travail et souffrons les peines que la Providence nous envoie avec le désir d'expier nos fautes passées et de nous attirer des grâces pour ne plus pécher à l'avenir, et nous aurons agi en esprit de pénitence, puisque cet esprit consiste à pleurer le passé et à réformer l'avenir. — 2° Lorsque la souffrance, provenant du travail ou d'une autre cause, vient nous atteindre, nous ne devons pas nous révolter contre la volonté de Dieu qui permet cette souffrance, si elle ne l'ordonne pas. D'abord nos murmures n'y feront rien : nous souffrirons quand même. Qui plus est, si nous regimbons contre la souffrance, nous en sentirons la pointe bien plus douloureusement. Si, au contraire, nous l'acceptons avec résignation, si nous nous courbons volontiers sous le poids de la croix, elle deviendra plus légère et se changera en un instrument de salut, puisque sous son poids nous ressemblerons davantage à notre divin Sauveur. Pour acquérir cette perfection dans ces moments pénibles à la nature, tournons-nous vers Dieu, disons la petite prière suivante à Notre-Seigneur : « O Jésus, s'il vous a fallu souffrir pour m'ouvrir la porte du ciel, je ne puis espérer y entrer qu'en suivant le même chemin. J'accepte donc volontiers cette croix. Donnez-moi la grâce de la porter généreusement. » Oh! mes chers enfants, vous souffrirez, vous souffrirez beaucoup pendant le cours de votre vie, mais, je vous en prie, souffrez en esprit de pénitence et avec amour de votre Dieu.

§ IV. 1° D'où nous vient la nécessité de souffrir! — Outre le péché d'Adam, n'y a-t-il pas une autre cause? — Quelle est-elle?

Et si nous souffrons pour expier nos péchés et pour ne pas en commettre à l'avenir, dans quel esprit souffrirons-nous?

* Qu'est-ce que travailler ou souffrir en esprit de pénitence?

2° Devons-nous murmurer, être mécontents contre la volonté de Dieu, lorsque nous sommes dans la peine? — Que devons-nous faire?

*Dans la souffrance, qu'est-ce que se soumettre à la

volonté de Dieu ? = En quoi consiste la résignation dans la souffrance ?

* Dites une petite prière que vous pourrez faire lorsque viendra la souffrance ?

ARTICLE VI.

§ I. *Comment un bon chrétien sanctifie-t-il ses repas ?* — Un bon chrétien fait une courte prière avant et après ses repas et observe en les prenant les règles de la tempérance.

§ II. Nous devons 1° faire une prière avant de prendre notre repas ; 2° observer en le prenant les règles de la tempérance ; 3° faire une prière après l'avoir pris.

§ III. 1° En présence des aliments que nous allons prendre, tournons-nous vers Dieu qui nous les donne d'une main si généreuse. Reconnaissons que ces aliments, quels qu'ils soient, ne sauraient soutenir la vie de notre corps, si Dieu ne leur accordait de produire cet effet ; prions-le donc de les bénir ; disons toujours pieusement, et sans respect humain, le *Benedicite*. — 2° Habituez-vous, mes chers enfants, à ne rien prendre entre vos repas et à manger de bon cœur ce qui vous est servi ; ne recherchez pas les aliments les mieux préparés ; ayez honte de la gloutonnerie ; ne mangez, ne buvez jamais que le nécessaire : telles sont les règles de la tempérance et de l'honnêteté chrétienne. — 3° C'est Dieu qui nous donne la nourriture. Disons-lui donc, après l'avoir prise, que nous l'aimons à cause de ce bienfait sans cesse renouvelé ; marquons-lui, par une vive élévation de cœur, toute notre reconnaissance. après notre repas remercions Dieu ; disons pieusement les *grâces*.

§ IV 1° Connaissez-vous la prière qu'on doit faire

avant le repas ? — Gomment la nommez-vous ? — Récitez le *benedicite?*

*Que demandez-vous à Dieu par le *benedicite?*

2° Lorsqu'on est à table, faut-il se jeter avec avidité sur les aliments ? — Faut-il rechercher les morceaux les plus agréables au goût? — Manger lorsqu'on n'a plus faim?

*Qu'est-ce qu'observer les règles de la tempérance?

3° Récitez les grâces ?

*Que dites-vous à Dieu par cette prière? — De quoi le remerciez-vous ?

*Pourquoi faut-il remercier Dieu après le repas?

ARTICLE VII.

§ I. *A quels moments du jour convient-il de dire l'Angelus?* — Il convient de dire l'*Angelus* le matin, le midi, et le soir, au son de la cloche.

§ II. Un mot sur l'*Angelus.*

§ III. L'*Angelus* est une prière destinée à nous faire honorer le mystère de l'Incarnation et implorer la protection de la Sainte Vierge. Un bon chrétien ne manque pas de le réciter tous les jours, le matin, à midi et le soir. Pour gagner les indulgences nombreuses qui sont attachées à la récitation de l'*Angelus* il faut d'abord le dire à genoux. Toutefois, le samedi soir, le dimanche, et pendant tout le temps pascal, il faut le dire debout. De plus, pendant ce dernier temps les personnes qui savent l'antienne *Regina* doivent la réciter avec son verset et son oraison. Il faut, en second lieu, dire l'*Angelus* au son de la cloche. Toutefois, les personnes qui ne l'entendent pas sonner peuvent gagner les indulgences, en le récitant aux heures où l'on est accoutumé de le sonner, suivant la diversité des saisons.

§ IV. * Qu'appelle-t-on l'*Angelus?*

Quand faut-il le réciter?

Dans quelle posture faut-il ordinairement le réciter?

Quels jours, — dans quel temps faut-il le dire debout?

Pendant le temps pascal, par quelles prières faut-il le remplacer?

Que doivent faire ceux qui n'entendent pas sonner l'*Angelus?*

ARTICLE VIII.

§ I. *Que faut-il éviter pendant les conversations?* — Il faut éviter de parler mal du prochain, et de rien dire de contraire à la Religion, à la vérité et à la décence.

§ II. Dans les conversations il ne faut rien dire 1° de contraire à la religion; 2° rien de contraire à la vérité; 3° rien de contraire à la décence; 4° rien de contraire à la charité.

§ III. « Celui qui ne pèche pas en parlant est un homme parfait, » a dit l'Esprit-Saint. D'où nous devons conclure que la conversation est pleine de dangers. Pour éviter ces dangers, prions Dieu de nous accorder des grâces spéciales, bannissons toute curiosité, toute vanité; et, plus particulièrement : 1° ne disons rien de contraire à la religion, prenons garde de jeter le doute sur telle ou telle vérité de la foi, de plaisanter sur les sacrements, les cérémonies de l'Eglise ou autres choses saintes. — 2° Le péché contre la vérité, le mensonge, est partout détestable, mais plus particulièrement chez l'enfant, dont la simplicité, la naïveté doit être le charme le plus attrayant; fuyons donc le mensonge, craignons beaucoup de prendre l'habitude de ce vilain péché. —

3° La pureté, la décence, quelle belle vertu! Qu'ils sont à plaindre les enfants qui n'ont pas honte de tenir des conversations qui la blessent! Ne les imitons pas, rougissons, fuyons, si jamais nous entendons rien d'indécent. — 4° Evitons la médisance, la calomnie, les faux rapports, les railleries outrageantes, ne parlons jamais mal du prochain : ne disons rien de contraire à la charité.

§ IV. Lorsqu'on est en conversation, peut-on dire tout ce que l'on veut? — De quoi faut-il prendre garde de parler?

1° Contre quelle vertu pèchent ceux qui parlent mal de la religion ou de ses ministres? — Qu'est-ce que la foi?

2° Comment appelez-vous le péché de ceux qui parlent contre la vérité? — En quoi consiste le mensonge? Combien distingue-t-on de sortes de mensonges?

3° Quel est le sixième commandement de Dieu? — Que nous défend-il?

4° Quels péchés commettent ceux qui parlent mal de leur prochain? — Qu'est-ce que la médisance? — Qu'est-ce que la calomnie?

ARTICLE IX.

§ I. *Si on vient à éprouver quelque tentation, que faut-il faire?* — Il faut recourir à Dieu avec confiance et lui demander la grâce de ne pas succomber.

Que faudrait-il faire, si, par malheur, on succombait? — Il ne faudrait pas se décourager, mais il faudrait se repentir, demander pardon à Dieu, et prendre la résolution de se confesser au plus tôt.

§ II. 1° Dans la tentation il faut recourir à Dieu; 2° si on succombait il ne faudrait pas rester dans le triste état du péché.

§ III. 1° De nous-mêmes nous ne pouvons repousser la plus légère tentation; abandonnés à nos propres forces, nous ne pouvons que pécher. Si nous ne voulons pas avoir ce malheur, au moment de la tentation, tournons-nous vers Dieu; prions-le de ne pas permettre que nous fassions le mal que la tentation nous suggère : demandons-lui la grâce de ne pas succomber. Faisons bien cette petite prière : Venez à mon secours, ô Jésus; sans vous je vais périr. Puis, affirmons-lui notre fidélité : O mon Dieu, plutôt mourir que de vous offenser. Dans les tentations, surtout celles contre la sainte vertu, ayons aussi recours à Marie, et cette bonne Mère nous obtiendra la victoire. — 2° C'est un grand mal de pécher; mais c'en est un bien plus grand de persévérer dans le péché. Donc, si nous avons le malheur de tomber dans une faute grave, ne croyons pas que Dieu ne veuille point nous pardonner, car Dieu est toujours plein de miséricorde pour le pécheur repentant, retournons vers lui d'abord par un fervent acte de contrition, prenons ensuite la résolution de nous confesser au plus tôt et surtout tenons notre promesse, nous souvenant que nous pouvons mourir à chaque instant et que les bonnes œuvres, faites en état de péché mortel, ne seront point récompensées au ciel.

§ IV. 1° Qu'est-ce qu'une tentation? — Qu'est-ce que vaincre une tentation? — Qu'est-ce que succomber à une tentation?

* Que faut-il faire dans un moment de tentation?

* Pourquoi, en ce moment, faut-il demander à Dieu ses grâces?

2° Un enfant vient d'avoir eu le malheur de tomber dans une faute grave, que doit-il faire à l'instant?

* Comment, = par quelles paroles demander pardon à Dieu immédiatement après le péché?

Si on a eu le malheur de pécher que doit-on se proposer de faire au plus tôt?

* Pourquoi ne faut-il pas rester en état de péché
mortel?

ARTICLE X.

§ I. *Comment doit-on finir la journée?* — On doit
finir la journée par la prière du soir et par l'examen
de conscience.

§ II. Il faut finir la journée 1° par la prière du soir;
2° par l'examen de conscience.

§ III. 1° S'il est très-important de bien commencer
la journée, il l'est plus encore de la bien finir. Or,
une journée que la prière ne couronne pas, n'est pas
une journée bien finie. N'omettons donc jamais la
prière du soir; faisons-la à genoux, autant que possible avec les membres de notre famille. Quelles
qu'aient été les fatigues de la journée, soutenons
notre attention, et, le soir, comme toujours, prions de
cœur et d'esprit. — 2° En faisant notre prière du soir,
n'omettons jamais l'examen de conscience. C'est
peut-être l'exercice le plus important de la journée,
parce qu'il nous fait connaître les plaies de notre
âme et nous engage à y appliquer un prompt remède;
et aussi, parce qu'il nous dispose à faire de bonnes
confessions. Or, l'examen de conscience dont il est
ici question n'est pas aussi étendu que celui qui précède la réception du sacrement de Pénitence; il est
simplement la recherche des fautes qu'on a commises
pendant la journée. Par là même, pour le faire le
plus exactement, le moyen le plus simple et le plus
naturel est de suivre, dans l'ordre où elles ont eu lieu,
les occupations de la journée, et de considérer si,
pendant ces diverses occupations, on n'a point péché
envers Dieu, envers le prochain ou envers soi-même.

§ IV. 1° Quelle doit être la première occupation de la journée? — Quelle doit être la dernière?

*Avec qui faut-il faire la prière du soir?

Dans quelle posture faut-il la faire?

A quoi faut-il penser en faisant sa prière du soir?

2° Connaissez-vous un exercice important qu'on doit faire avec la prière du soir?

*Qu'est-ce que l'examen de conscience qu'on doit faire le soir?

*Quel est le moyen le plus simple de faire cet examen de conscience?

ARTICLE XI.

§ I. *Que faut-il observer en se couchant?* — Il faut se déshabiller modestement, prendre de l'eau bénite, faire le signe de la croix, et se recommander à Dieu.

§ II. En se couchant, il faut 1° se déshabiller avec modestie; 2° prendre de l'eau bénite et faire le signe de la croix; 3° se recommander à Dieu.

§ III. 1° La modestie est une vertu de tous les instants, elle est toujours la vertu des cœurs purs et innocents : pour ne point la blesser ils vont jusqu'au scrupule. Donc, en nous mettant au lit, comme en le quittant, soyons les amis de cette belle vertu : craignons, pour passer la nuit, d'éloigner les regards de Marie et de notre Ange Gardien, et d'attirer ceux de l'esprit tentateur. — 2° L'eau bénite est une eau sanctifiée par des prières et des bénédictions spéciales. Elle est d'un grand usage dans les cérémonies de l'Eglise, car sa vertu est de purifier l'âme des plus légères souillures, et d'éloigner les démons. Aussi, sur le point de prendre son repos, est-ce une habitude très-louable de prendre de l'eau bénite, d'en jeter sur sa couche et de faire de la même main,

encore humectée, un respectueux signe de croix. —
3° Le sommeil est à craindre, car si, à tous les moments, nous pouvons mourir, pendant le sommeil,
nous pouvons mourir sans nous en apercevoir. Donc,
sur le point de nous endormir, recommandons-nous
à Dieu, prions-le de nous avoir en sa sainte garde.
Adressons-nous aussi à Marie, notre bonne Mère, et à
S. Joseph, le patron de la bonne mort; récitons pieusement la petite prière suivante :

« Jésus, Marie, Joseph, je vous donne mon cœur, mon esprit et
ma vie ;

« Jésus, Marie, Joseph, assistez-moi dans ma dernière agonie ;

« Jésus, Marie, Joseph, faites que je meure paisiblement en votre
sainte compagnie. »

§ IV. 1° Comment un enfant pur ôte-t-il ses habits?
— Pourquoi faut-il se déshabiller avec modestie?
2° * Qu'est-ce que l'eau bénite?
* Que faut-il faire de l'eau bénite en se mettant au lit?
3° Que faut-il demander à Dieu en se couchant?
* Récitez la petite prière que vous dites alors chaque
soir?

TROISIÈME RÉCAPITULATION.

I

1° L'homme peut-il croire les vérités que l'Eglise en-
seigne et pratiquer les devoirs du chrétien, si Dieu
ne lui accorde cette faveur?
Qu'est-ce que la grâce?
Combien distingue-t-on de sortes de grâces?
2° Qu'est-ce que la grâce habituelle?
Qu'appelle-t-on état de grâce?
Qu'est-ce qui fait perdre l'état de grâce?

3° Qu'est-ce que la grâce actuelle?

Que devons-nous faire lorsque Dieu nous accorde une grâce actuelle?

Qu'est-ce qui fait perdre la grâce actuelle?

II

1° Qu'appelle-t-on prière?

Combien distingue-t-on de sortes de prières?

Qu'est-ce que la prière mentale?

Qu'est-ce que la prière vocale?

Quelles sont les qualités de la prière? = Comment faut-il prier?

En quoi consiste, par exemple, la pureté d'intention dans la prière? — et l'humilité? etc…

2° Quelles prières avons-nous plus particulièrement expliquées?

Qui a composé l'Oraison Dominicale?

Combien l'Oraison Dominicale compte-t-elle de demandes?

Que demandons-nous à Dieu par la première demande? — par la seconde? etc…

3° Qui a composé la Salutation Angélique?

Que disons-nous à la Sainte Vierge, par exemple, par ces paroles : Sainte Marie, Mère de Dieu, *priez pour nous?* etc.

III

Qu'est-ce qu'un sacrement?

Qu'est-ce que la matière d'un sacrement?

Qu'est-ce que la forme?

Outre la matière et la forme, que faut-il pour qu'il y ait sacrement?

Combien y a-t-il de sacrements?

Qu'appelle-t-on sacrements des morts? — Quels sont-ils?

Qu'appelle-t-on sacrements des vivants? — Quels
sont-ils?

Quels sacrements impriment un caractère?

Qu'appelle-t-on caractère en parlant des sacrements?

IV

Qu'est-ce que le Baptême?

Quels sont les effets du sacrement de Baptême?

Le Baptême est-il nécessaire?

Quel est le ministre du sacrement de Baptême? —
dans le cas de nécessité? — hors le cas de nécessité?

Que faut-il faire et dire pour baptiser une personne?

Quels sont les engagements du Baptême?

V

Qu'est-ce que la Confirmation?

Quels sont les effets de la Confirmation?

Qui peut donner le sacrement de Confirmation?

Comment l'évêque donne-t-il la Confirmation?

Qu'appelle-t-on Saint-Chrême dans la Confirmation?

Que signifie l'huile? — Et le baume? — Et le signe
de croix fait sur le front? — Et le léger soufflet
donné par l'évêque?

En quelles dispositions faut-il être pour recevoir le
sacrement de Confirmation?

VI

1° Qu'est-ce que la Pénitence? — Ce sacrement est-il
nécessaire? — A quelles personnes?

Quel est le ministre du sacrement de Pénitence?

Qu'est-ce qui forme le sacrement de Pénitence? —
par rapport au confesseur? — par rapport au pénitent?

2° - a) Qu'est-ce que la contrition? — par rapport au
péché commis?

Que doit être la contrition pour être véritablement
contrition ?

Quand la contrition est-elle universelle ? — souveraine, etc. ?

b) Qu'est-ce que la contrition parfaite ?

Que produit-elle en l'âme qui la conçoit ?

Qu'est-ce que l'attrition ?

Que faut-il, avec l'attrition et l'absolution, pour effacer les péchés ?

3° Que comprend la contrition par rapport à l'avenir ?
— Qu'est-ce que le bon propos ?

Quelles sont les marques du bon propos ?

4° Qu'est-ce qu'examiner sa conscience ?

Dites comment vous faites votre examen de conscience ?

5 Qu'est-ce que la confession ?

Quelles sont les qualités d'une bonne confession ?

Quand une confession est-elle entière ? — sincère ?

Que doit faire celui qui a caché des péchés mortels
en confession ?

Qu'appelle-t-on revue ? — confession générale ?

Que doit faire celui qui se trouve en danger de mort,
et qui n'a point de prêtre pour se confesser ?

6° Qu'est-ce que la satisfaction ?

Quels péchés exigent une double satisfaction ?

Faut-il nécessairement avoir satisfait à Dieu et au
prochain, lorsqu'on reçoit l'absolution ? — Que
faut-il donc au moins, lorsqu'on reçoit l'absolution ?

Quel péché commettrait celui qui n'aurait pas cette
intention en recevant l'absolution ?

Le chrétien doit-il nécessairement subir lui-même la
peine temporelle due à ses péchés ?

Qu'appelez-vous indulgences ? — Combien y en a-t-il
de sortes ?

Qu'est-ce que l'indulgence plénière? — Et l'indulgence partielle?

Qui peut accorder des indulgences?

VII

1° Qu'est-ce que l'Eucharistie? — Quand se fait le sacrement de l'Eucharistie? — A quel moment de la Messe?

Quelles sont les paroles de la consécration?

Qu'appelle-t-on espèce du pain? — espèce du vin, dans la sainte Eucharistie?

Où sont le corps, le sang et l'âme de Jésus-Christ?

2° Qu'est-ce que la sainte Messe?

Que rappelle et que continue le sacrifice de la Messe?

Quelle différence y a-t-il entre le sacrifice de la Messe et le sacrifice de la croix?

A qui l'Eglise offre-t-elle le sacrifice de la Messe? — Pour qui l'offre-t-elle?

Que se propose-t-elle en l'offrant?

Quand faut-il assister à la sainte Messe? — Comment faut-il y assister?

3° Qu'est-ce que la communion?

Quand faut-il communier?

Que produit en nos âmes la sainte communion?

Qu'appelle-t-on saint viatique?

Quelles sont, pour communier dignement, les dispositions de l'âme? — Et les dispositions du corps?

Que faut-il faire immédiatement avant de communier?

En quoi consiste l'action de grâce après la sainte communion?

VIII

Qu'est-ce que l'Extrême-Onction?

Quels sont les effets de l'Extrême-Onction? — quant à l'âme? — quant au corps?

Quelles sont les dispositions nécessaires pour recevoir dignement ce sacrement ?

Quand faut-il demander l'Extrême-Onction ?

Comment occuperez-vous votre esprit et votre cœur, quand on vous administrera l'Extrême-Onction ?

Que penser de ceux qui craignent de parler à un malade des derniers sacrements ?

IX

1° Qu'est-ce que l'Ordre ?

Dites ce que vous savez du sacrement de l'Ordre ? (fonctions ecclésiastiques, hiérarchie, dispositions pour le recevoir, etc...)

2° Qu'est-ce que le Mariage ?

Dites ce que vous savez du sacrement de Mariage, (Indissolubilité, dispositions et empêchements etc... ?)

RÉCAPITULATION GÉNÉRALE.

I

Qui vous a créé et mis sur cette terre ?

Pour quelle fin Dieu vous a-t-il créé ?

Et que faut-il pour arriver au ciel ?

II

1° Qui enseigne sur la terre les vérités que vous devez *croire* ?

Qu'est-ce que l'Eglise enseignante ? — Qu'est-ce que le pape ? — Qu'est-ce que les évêques ?

2° Qu'est-ce que l'Eglise enseigne sur Dieu ? (Existence, perfections. — Nature, unité de substance; trinité de personnes, etc.).

3° Que savez-vous de Jésus-Christ ? — Qui est-il ?

Que savez-vous de son enfance? (Naissance, circoncision, adoration des Mages, etc.)...

Que savez-vous de sa vie publique? (Accomplissement des prophéties; miracles; vertus pratiquées, etc...)

Que savez-vous de la mort de Jésus-Christ? — De sa résurrection. — De son Ascension?

4° Que savez-vous de la Sainte Vierge? (Immaculée dans sa Conception; Mère de Jésus-Christ; etc...)

III

Que devez-vous *faire* pour arriver au ciel?

1° Qu'appelez-vous commandements de Dieu? — Commandements de l'Eglise?

Combien y a-t-il de commandements de Dieu?

Combien regardent nos devoirs envers Dieu? — Et nos devoirs envers le prochain?

Que faut-il faire pour observer le premier commandement de Dieu? — Et pour observer le troisième? — Et pour observer le quatrième, etc?

Que faut-il ne pas faire pour observer le premier commandement? — pour observer le huitième? — le cinquième? etc...

Dites ce qu'il faut faire ou ne pas faire, pour observer les autres commandements de Dieu?

2° Combien y a-t-il de commandements de l'Eglise? — Quels sont-ils?

Pourquoi l'Eglise nous a-t-elle imposé des commandements?

Dites ce qu'il faut faire ou ne pas faire pour observer chaque commandement de l'Eglise?

3° Comment appelez-vous la désobéissance aux commandements de Dieu?

Qu'est-ce que le péché?

Qu'est-ce que le péché mortel? — Et le péché véniel!
Que faut-il pour être coupable d'un péché mortel?
— Pour être coupable d'un péché véniel?

IV

De quoi avez-vous besoin pour pratiquer chrétien
nement les devoirs qui vous sont imposés?

1° Qu'est-ce que la grâce? — La grâce habituelle? —
La grâce actuelle?

Par quels moyens Dieu nous donne-t-il ordinairement sa grâce?

2° Qu'est-ce que la prière? — Combien y en a-t-il de
sortes?

3° Qu'est-ce qu'un sacrement? — Combien y en a-t-il?

4° Quel sacrement vous a fait chrétien?

Qu'est-ce que le Baptême?

Que savez-vous du sacrement de Baptême? — (Effets; nécessité; ministre; manière de l'administrer; engagements...?)

5° Quel sacrement fera de vous un parfait chrétien?
— Qu'est-ce que la Confirmation?

Que savez-vous du sacrement de Confirmation? (Effets; ministre, cérémonies, leur signification...?)

6° Si votre âme était jamais malade, ou si elle venait
à mourir, quel sacrement vous faudrait-il recevoir?

Qu'est-ce que la Pénitence?

Qu'est-ce qui la compose? — Du côté du confesseur?
— Du côté du pénitent?

Qu'est-ce que l'examen de conscience?

Comment faut-il le faire?

Qu'est-ce que la contrition?

Dites ce que vous savez sur les qualités de la contrition? — sur les différentes sortes de contritions?

Qu'est-ce que le bon propos?

Qu'est-ce que la confession?

Que savez-vous sur la confession? (Nécessité; qualités, manière de la faire...?)

Qu'est-ce que la satisfaction?

Qu'est-ce que les indulgences?

7° Quel sacrement nourrit et soutient l'âme du chrétien?

Qu'est-ce que l'Eucharistie?

Dites ce que vous savez sur la sainte Eucharistie. (Sainte Messe; consécration du pain, du vin; présence réelle de Jésus-Christ, saintes Espèces; sainte Hostie, etc.?)

Qu'est-ce que communier?

Quelles sont les dispositions nécessaires pour communier dignement? — Que produit en nous la sainte communion?

8° Y a-t-il un sacrement qu'on ne donne qu'aux malades en danger de mort? — Comment l'appelez-vous?

Qu'est-ce que l'Extrême-Onction?

Dites ce vous savez sur l'Extrême-Onction? (Dispositions; effets, etc...?)

9° Y a-t-il des sacrements qui ne sont pas nécessaires à chacun de nous en particulier; mais qui cependant sont nécessaires à la société chrétienne? — Quels sont-ils?

Qu'est-ce que l'Ordre?

Qu'est-ce que le Mariage?

V

1° Par quoi se terminera votre vie?

Qu'est-ce que la mort?

Lors de votre mort, mourrez-vous tout entier? — Quelle partie de vous ne mourra point? — Qu'est-ce que l'âme?

2° Après votre mort que deviendra votre âme?

Qu'est-ce que le jugement particulier? — Qu'appelle-t-on jugement général?

3° Après le jugement particulier que deviendra votre âme? — Où pourrait-elle être envoyée?

Qu'est-ce que l'enfer?

Qu'est-ce que le purgatoire?

Qu'est-ce que le ciel?

FIN.

TABLE DES MATIÈRES.

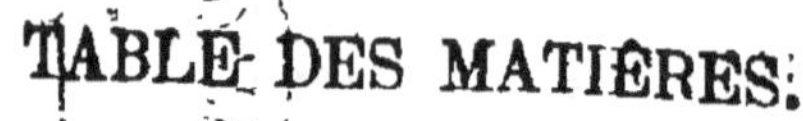

DEUXIÈME PARTIE.

DES DEVOIRS QUE NOUS DEVONS PRATIQUER.

QUESTIONS PRÉLIMINAIRES.

TROISIÈME PARTIE.

DES MOYENS QUE DIEU A ÉTABLIS POUR NOUS SANCTIFIER

QUESTIONS PRÉLIMINAIRES.

FIN DE LA TABLE GÉNÉRALE.